르포 히스토리아
서대문형무소에서
팽목항까지

이 도서의 국립중앙도서관 출판예정도서목록(CIP)은 서지정보유통지원시스템 홈페이지(http://
seoji.nl.go.kr)와 국가자료공동목록시스템(http://www.nl.go.kr/kolisnet)에서 이용하실 수 있
습니다. (CIP제어번호: CIP2016018030)

르포히스토리아

서 대 문 형 무 소 에 서   팽 목 항 까 지

원희복 지음

일러두기

1. 이 책은 ≪주간경향≫에 '광복 70년 역사르포: 서대문형무소에서 진도 팽목항까지'라는 제목으로 2015년 3월부터 12월까지 연재된 글을 다듬어 엮은 것입니다.

2. 시·단편소설·보고서·논문은 「 」, 책은 『 』, 방송프로그램·영화는 〈 〉, 잡지·신문은 ≪ ≫로 제목을 표기했습니다.

3. 본문에 실린 사진의 저작권은 따로 표시한 것을 제외하고 모두 경향신문에 있습니다.

서문

망각하지 않겠다는 다짐

"대한민국은 민주공화국이다"는 헌법 제1조 제1항이다. 한때 우리는
이 헌법 제1조에 나오는 공화국을 즐겨 구분했다. 원래 공화국이 바
뀌는 기준은 국가의 주권, 즉 국체가 변경되는 것으로, 왕정에서 공
화국으로 바뀌거나 그 반대의 경우에 공화국을 구분했다. 그러나 우
리나라는 쿠데타와 같이 비정상적으로 헌정사가 왜곡되거나 권력구
조가 크게 바뀌는 경우에도 공화국을 구분했다.

 1945년 8월 15일 광복 이후 3년간의 미·소 군정기를 거친 다음,
1948년 8월 15일 남한만의 단독정부가 출범하며 제1공화국이 시작
됐다. 이후 4·19학생혁명을 계기로 제2공화국이 탄생했고, 5·16군
사쿠데타 후에 제3공화국이 들어섰으며, 초헌법적인 조치로 유신정
권이 권력을 잡은 시기는 제4공화국으로 구분됐다. 대통령 암살과
12·12군사반란으로 제5공화국이 수립됐고, 1987년 6·10시민혁명
을 통해 직선제 개헌이 성공하자 제6공화국이 등장했다.

 1948년 '대한민국은 민주공화국'임을 선포한 지 불과 40년 만에 우
리는 제6공화국까지 지나온 것이다. 프랑스가 감옥을 파괴하고 왕과
왕비를 단두대에 보내는 격렬한 유혈혁명을 거치면서 1792년 제1공

화국을 수립한 후 200년이 넘은 지금까지 제5공화국으로 구분되는 것에 비한다면, 우리가 40년 만에 제6공화국까지 온 것은 우리 역사에 그만큼 격변이 많았다는 의미다.

이후 들어선 정부들도 문민정부, 국민의 정부, 참여정부 등의 이름을 내세우며 계속 전임 정권과 자신을 차별화하려고 했다. 하지만 이 기간 역시 파란의 연속이었다. 문민정부는 두 전임 대통령을 군사반란 수괴로 구속하는 혁명적 조치를 취한 것을 고려할 때 제7공화국으로 구분할 만했다. 이어 2002년 헌정 사상 처음으로 '수평적 정권교체'가 이뤄졌으며, 2012년 국가기관의 대통령 선거 개입 논란과 신권위주의가 등장한 것을 보면 '왕정 복고적' 구시대 회귀로 공화국을 다시 구분할 만도 하다.

이 책은 경향신문에서 발행하는 시사주간지 ≪주간경향≫에 2015년 3월부터 12월까지 '광복 70년 역사르포'라는 제목으로 연재했던 글을 모은 것이다. 광복의 희열을 가장 극명하게 표출했던 서대문형무소에서 세월호 참사가 일어난 진도 팽목항까지 대한민국 현대사 40개 사건 현장을 다룬 역사 르포다.

프랑스혁명은 1789년 7월 14일 파리 민중이 바스티유 감옥을 점령하면서 시작됐다. 이 책도 우리의 현대사를 서대문형무소에서 시작하는 것으로 보았다. 프랑스혁명은 파리 시민들이 자발적으로 바스티유 감옥을 부수고 사령관 머리를 꿰어 든 채 시내를 활보한 격정적인 해방이었다. 그에 반해 우리의 해방은 외부의 도움 덕에 우리도 모르다가 '얼떨결'에 주어진 것이었다.

이렇게 우리의 현대사는 미약하게 시작했지만, 이후에는 프랑스

못지않았다. 이 땅에서 세계 최악의 동족 살해극이 자행됐고, 외국군이 개입한 내전이 일어나는 충격적인 비극도 겪었다. 이후에도 두 번의 군사쿠데타와 측근에 의한 대통령의 암살, 학생혁명과 시민혁명이 이어진 대한민국 현대사는 그야말로 파란의 연속이었다.

이 연재는 우리의 현대사를 기자적 현장성과 맞물려 보는 시도였다. 과거의 역사를 현재를 통해 투영해보려는 것이다. 필자는 만 30년간 기자로 활동하면서, 기자는 사실fact을 바탕으로 그 이면에 숨겨진 진실true를 규명하는 직업이라고 믿었다. 필자는 이 사실과 진실이 모이면 역사가 된다고 생각했다.

연세대학교 박명림 교수는 "역사historia 의 말뜻은 '사건의 인과관계'를 의미한다. 역사가 사건의 진술을 뜻하는 이야기storia와 다른 점이다"[1]라고 말했다.

필자는 이 말이 기자와 역사가의 역할을 매우 적절하게 구분한 것이라고 생각한다. 박명림 교수의 논문을 조금 더 일찍 읽었더라면 각 사건의 인과관계에 더 주목하고 그것을 밝히는 데 주력했을 것이다. 하지만 통시적으로 40개 사건을 엮다 보니 자연스레 사건의 인과관계가 엿보인다. 최선을 다해 사실 이면의 진실을 드러내는 '르포'를 모으자 여러 사건이 자신의 진정한 실체를 드러내며 '히스토리아'가 됐다.

이 연재는 역사적 사실을 기자적 시각과 결합시키는 시도기 때문에, 르포라는 글이 그렇듯 필자의 주관적 감정이 녹아 있음을 시인하지 않을 수 없다. 특히 이 연재는 선임기자로서 '자유로운 기사체'를 시험하는 의미도 있었다. 그것을 르포가 갖고 있는 특정의 하나인 현장 문학성이라고 이해해준다면 고마울 것이다.

또 이 연재에 대해 역사학자가 받아야 하는 교차검증을 거치지 않았다거나 서술의 객관성에 문제가 있다고 이의를 제기할 수도 있다. 그것은 구술이나 증언이 가지는, 즉 언론의 한계일 수도 있다. 또 이 글에는 사건을 선정할 때부터 필자의 주관적 관점이 많이 개입돼 있음을 부인하지 않는다. 그것은 공식적인 역사서도 마찬가지라고 항변하면서 위안 삼는다.

격동의 현대사를 40개라는 한정된 사건으로 엮다 보니, 또 사건의 경중을 따져 균형을 잡다 보니 너무 큰 주제에 천착하지 않았는가 하는 아쉬움이 남는다. 이 사건들 외에도 연재에서 다루지 못한 의미 있고 잘 알려지지 않은 현대사의 현장이 많기 때문이다. 기회가 오면 이를 보완했으면 한다.

현대사 현장을 돌면서 여전히 극심한 체증을 느꼈다. 잔인했던 우리 현대사의 가해자와 피해자가 지금도 첨예하게 갈등하고 있기 때문이다. 특히 역사의 가해자들은 여전히 위세를 부리고 참회할 줄을 모른다. 그것이 그리 어려운 일인가? 먼 아프리카에서는 피부색이 서로 다른 사람들끼리도 진실한 화해를 이루지만, 단일민족인 우리는 이마저 어려운 것이 현실이다.

필자는 이 글의 마지막 현장인 진도 팽목항을 취재하면서 '우리 현대사의 막다른 골목에 맞닥뜨린 느낌'을 받았다. 우리가 해방 후 지금까지 죽자 살자 달려온 것이 바로 이 꼴을 보기 위해, 이 참담함을 만나기 위해서였나 하는 회의감이 들었다.

진도 팽목항 방파제 끝에 서 있는 빨간색 칠을 한 작은 등대에 누군가 노란색 스프레이로 'Remember 14.04.16'이라고 휘갈겨 써놨다. 그렇다. 바로 그것이다. 결국 '망각하지 않겠다', '기억하겠다'는 팽목항의 다짐이 이 책을 내는 진정한 의도인 것이다. 따라서 이 책이 '리멤버 대한민국'으로 독자에게 읽히길 바란다.

2016년 7월
원희복

차례

1부

해방과 분단, 독재와 저항

1945.8.15

/

1960.4.19

서대문형무소

나라를 빼앗긴 참담함과 해방의 환희가 서린 곳

1945년 8월 10일 포츠담 선언을 수락한 일본은 본격적인 패전 처리에 돌입했다. 조선총독 아베 노부유키에게 주어진 최우선 과제는 당시 조선에서 일본인의 재산과 생명을 지키는 것이었다. 흥분한 조선인이 일본인에게 보복할 것이 분명했기 때문이다. 아베는 송진우를 만나 치안을 유지해달라고 부탁했으나 거절당했다. 상황이 급해진 아베는 15일 오전 여운형에게 같은 제안을 해 겨우 승낙을 받았다. 그때 여운형은 다섯 개 조건을 요구했는데, 그 첫 번째가 전국에 수감된 정치 사범과 경제 사범을 석방하라는 것이었다.

그런데 8월 15일 해방 당일에 조선 전역은 의외로 조용했다. 경성에서도 해방 사실을 실감할 수 없었다. 역사학자 최영희 교수가 사실관계 위주로 정리한 『격동의 해방 3년』은 8월 15일의 분위기를 "갑작스러운 국내외 정세의 격동과 패전에도 불구하고 일본 관헌의 언론통제로 일반 국민은 행동의 방향을 잡지 못하였고 국내 지도자

해방 직후인 1945년 8월 16일 서대문형무소를 나온 애국지사들과 시민들이 서대문과 서울역을 거쳐 종로까지 거리행진을 하고 있다.

들 역시 정확한 정보를 얻을 수 없어 적절하고 통일된 지도 방향을 잡지 못했다"라고 기술하고 있다. 방대한 역사서 『해방일기』를 집필한 역사학자 김기협은 '해방은 도둑처럼 왔던 것인가'라고 책 제목을 달 정도였다.

　국민들은 이튿날인 8월 16일이 되어서야 해방을 체감할 수 있었다. 서대문형무소가 바로 그 진원지였다. 앞서 여운형과 아베가 약속했던 대로 8월 16일에 전국 형무소의 문이 열렸다. 오전 9시 여운형은 이강국, 최용달과 함께 '혁명동지 환영'이라고 쓴 플래카드를 들고 서대문형무소를 찾았다. 여운형은 죄수복도 갈아입지 않고 뛰쳐나온 정치범과 사상범을 뜨겁게 안았고, 악대를 앞세운 이들 일행은 서울역을 거쳐 종로통을 돌며 시가행진을 벌였다.

진정한 해방의 기쁨이 표출된 최초의 현장은 바로 현저동 101번지 (도로명 주소로 서대문구 통일로 251) 서대문형무소였던 것이다. 서대문형무소는 일제의 만행을 가장 처절하게, 또 극명하게 품고 있는 현장이다. 서대문형무소는 일제강점 36년의 참담함과 광복의 뜨거운 환희를 응축하고 있는 곳이기도 하다. 현재 서대문형무소역사관으로 꾸며진 이곳은 서울지하철 독립문역 바로 옆에 위치해 접근성이 좋은 덕분에 하루 2000명, 연간 60만 명이 찾는 역사 교육장이 됐다.

서대문형무소는 대한제국 말기인 1908년 경성감옥으로 시작됐다. 『서대문형무소 근현대사』를 쓴 김삼웅 전 독립기념관장은 "일본 통감부가 전국에서 일어난 의병을 수감하기 위해 서대문형무소를 급조했다"라며, "당시 전국 8개 감옥 수용인구가 300여 명이었던 것에 비하면 500명을 수용할 수 있는 서대문형무소는 대규모 감옥이었다"라고 말했다.[2]

일제는 전국적으로 의병 활동이 계속돼 구속자가 늘어나자 1912년 마포에 새로운 감옥을 만들어 경성감옥이라 이름 붙이고 이곳은 서대문감옥으로 이름을 바꿨다. 일제는 1923년에 다시 이곳의 이름을 서대문형무소로 바꾸어 일제강점기 내내 그렇게 불렀다. 이곳은 해방 후인 1946년에 경성형무소로, 1961년 5·16쿠데타 이후에는 서울구치소로 이름만 바꾼 채 활용됐다. 그러다가 1987년 11월 15일 경기도 의왕으로 옥사가 이전됐다. 해방 이후부터 1987년까지 이곳에 수용됐던 사람은 35만여 명이나 된다.

지금은 서대문형무소역사관으로 일제 형무소 시설의 일부가 남아 있다. 이곳에서 일제의 조선 침략에 항거한 의병장과 독립운동에 참여했던 광복투사들이 고문을 당했던 장소, 고문 장비를 볼 수 있다. 임경석 성균관대 교수는 『잊을 수 없는 혁명가들에 대한 기록』에서 "2차 공산당 사건 책임비서 강달영이 고문의 고통으로 자기 골을 책상에 부딪쳐서 자살하려고 했다"라며 "강달영은 결국 고문에 못 이겨 자백한 후 귀중한 동지를 지키지 못했다는 자책과 회한으로 미쳐 버렸다"라고 말했다.[3]

이곳에서 순국한 구한말 의병장만 해도 이강년, 허위, 이인영 등 57명이나 된다. 그중 허위는 경상북도 김천에서 의병을 일으켜 1908년 일제에 사실상 점령된 한양을 탈환하고자 진격해 동대문까지 진출했던 대단한 의병장이다. 1910년 일제에 강제 병합된 후 매국노 이완용을 처단한 이재명, 일제 총독을 처단한 강우규를 비롯해 김구, 김동삼, 안창호, 유관순, 한용운, 여운형 등 낯익은 이름의 독립운동가 대부분이 이곳에 수용됐다. 당시 그들이 수용됐던 옥사가 지금도 그대로 보존돼 있고, 5000여 명의 수형기록표도 정리돼 있다.

그중 소설 『상록수』의 작가 심훈이 쓴 「옥중에서 어머니에게 올리는 글월」이라는 글에서는 당시 감옥 생활의 열악함이 그대로 드러난다.

어머니, 날이 몹시도 더워서 풀 한 포기 없는 감옥 마당에 뙤약볕이 내리쪼이고 주황빛의 벽돌담은 화로 속처럼 달고 방 속에는 똥통이 끓습니다.

밤이면 가뜩이나 다리도 뻗어 보지 못하는데, 빈대, 벼룩이 다투어가며
진물을 살살 뜯습니다.

서대문형무소에서 꼭 봐야 하는 곳은 북서쪽 끝에 있는 사형장이
다. 1923년에 지어진 목조건물 한 채는 높이 5미터의 붉은 벽돌 담
장으로 격리돼 있다. 조그만 나무의자에 사형수를 앉히고 사형집행
자가 뒤에서 레버를 당기면 의자와 함께 마루가 밑으로 떨어지면서
교수형이 집행된다. 의사가 검시해 사망이 확인되면 시신을 지하 수
습실에 눕혔다가 날이 어두워지면 옮겼다고 한다.

지금도 지하 시신 수습실에 내려가 보면 어두운 콘크리트 벽에 차
가운 냉기가 가득하다. 사형장 안팎에는 지을 때 같이 심은 미루나무
가 있는데, 그중 사형장 안에 있는 미루나무는 100년 가까이 된 나무
라고 보기 어려울 정도로 가냘프다. 서대문형무소역사관 측은 "사형
장으로 끌려간 애국지사들이 이 나무를 붙잡고 원통함을 통곡해 '통
곡의 미루나무'로 불린다"라며, "안에 있는 미루나무는 억울한 한이
많이 서려 잘 자라지 못했다는 일화가 있다"라고 설명했다.

서대문형무소역사관 박경목 관장(2015년 당시)은 "사형은 한날 연속
으로 집행하지 않는 것이 관례였는데, 일제는 1936년 7월 21일과 22
일 이틀에 걸쳐 간도공산당 사건 관련자 18명의 사형을 집행했다"라
며, "이곳에서 단시간에 사형이 집행된 최다 인원"이라고 말했다. 간
도공산당 사건은 1930년 5월 간도 전역에서 일제 영사관과 동양척
식회사 출장소, 철도 등을 파괴한 항일시위로 5000여 명이 체포돼
300여 명이 투옥된 사건이다.

그다음으로 사형이 많이 집행된 날은 1974년 4월 9일, 우리 사법 사상 '암흑의 날'로 기록되는 이른바 '인혁당 재건위 사건' 때로 하루에 8명의 사형이 집행됐다. 대법원 확정판결 후 18시간 만에 이뤄진 사형집행이었다. 인혁당 재건위 사건은 이후 2005년 국정원 과거사 위의 조사와 2007년 법원의 재심을 통해 중앙정보부가 조작한 것으로 밝혀졌다. 이 과정에서 서울구치소가 사형선고통지서가 도착하기도 전에 사형을 집행한 사실이 드러나기도 했다.

이 서대문형무소는 비단 일제강점기 독립운동가뿐 아니라 서울교도소 시절 많은 민주화 인사가 투옥되고 그들의 사형이 집행된 곳이다. 그래서 이곳은 애국열사 못지않게 민주화 인사를 기념하고 추모하는 공간도 많다. 이곳과 관련된 대표적 민주화 운동만 해도 진보당 사건(1958년), ≪민족일보≫ 사건(1961년), 인혁당 사건(1964년), 동베를린간첩단 사건(1967년), 인혁당 재건위 사건(1974년), 6월항쟁(1987년) 등이 있다. 이 사건들 모두 '진실·화해를 위한 과거사정리위원회(진실화해위원회)'의 권고나 법원의 재심을 통해 당시 불법으로 조작된 것으로 드러났다.

박경목 관장은 "이곳은 해방 전 독립운동과 해방 후 민주화운동을 같은 맥락, 같은 정체성으로 판단해 관리하고 있다"라면서, "하지만 간혹 이에 대해 이의를 제기하는 사람도 있다"라고 어려움을 토로했다. 민주화운동은 상대적으로 홀대받고 있다는 고충으로 들린다. 사실 요즘처럼 친일파가 득세하고 일제강점기가 조선 근대화에 기여했다는 뉴라이트 사관이 판치는 세상에서 어느 독립기념관인들 마음 편히 운영될 수 있을까?

광복 70주년을 앞둔 2015년 2월, 일제 만행의 슬픔과 조국 광복의 기쁨을 함께 간직한
서대문형무소역사관 위로 아침 해가 솟아오르고 있다.

    서대문형무소가 이 정도나마 일제 만행을 웅변하는 역사의 산 교
육장이 된 데에도 정부가 아니라 '민심'의 역할이 컸다. 박경목 관장
은 "1987년 정부가 서울구치소를 의왕으로 옮기고 이 자리를 완전히
철거하려 했는데, 독립운동가 후손은 물론 국민이 철거를 반대해 그
나마 이 정도로 보존하게 된 것"이라고 말했다.
    1988년 남아 있는 옥사와 사형장 등이 국가사적(제324호)으로 지정
되자 서대문구가 이를 역사관으로 꾸며 개관했다. 그러다 보니 이렇
게 중요한 일제강점기의 산 교육장을 정부나 서울시가 아니라 기초
자치구인 서대문구가 관리하고 있다. 이곳을 관리하는 서대문구 도
시관리공단은 공영주차장이나 문화회관, 체육시설 등을 관리하는

곳으로 역사적 사실을 전시하고 교육함으로써 민족혼을 일깨우는 업무와는 거리가 먼 조직이다. 전문 인력도 없어 1년에 한 번 관련 세미나를 여는 정도에 만족할 뿐이다.

또 국립중앙박물관이나 용산 전쟁기념관, 천안 독립기념관 등의 시설은 모두 무료로 관람할 수 있지만, 이곳은 유료다. 박경목 관장은 "입장료 수입도 전시관에서 사용하는 것이 아니라 서대문구 수입으로 들어간다"라면서, "인건비를 제외한 운영비가 3억 원에 불과해 전문적인 전시나 자료 수집 등은 엄두도 내지 못하고 있다"라고 말했다. 역사의 혼과 정신이 서린 현장을 주차장 관리하듯 다루는 우리 현실은 민족사 홀대의 상징적 단면이라고 할 수 있다.

38선

'돌아오지 않는 다리'는 여전히 거기 있다

일본이 무조건 항복을 한 8월 15일, 연합군 최고사령부 일반명령 제 1호가 발표됐다. 북위 38도선을 경계로 남에서는 미군, 북에서는 소련군이 일본의 무장해제를 담당한다는 내용이다. 그동안 정치학계에서는 38선 분할이 어떻게 이루어졌는지를 놓고 많은 논란과 연구가 등장했다. 현재는 미국 국무·전쟁·해군 3부 조정위원회SWNCC에서 근무하는 데이비드 딘 러스크와 찰스 본스틸 대령이 8월 10일 자정 무렵 30분 만에 선을 그었다고 알려져 있다. 이는 나중에 국무장관이 된 딘 러스크가 회고록에서 이 일을 '자랑'하면서 드러났다. 한반도의 운명을 좌우한 38선을 미군의 영관급 장교 두 명이 30분 만에 획정했다는 사실은 38선이 미국의 '군사적 편의주의'에 의해 탄생했다는 것을 의미한다.

하지만 한 국가의 운명을 이렇게 손쉽게 정할 수 있겠느냐는 의문은 많은 '음모론'을 낳았다. 남한 우익진영과 미국 일부 언론이 제기한 얄타 밀약설, 1945년 7월 포츠담 밀약설, 일본이 38선 분할을 유도했다는 일본 개입설 등이 있다. 최근에는 미 육군부 작전국 전략 정책단 존 헐 중장과 조지 링컨 준장이 38선 분할을 결정했다는 주장이 나왔다.[4]

8월 24일 소련군 제25군 사령관 치스차코프 대장이 북한 평양에 들어와 25일에 포고문을 발표했고, 남한에는 9월 6일에 미군 제24군 소속 선발대가 인천항으로 들어와 다음 날인 7일에 맥아더 원수의 포고령을 발표했다. 이로써 남한에서는 미군정, 북한에서는 소련군정이 실시됐다.

1945년 8월 27일 남북을 오가는 철도 운행이 중단되고 남북을 오가는 도로 38선상에 '38선 팻말'과 함께 차단기가 설치됐다. 하나였던 한반도의 허리가 잘리고, 12개의 강과 75개 이상의 샛강, 181개의 우마차 도로, 104개의 지방도로, 15개의 전천후 도로, 8개의 큰 차도, 6개의 철로가 단절된 것이다.

미국과 소련이 한국을 5년간 신탁통치하기로 결정하자 남북은 찬성과 반대로 분열됐다. 해방정국의 대립 전선은 민족세력과 친일세력에서 엉뚱하게 찬탁 대 반탁, 좌익 대 우익으로 갈라졌다. 우익과 좌익 세력은 각자 남북의 정부를 수립하기 위해 나섰다. 그러자 38선이 한반도의 영구 분단선이 될지도 모른다는 위기감이 고조됐다. 여운형이 38선을 넘어 북한의 김일성을 만나 좌우합작을 시도했지만, 그는 1947년 7월 19일 서울 혜화동 로터리에서 암살당했다.

이런 가운데 다시 김구와 김규식이 나섰다. 김구는 1948년 4월 19일 "나는 통일된 조국을 건설하려다 38선을 베고 쓰러질지언정, 단

1948년 4월 19일 김구와 그의 아들 김신(사진 오른쪽), 그의 비서 선우진(사진 왼쪽)이 평양에서 열린 남북연석회의에 참여하기 위해 38선을 넘고 있다.

독정부를 세우는 데 협력하지 않겠다"라며 38선을 넘었다. 이어 4월 21일 김규식도 38선을 넘었다. 하지만 두 사람의 방북은 성과 없이 끝났고, 남북에 각기 다른 정부가 수립되면서 결국 38선은 남북을 가르는 실제적인 분단선이 됐다.

1950년 6월 25일 한국전쟁이라는 동족상잔의 비극은 38선을 더 단단한 군사경계인 군사분계선MDL으로 바꾸어놓았다. 1953년 7월 27일 휴전협정 역시 우리의 의지와 무관하게 이뤄졌다. 휴전협정의 당사자들(미국, 중국, 북한)은 한반도 서쪽 끝 한강 어귀 교동도에서 동쪽

끝 고성 명호리 해변까지 248킬로미터에 이르는 구간에 철조망을 치고 군사분계선이라는 팻말 1292개를 박았다. 노란색 철판에 검은 글씨로 '군사분계선'이라고 한글과 영어, 한자로 쓰인 이 팻말은 녹슬고 숲에 잠겨서 눈에 잘 띄지 않는다. 판문점 외각 '돌아오지 않는 다리'에 가면 옆에 서 있는 이 팻말을 볼 수 있다.

이 군사분계선 팻말을 중심으로 남북 각각 2킬로미터 구간에 비무장지대DMZ가 조성됐다. DMZ는 일부 민정경찰만 이곳에서 수색·매복할 뿐 사람의 왕래가 없는 상태로 수십 년간 유지됐다. 일부 환경단체는 이곳을 '세계적인 생태공원'이라고 칭하지만, 이는 그곳 실태를 제대로 알지 못하고 하는 얘기다. 남북 경계초소가 빽빽이 들어선 비무장지대는 생태계가 살아 있는 울창한 산림지역이 아니다. 이곳에서는 경계상 편의, 즉 시야를 확보하기 위해 주기적으로 불을 지른다. 이곳을 경계하는 군인은 "북한이 주기적으로 불을 놓으면, 우리도 불이 남하하는 것을 막기 위해 맞불을 놓는다"라고 말했다. 그러다 보니 비무장지대는 생태계가 펼쳐지기는커녕 풀과 잡목, 지뢰만 무성한 '불모지'다.

한동안 남북을 오가는 유일한 통로는 판문점 공동경비구역이었다. 하지만 이곳은 우리의 주권이 미치는 곳이 아니라 유엔군 사령부 관할이다. 한국 기자들이 이곳을 취재하려면 유엔군 사령관의 허가를 얻어야 한다. 휴전협정 제7조 "군사정전위원회의 특정한 허가 없이는 어떠한 군인이나 민간인이 군사분계선을 통과함을 허가하지 않는다"라는 규정 때문이다.

『UNC 유엔군 사령부』라는 책을 쓴 평화운동가 이시우는 "1975년 유엔 총회의 결의에 따라 유엔사가 해체된 이후 전 세계적으로 유일하게 한반도에만 유엔사가 존재하고 있다"라면서, "유엔군 사령관은 용산 미군기지에 있는 한미연합사령관, 주한미군사령관 등 3개 직책을 동시에 맡고 있는 미군 4성 장군"이라고 말했다.[5] 우리의 전시 군사작전통제권도 바로 이 한미연합사령관, 즉 주한미군사령관이 가지고 있다. 따라서 한반도 허리를 자르는 군사분계선은 타의에 의해 획정된 70년 비운의 한을 지금도 간직하고 있다.

휴전협정 이후 1970년대까지 간첩을 제외하고 이 비운의 군사분계선을 넘은 사람은 없었을 것이다. 이때 남북관계는 '대화 없는 대결 시대' 속에 있었기 때문이다. 남과 북은 이 군사분계선을 중심으로 철조망을 더욱 높이고 첨단무기를 배치하는 등 군비 경쟁에 열을 올렸다. 그 결과 한반도의 군사분계선 주변에는 세계에서 가장 강력한 군사력이 집결되기에 이르렀다.

통일부는 "비무장지대는 한반도 전체 면적(약 22만 제곱킬로미터)의 0.4%에 불과하지만 100만 개 이상의 지뢰가 매설돼 있고 남북 군사력의 70%가 배치돼 있다"라면서, "'군사적 완충지대'라는 취지와 정반대로 세계에서 가장 중무장된 군사지역"이라고 설명했다.[6]

휴전협정 이후 남북의 양해하에 군사분계선을 넘은 최초의 고위급 인사는 1970년 5월 2일 비밀리에 이곳을 지나간 이후락 중앙정보부장이다. 이후 남북적십자회담(1971년 8월 20일~1973년 7월 11일)과 남북조절위원회 부위원장 회의(1973년 12월 5일~1975년 3월 14일)가 열리면서 군사분계선이 조금씩 열리기 시작했다. 이 기간 중 1972년 7월 4일에 발표된 7·4남북공동성명은 남북이 서로를 인정하고 평화통일에 동의

한 최초의 당국 간 합의다. 특히 이 합의는 통일의 3대 원칙인 '자주·평화·민족대단결'에 합의했다는 점에 큰 의의가 있다.

1980년대 전두환 정부는 김일성을 '조선민주주의인민공화국 주석'이라는 공식 직함으로 호칭하고 남북 간 경제회담이나 적십자회담 등을 열며 남북정상회담을 추진했다. 노태우 정권도 총리가 참석하는 고위급 회담 끝에 1991년 12월 13일 남북기본합의서를 채택했다. 이 합의는 남북 내정불간섭, 비방 중지, 상대방 파괴·전복 금지 등의 내용을 담고 있어 의미가 매우 크다. 엄밀히 따지면 최근 논란이 되고 있는 북한인권법 제정 동의나 대북 삐라 살포는 이 합의서를 위반하는 행위다. 김영삼 정부도 "어느 동맹국도 민족보다 더 우선할 수 없다"라면서 북한이 끈질기게 요구한 비전향 장기수 이인모의 송환을 조건 없이 진행하고 남북정상회담도 추진했다.

이런 가운데 적지 않은 민간인이 이 군사분계선을 넘었다. 대표적으로 1989년 8월 15일 당시 방북했던 대학생 임수경과 천주교정의구현사제단 문규현 신부가 걸어서 군사분계선을 넘어 남으로 왔고, 1998년 6월 16일엔 정주영 현대그룹 회장이 역사상 최초로 남북 당국의 허가를 받아 공식적으로 '소떼를 몰고 군사분계선을 넘는' 장관을 연출했다.

첫 번째 남북정상회담은 2000년 6월 13일 김대중 대통령과 김정일 국방위원장이 만나면서 이뤄졌다. 하지만 김대중 대통령은 비행기 편으로 서해 영공으로 나가 북측 영공에 들어가 평양에 도착했기 때문에 군사분계선을 넘지는 않았다. 노무현 대통령은 2차 남북정상회담을 위해 2007년 10월 2일 오전 9시 걸어서 군사분계선을 넘은 최초의 국가원수다.

2000년 남북 정상이 발표한 6·15남북공동선언은 통일 문제의 자주적 해결, 통일방안의 공통성 인정 및 지향, 인도적 문제 해결, 민족 경제의 균형적 발전에 합의했다. 특히 6·15선언은 개성공단이라는 열매를 맺은 씨앗이 됐다. 2003년 6월 착공된 개성공단은 남측의 자본과 기술, 북측의 토지와 인력이 결합된 민족 공동 번영의 역사적 작품이다. 개성공단 측은 "2014년 12월 기준 5만 4000여 명의 북측 근로자가 일하고 있고, 누계 생산액이 26억 달러를 돌파했다"라고 설명했다.

무엇보다 통쾌한 일은 군사분계선을 가로질러 남측의 도라산 역에서 북측의 개성공단까지 4차선 도로를 시원스럽게 뚫은 것이다. 우리 민족의 의지와 다르게 그어진 38선(군사분계선)을 '거부'한 최초의 새로운 통로다. 사실 이 도로에는 차단막도, 군사분계선 표지도 없다. 그래서 어디가 남북의 경계인지 구분하기조차 어렵다. 단지 문산변전소에서 개성공단에 공급하는 전기 송전탑 색깔이 남쪽은 하늘색, 북쪽은 검은색인 것으로 구분할 뿐이다.

이곳 경계를 맡고 있는 군인은 "우리 측 차량이 북으로 갈 때는 한국군의 에스코트를 받아 검은색 송전탑까지 간 뒤 여기서 기다리던 북한 측 호위차의 호위로 개성공단으로 이동한다"라면서, "하루 23회, 대략 700대의 차량과 1000여 명의 인원이 남북을 오간다"라고 설명했다.

이 길은 현재 유엔사가 아니라 남북이 자주적으로 관리하는 유일한 통로다. 유엔사는 2003년 군사정전위원회가 직접 관할하는 판문

도라산 전망대에서 바라본 군사분계선. 사진 왼쪽 인공기가 게양된 북측 기정동 마을
과 사진 오른쪽 태극기가 게양된 남측 대성동 마을 중간에 군사분계선이 있다.

점을 제외한 도라산 역에서 개성공단까지 이어지는 통로와 금강산
으로 가는 동해선 출입관리를 한국 측에 위임했다. 하지만 유엔사는
관리권만 이양했지 관할권은 계속 보유하고 있다고 주장한다. 이 때
문에 2007년 남북정상회담을 준비하던 당시 미국과 마찰이 있었다.
결국 노 대통령은 '형식상' 유엔사의 허가를 받고 걸어서 군사분계선
을 넘었다. 지금도 남에서 개성공단을 오가는 기업체 차량은 형식적
으로나마 유엔사의 허가를 받게 돼 있다.

　개성공단이 운영되던 당시에 이 길을 통해 개성공단을 오가는 차
량들은 매우 평온해 보였다. 당시 한반도 허리에는 미국과 소련이
임의로 그은 38선이나 휴전협정상 군사분계선이 형식적으로 존재할
뿐 '돌아오지 않는 다리'는 더 이상 존재하지 않았다. 통일부 장관으
로서 개성공단을 만들었던 정동영 의원은 "개성공단은 10년 후 통일
로 안내하는 길잡이다. 그걸 쭉 따라가면 된다"라면서, "멀리 갈 것
도 없다. 우리 눈앞에 길이 나 있다"라고 말했다.

그러나 개성공단은 박근혜 정부가 가동을 전면 중단한다고 선언한 이후 2016년 2월 11일에 결국 폐쇄됐다. 북한의 핵무기 개발 자금줄을 막겠다는 의도였다. 하지만 개성공단을 통해 얻는 이득은 북한보다 남한이 더 컸다. 개성공단 폐쇄가 '자해행위'라는 비판이 나온 것도 그 때문이다. 공단 측에도 알리지 않고 갑작스럽게 개성공단이 폐쇄되면서, 이곳에서 기업을 운영하던 중소기업 경영자들은 큰 손실을 입었다. 이로써 남북의 유일한 교류 통로는 막히고 '38선'은 부활하고 말았다.

제주 4·3평화공원
2차 대전 이후 최악의 동족 살해극

4월이 오면 남도의 제주는 열병을 앓는다. 제주에 전해지는 봄소식은 잔인하다. 제주가 몸살을 앓는 이유는 5월 전남 광주가 몸살을 앓는 이유와 같다. 그런데 제주의 몸살은 광주보다 한 달 더 빠르고 더 깊다. 외지인은 잘 모르겠지만 이때가 되면 제주 토박이들은 잠을 이루지 못한다. 심지어 제주특별자치도 제주시 명림로 430 제주 4·3평화공원에서 '잠들어 있던' 영혼들까지 깨어날 지경이다.

제주 4·3평화공원에는 1만 4231명의 4·3사건 희생자 위패가 모셔져 있다. 5·18국립묘지에 738기, 국립 4·19묘지에 376기의 희생자가 안장돼 있는 것에 비하면 엄청난 숫자다. 이는 그만큼 사건이 격렬하고 참혹했다는 방증이다. 이 숫자는 한국전쟁 이후 군인과 경찰, 소방관 등 17만 5000여 기의 묘소와 위패를 모신 국립 서울 현충원 다음으로 많다.

그러나 이것이 다가 아니다. 이는 '제주 4·3사건 진상규명 및 희생자 명예회복위원회'(이하 '제주 4·3위원회')에 신고된 희생자 수 1만 4028명을 기초로 산출된 것이다. 제주 4·3위원회는 "4·3사건에 의한 사망, 실종 등 희생자 숫자를 명백히 산출하는 것은 매우 어렵다. ……아직도 신고되지 않았거나 미확인된 희생자가 많기 때문"이라고 설명했다. 『제주4·3사건진상조사보고서』(이하 '제주 4·3보고서')는 여러 자료와 인구 변동 통계 등을 고려해 잠정적으로 4·3사건 인명피해를 2만 5000명에서 3만 명 사이로 추정했다. 1950년 4월 김용하 제주도지사가 밝힌 희생자 2만 7719명과 한국전쟁 이후 발생한 예비검속 및 형무소 재소자 희생자 3000여 명을 고려한 숫자다. 제주 4·3사건은 세계적으로 보아도 제2차 세계대전 이후 전쟁을 제외하고 가장 참혹한 동족 살해극이다.

1946년 12월 11일 제1회 유엔총회에서는 제노사이드(집단학살)를 유엔의 정신과 목적에 반할 뿐 아니라 문명세계에서 있을 수 없는 국제법상의 범죄로 규정했다. 1948년 12월 9일 제3회 유엔총회에서 공식적으로 채택된 규정에 따르면, 전시와 평시 무관하게 국민·민족·종교·인종 등의 이유로 집단학살을 행하는 것은 물론이고, 정신적 해악을 가하는 것도 처벌하게 돼 있다. 그러나 대한민국 남쪽 섬에서 수만 명의 주민이 학살된 사건에는 이러한 원칙이 적용되지 않았다.

한국 현대사로만 놓고 보면 제주 4·3사건은 한국전쟁 다음으로 인명피해가 컸던 비극적인 사건이다. 당시 인구 20만여 명 정도에 지나지 않았던 남도의 섬에서 어떻게 이렇게 많은 희생자가 생길 수 있었을까? 사실 제주 4·3사건의 배경에는 워낙 복잡하고 다양한 원인

제주 4·3평화기념관에 마련된 행방불명인 표석에는 당시 행방불명된 3429명의 이름
이 빼곡히 적혀 있다(사진 제공: 제주 4·3평화재단).

이 얽혀 있어서 무엇이 원인이라고 정확하게 단정하기 어렵다. 정부
가 설치한 제주 4·3위원회가 많은 인력과 자료를 분석한 결과를 집
대성한 제주 4·3보고서에서도 "제주 4·3사건의 원인은 하나의 요인
으로 설명할 수 없다"라고 언급했다.

　제주 4·3사건을 이해하기 위해서는 우선 당시 제주도의 분위기를
살펴봐야 한다. 제주도는 동북아의 군사요충지라는 지리적 특수성
때문에 태평양전쟁 말기에 일본군 6만여 명이 주둔한 섬이었다. 해
방 후 제주에서는 일본군이 떠나고, 외지로 나갔던 제주 출신 주민 6
만여 명이 귀환하는 등 급격한 인구 변동이 일어났다.

이런 상황에서 제주에 극심한 흉년이 들었고, 생필품이 부족해졌으며, 설상가상으로 전염병인 콜레라가 유행해 수백 명이 죽었다. 해방의 감격을 안고 고향에 돌아온 귀환자들은 직업을 찾을 수 없었다. 또한 일제에서 경찰로 활동했던 자들이 득세했고, 미군정 관리들의 모리배 행위도 극심해졌다.

이런 분위기 속에서 1947년 3·1절에 발포사건이 터졌다. 3·1절 기념식에 참여한 3만여 명의 제주도민들이 가두행진을 하던 중 기마경찰의 말고삐에 어린아이가 채였다. 말에 아이가 채인 줄 모른 경찰이 그냥 가려고 하자, 주변에 사람들이 아이를 구하려고 몰려왔다. 경찰은 이를 시위대가 습격하는 줄 오인해 발포했는데, 이 사건으로 시민 여섯 명이 숨지고 여덟 명이 중상을 입었다. 희생자 대부분은 일반 주민이었다.

3월 10일에 경찰의 과잉 발포에 항의하는 민관 총파업이 단행됐다. 4만여 명이 동참한 파업에는 회사, 은행, 교통, 통신, 학교 등 제주 전체 직장의 95%가 가담했다. 공무원도 파업에 동참했고, 심지어 경찰도 20%나 파업에 가담했다. 이로써 제주도의 행정은 물론, 기본 시설이 모두 마비됐다.

그러나 미군정은 총파업이 경찰의 발포에 대한 도민의 반감보다는 남로당의 선동 때문에 일어난 것이라고 판단했다. 미군정은 제주도지사를 비롯한 행정 수뇌부를 전부 외지인으로 교체하고 육지에서 들어온 경찰과 서북청년단(이하 '서청')을 동원해, 대대적인 진압작전을 전개했다. 제주 4·3보고서는 1948년 4·3사건 발발 직전까지 1년 동안 2500명이 구금되고 테러와 고문이 잇따랐다고 기록하고 있다.

1948년 4월 3일 새벽 2시를 기해 남로당 제주도당 350명의 무장대가 12개 지서와 우익단체를 공격하는 무장봉기가 시작됐다. 이들 무장대는 제주도민에 대한 경찰과 서청의 탄압 중지와 단선·단정 반대, 통일정부 수립 촉구 등을 슬로건으로 내걸었다.

　　미군정은 초기에 경찰과 서청을 이용해 봉기를 막으려 했지만, 사태가 수습되지 않자 군대인 국방경비대 제9연대에 출동할 것을 명령했다. 그러나 제9연대장이 무장대 김달삼과 평화적 사태 해결에 합의하는 하극상이 발생했다. 이에 미군정은 제9연대장을 교체했으나, 교체된 연대장이 부하에게 암살당하는 사태가 벌어졌다.

　　이후 제주 사태는 소강 국면을 맞았다. 그러나 남북에 각각 단독정부가 수립되자 제주 사태는 정권의 정통성 문제로 부상했다. 1948년 10월 11일 이승만 대통령은 본토의 군 병력을 제주도 경비사령부에 증파했다. 10월 19일 제주에 증파하려던 여수 제14연대가 다시 반기를 드는 군사반란이 일어났다. 이것이 바로 여순 반란사건(여수순천 10·19사건)으로, 남로당 비밀조직원 박정희 소령이 이때 체포됐다.

　　11월 17일 제주도에 계엄령이 선포되고 무차별 진압작전이 시작됐다. 이때부터 제주 사람은 더 이상 '사람'이 아니었다. 제주 4·3보고서가 인용한 미군 정보보고서에는 제주의 중산간마을을 초토화하는 작전에 대해 "중산간지대에 위치한 마을 모든 주민이 명백히 게릴라부대에 도움과 편의를 제공하고 있다는 가정 아래 마을 주민에 대한 '대량학살계획program of mass slaughter'을 채택했다"라고 적혀 있다.

　　중산간지대에서뿐만 아니라 해안변 마을에 소개한 주민들까지도 무장대에 협조했다는 이유로 죽임을 당했다. 그 결과 목숨을 부지하기 위해 입산하는 피난민이 더욱 늘었고, 이들은 추운 겨울을 한라산 속에서 숨어다니다 잡히면 사살되거나 형무소 등지로 보내졌다. 심지어 진압 군경은 가족 중에 한 사람이라도 없으면 '도피자 가족'으로 분류, 그 부모와 형제자매를 대신 죽이는 '대살代殺'을 자행하였다.[7]

제주 4·3보고서를 보고 있으면 소름이 끼칠 정도로 경악스럽다. 특히 부모와 형제자매를 대신 죽이는 '대살'을 이야기하는 대목에 이르면 보고서를 더 읽어나가기 어렵다. 1950년에 한국전쟁이 발발하자 전국 형무소에 수감된 4·3사건 관련자 3000여 명도 즉결처분됐다. 그들의 유족 대부분은 아직도 시신을 찾지 못하고 있다.

제주가 안정을 되찾은 것은 1954년 9월 21일이다. 이날 한라산 입산금지가 해제되면서 비로소 제주에 평화가 찾아왔다. 1947년 3·1절 발포사건으로 시작돼 1948년 4·3무장봉기로 촉발된 제주 4·3사건이 7년 7개월 만에 막을 내린 것이다. 제주 4·3보고서는 제주 4·3사건에 대해 다음과 같이 정의하고 있다.

1947년 3월 1일 경찰의 발포사건을 기점으로 하여, 경찰·서청의 탄압에 대한 저항과 단선·단정 반대를 기치로 1948년 4월 3일 남로당 제주도당 무장대가 무장봉기한 이래 1954년 9월 21일 한라산 금족지역이 전면 개방될 때까지 제주도에서 발생한 무장대와 토벌대 간의 무력충돌과 토벌대의 진압 과정에서 수많은 주민들이 희생당한 사건.[8]

제주 4·3사건 진상조사단은 4·3사건은 '3·1절 발포사건', '외지 출신 도지사의 편향적 행정 집행', '경찰·서청에 의한 검거, 테러, 고문 치사', '수세에 몰린 남로당 제주도당 무장대의 지서 습격'이 복합적으로 작용하면서 비롯된 것이라고 결론 내렸다.

진상조사단은 남로당 제주도당 군사부 산하 무장대의 규모가 4·3사건 당시 350명 정도였으며, 4·3사건 전 기간에 걸쳐 무장 세력은 500명 선을 넘지 않았다고 밝혔다. 그런데 2만 5000명에서 3만 명이 넘는 무고한 시민이 살해된 것이다.

특히 제주 4·3위원회에 신고된 희생자를 분석해보면 10세 이하 어린이가 814명(5.8%), 61세 이상 노인이 860명(6.1%)으로 전체 희생자의 11.9%를 차지하고 여성 희생자가 2985명(21.3%)이나 된다는 점에서 진압이 무차별적으로 자행됐음을 알 수 있다.

제주 4·3사건 진압작전으로 전사한 대한민국 군인은 180여 명, 경찰은 140여 명이다. 결국 350명에서 500명 정도로 추정되는 남로당 무장대와 전투를 벌이다 사망한 320여 명을 제외하고, 모두 억울한 양민이 학살된 것이다.

사건 이후 제주사람은 해마다 4월이 되면 숨을 죽이고 몰래 제사를 지냈다. 매년 4월의 밤에 오름을 흐르는 통곡 소리는 그냥 '남도의 한'으로 치부됐다. 가해자 이승만 대통령이 살아 있는 한, 제주 4·3사건은 '남로당이 주도한 공산반란'이고, '피살된 자는 모두 무장 유격대원이거나 그 동조자'라는 규정에서 한 치도 어긋날 수 없었다.

그러던 중 4·19혁명으로 이승만이 물러난 1960년 5월 제주대학교 학생들이 '4·3사건 진상규명동지회'를 조직해 진상조사에 나섰다.

1960년 국회에서 거창·함양 양민학살사건과 함께 제주 4·3사건 진상 조사도 이뤄졌다. 1960년 6월 6일 제주도의회에서 희생자 유족들이 처음으로 억울함을 호소하고, 국회 차원에서 조사가 진행됐다. 이제야 남도의 한이 풀리나 싶었다.

그러나 5·16군사쿠데타가 일어나자 진상규명에 나선 인사들이 줄줄이 구속됐고 유족들은 연행됐다. 그리고 군사정권 내내 제주 4·3사건은 다시 역사에서 사라졌다. 1978년 소설가 현기영이 「순이삼촌」이라는 소설로 진상의 일부를 그려 고초를 겪었고, 그나마 일본에서 진상규명을 요구하는 목소리가 나왔다.

제주 4·3사건의 진실규명 논의가 재개된 것은 1987년 민주화 이후다. 1988년 사건 발생 40주년을 맞아 추모모임과 학술세미나가 열리고, 정치권에서 이 문제를 거론하기 시작했다. 1989년 제주지역 사회단체들은 제1회 '제주항쟁 추모제'를 개최하고 '제주 4·3연구소'를 열었다. ≪제주신문≫은 1989년 4월 3일을 맞아 "4·3의 증언"을 연재하기 시작했다. 이 연재는 ≪제민일보≫의 "4·3은 말한다"로 이어져 1998년까지 다섯 권의 책(『4.3은 말한다』)으로 출간됐다.

이 시기에 제주 4·3을 상징적으로 읊은 '시'가 바로 안치환의 「잠들지 않는 남도」다. 1988년 안치환이 가사와 곡을 쓴 이 노래는 4·3의 한을 달랜 대표적인 노래다.

외로운 대지의 깃발 흩날리는 이녘의 땅/ 어둠살 뚫고 피어난 피에 젖은 유채꽃이여/ 검붉은 저녁 햇살에 꽃잎 시들었어도/ 살 흐르는 세월에 그 향기 더욱 진하리/ 아─ 반역의 세월이여/ 아─ 통곡의 세월이여/ 아─

1990년 6월 유족들은 '제주도 4·3사건 민간인희생자 유족회'를 조직했고, 1993년 10월 제주도의회와 제주지역 총학생회협의회가 국회에 4·3특별법 제정 촉구 청원서를 제출했다. 1996년 3월 제주도는 중앙정부에 4·3사건의 진상 규명을 공식적으로 요청했다.

물론 기득권 세력의 저항도 만만치 않았다. 4·3사건을 소재로 창작활동을 하던 시인(이산하)과 출판사 대표(김영호), 연구소 대표(김명식), 다큐멘터리 제작자(김동만), 인권운동가(서준식) 등이 국가보안법 위반 혐의로 기소됐다. 《제민일보》 4·3취재반도 피소됐다.

1997년 4월 1일 강만길, 김중배, 김찬국, 정윤형을 공동대표로 한 '제주 4·3 제50주년 기념사업추진 범국민위원회'가 결성됐고, 제15대 대통령선거에서 김대중 후보는 4·3사건 진상규명과 명예회복을 공약으로 내세웠다.

드디어 1999년 12월 16일 '제주 4·3사건 진상규명 및 희생자 명예회복에 관한 특별법'이 제정됐다. 사건이 발생한 지 50여 년 만에 국가 차원의 진상조사와 재평가가 시작된 것이다. 제주 4·3위원회는 관련자의 증언과 각종 기록 조사를 통해 50년 전 남도의 섬에 묻혔던 사건을 발굴하고 재구성했다. 하지만 경찰 등 가해자들은 관련 문서를 폐기했고 군 지휘관들은 증언을 거부했다.

2003년 제주 4·3위원회는 그 어려움을 뚫고 방대한 분량의 제주 4·3보고서를 냈다. 위원회는 "정부는 이 불행한 사건을 기억하고 교훈으로 삼아 다시는 이러한 비극이 일어나지 않도록 노력을 해야 할

제주 4·3평화기념관 전경(사진 제공: 제주 4·3평화재단).

것"이라며, "특히 국가공권력에 의해 피해를 입은 희생자와 그 유족을 위로하고 적절한 명예회복 조치를 취할 것을 기대한다"라고 권고했다.

그리고 2003년 4월 3일 제주 4·3평화공원이 세워졌다. 2006년 4월 3일 노무현 대통령은 이 평화공원에서 열린 위령제에 참석해 추도사를 통해 "국가권력은 어떠한 경우에도 합법적으로 행사되어야 하고 일탈에 대한 책임은 특별히 무겁게 다뤄져야 한다"라면서, "용서와 화해를 말하기 전에 억울하게 고통받는 분들의 상처를 치유하고 명예를 회복해주어야 한다"라고 말했다. 국가수반이 국가권력의 만행을 공식적으로 사과한 것이다.

이로써, 50여 년 동안 '잠들지 못하던 남도'는 이제 안식에 드는 듯했다. 제주도민들도 참극의 섬을 용서하고, 제주를 평화의 섬으로 변모시키는 성숙함을 보였다.

하지만 역사의 반동은 다시 남도를 깨우고 있다. 광주에서 「님을 위한 행진곡」이 금지곡이 됐듯이, 제주에서 「잠들지 않는 남도」도 부르지 못하는 노래가 됐다. 심지어 일부 우익인사와 우익단체들은 '제주 4·3사건은 남로당의 사주에 의한 폭동이다', '남파간첩이 4·3 희생자로 둔갑했다', '김일성이 6·25를 결심하는 데는 제주 4·3과 여순 반란도 한몫을 했을 것'이라는 등의 주장을 하고 있다.

이는 몇몇 우익인사나 우익단체만의 생각이 아니었다. 보수정부의 뉴라이트 역사관에 맞춰 공공기관도 버젓이 이런 주장에 가담했다. 심지어 과거의 아픔을 치유해야 하는 '진실·화해를 위한 과거사 정리위원회' 위원장마저 이러한 기조에 동조했다.

그렇지 않아도 강정마을의 아픔이 남아 있는 지금, 제주사람들은 다시 '오래전 악몽'을 떠올려야 하는 것이다. 이는 과거를 용서하고 조용히 잠들려 했던 남도의 영혼을 능멸하는 처사다. 하지만 지금 제주사람들은 과거 선배들과는 다르다. 분명 다를 것이다. 그때보다 성숙해졌으며, 그때처럼 순순히 당하지 않을 만큼 단호해졌다.

임시수도 부산

한창 '복고 마케팅' 중인 한국 정치 파동의 출발역

여느 때보다 일찍 찾아든 초여름 무더위가 한창 기승을 부리던 1952년 5월 26일 임시수도 부산의 아침이었다. 동래 온천장을 출발한 국회 통근버스는 광복동 동아극장 앞에서 국회의원 30명을 더 태워 모두 47명을싣고 임시의사당이 있는 경남도청 정문을 들어서려다 집총 헌병들의 검문을 받았다. 26일 0시를 기해 발동된 계엄령 아래선 어떤 차량도 일단검문을 받아야 한다는 헌병들의 주장에 맞서 한 시간을 버티던 국회 버스는 결국 군용 크레인에 의해 사람이 탄 채로 헌병대에 끌려가 몇몇은 국제공산당 음모사건 피의자로 구속되었고, 이 대통령에게 반기를 들었던골수 야당 의원 30명은 경찰의 지명수배를 받아 한여름 내내 숨어 지내야했다.9

대한민국 헌정사에서 장기집권을 위한 첫 번째 개헌은 한국전쟁이 한창이던 임시수도 부산에서 시작됐다. 이승만 대통령의 헌정 유린 시말은 이렇다. 1950년 5·30선거에서 야당이 압승하자 내각책임제를 시행 중이던 당시 상황에서 이 대통령의 재선은 '물 건너간 것'으로 여겨졌다. 이에 이 대통령은 1951년 11월 30일 대통령직선제 개헌안을 국회에 제출했다. 그러나 야당이 우세했던 국회는 이를 부결시켰다.

이에 이승만 대통령은 국회를 해산하기 위해 '관제데모'를 여는 한편 계엄령을 선포했다. 그리고 직선제 개헌에 반대하는 야당 의원 50여 명을 연행하고 이 중 12명을 국제공산당 관련자로 조작해서 구속했다. 심지어 '반독재 호헌'을 주장하는 야당 의원들이 회의를 하는 장소에 정부의 사주를 받은 괴한이 난입하고, 민중자결단이라는 우익단체가 국회의사당을 포위한 뒤 80여 명의 국회의원을 연금하기도 했다. 이런 가운데 이 대통령은 연임을 위한 개헌안을 통과시켰다. 이 모든 일이 전쟁 중이던 임시수도 부산에서 벌어졌다.

이 대통령은 한국전쟁이 발발하자 서울시민들에게 "서울을 사수해달라"라고 방송하면서 자신이 먼저 한강을 건넜다. 이 대통령이 부산에 도착한 것은 7월 2일, 전쟁이 발발한 지 불과 일주일 만이었다. 7월 17일부터 8월 18일까지 정부를 부산으로 이전하는 작업이 이뤄지기도 전에 이 대통령은 미리 피란을 와 있었던 것이다. 그리고 부산은 공식 임시수도로 지정돼 1953년 8월 15일 정부가 다시 서울로 옮겨갈 때까지 2년 6개월 동안 한국 정치의 중심이 됐다.

헌병이 국회의원이 탄 '미니'버스를 둘러싸고 있는 장면을 보면 47명이 앉을 좌석도 부족해 보인다. 버스는 당시 임시의사당으로 쓰인 경남도청 정문을 통과해 청사 앞까지 온 상태였다.

1952년 5월 26일 집총을 한 헌병들이 국회의원 47명이 탄 버스를 세워 검문하고 있다. 헌병들은 이 버스를 군용 크레인으로 끌고 가 국회의원들을 27시간 30분간 연금했다.

이 장면을 보고 있으면 1987년 6월항쟁 모습이 떠오른다. 최루탄에 맞아 숨진 연세대 이한열 군의 장례로 촉발된 6월항쟁이 한창이던 6월 26일 국회의원들은 거리투쟁에 나섰다. 전두환 정권은 국회의원과 시위대를 떼어놓기 위해 국회의원을 마구잡이로 연행한 뒤 '닭장차'에 싣고 시내에서 멀리 떨어진 난지도 쓰레기매립장에 내려놓았다.

당시 야당 총재였던 김영삼(이하 'YS')은 "닭의 모가지를 비틀어도 새벽은 온다"라며 가두투쟁에 나섰다가 이 닭장차에 실렸다. 당시 YS가 닭장차에 실리지 않으려고 문을 부여잡고 악쓰는 모습은 6·10민주화항쟁의 상징적 장면 가운데 하나다. 그런데 사실 YS는 부산 정치파동 당시 발췌개헌안을 만든 장택상 의원의 비서였다.

임시수도 부산에서 시작된 장기집권의 DNA는 우리 헌정사의 불행이었다. 이후 이 대통령은 3선 연임을 시도하다가 결국 4·19학생혁명으로 몰락했고, 5·16군사쿠데타로 집권한 박정희 대통령은 3선을 넘어 유신을 통해 영구집권에 나섰다가 측근의 흉탄에 사망하는 비극을 맞았다. 장기집권의 폐해가 오죽 심했으면, 1987년 6월항쟁 이후 되찾은 직선제 헌법에서 단임제를 명시하고 당해 대통령은 이 조항을 고치지 못하게 만들었을까.

한국 정치에서 장기집권의 DNA가 시작된 이곳은 지금 동아대학교 박물관으로 사용되고 있다. 원래 이 건물은 1925년 일제가 경남도청 청사로 지은 것이었다. 해방 후에도 경남도청으로 사용되다가 한국전쟁이 나자 임시수도 정부청사로 잠시 사용된 것이다. 부산 정치파동 당시에는 국회도 이 건물에 있었다. 당시 국회는 부산 여러 곳을 옮겨 다녔고, 정부 부처도 사방에 흩어져 있었다. 1983년 경남도청이 창원으로 이전하자 이 건물은 검찰청과 법원으로 사용됐다. 법원도 거제동 법조청사로 이전하자 동아대학교가 건물을 인수해서 2009년부터 박물관으로 사용하고 있다.

하지만 이 건물 주변 어디에도 이곳이 부산 정치파동의 현장임을 알리는 안내판은 없다. MT를 가는 대학생들만 건물 앞을 지나다닐 뿐이다. 박물관 3층 임시수도 정부청사 기록실에 가서 '부산 정치파동' 기록을 들춰봐야 이곳이 바로 한국 헌정사의 비극, 즉 장기집권의 DNA가 잉태된 현장이라는 것을 알 수 있다.

부산 정치파동 현장이 내려다보이는 이곳에 이 대통령의 숙소와 집무실이 있었다. 숙소와 집무실 사이는 직선거리로 100미터 정도 될까? 원래 경남지사 관사였던 곳을 한국전쟁 당시에는 대통령 관저로 사용했다. 이 대통령은 이곳에서 국회의원 버스가 헌병 크레인에 끌려가는 장면을 내려다보며 회심의 미소를 지었을지도 모른다.

현재 이곳은 임시수도기념관으로서 당시 정치 상황을 기록해 전시하고 있다. 기념관에는 이 대통령의 집무실과 숙소, 회의실 등이 당시 모습으로 재연돼 있다. 임시수도기념관 성현주 관장(2015년 당시)은 "경남도청이 창원으로 옮겨간 1984년 처음 기념관 문을 열었다가 뒤쪽 고검장 관사를 합쳐 2012년 부산시립 박물관 분관으로 재개관했다"라면서, "하루 200명에서 250명, 연간 5만 5000여 명의 시민이 이곳을 방문한다"라고 말했다.

이곳에서 이 대통령에 대한 평가는 엇갈린다. 이 대통령의 집무실과 이 대통령을 재현한 실물 크기의 밀랍인형에는 이 대통령을 높이 평가하는 분위기가 반영돼 있다. 특히 기념관 앞에 세워졌던 이 대통령 동상에는 "자유민주주의에 대한 확고한 신념과 자유시장경제의 원리를 누구보다도 정확히 알고 계신 분"이라는 글이 씌어 있다. 하지만 전시관 내부 설명에는 "(부산 정치파동을 통해) 장기집권의 길을 열었다"라고 명시한 대목도 있다. 기념관 앞에 세워진 이 대통령 동상은 2011년 6월 3일 붉은색 페인트를 뒤집어쓰는 '테러'를 당해 철거된 상태다. 이후 동상의 완전 철거를 주장하는 4·19단체와 동상 복원을 주장하는 보수단체가 맞서 동상은 복원되지 못하고 있다.

한국전쟁 시기 경남도청과 대통령 관저가 있던 부암동 일대가 당시 한국 정치의 중심이었다면, 우암동과 국제시장이 있는 신창동은 서민, 특히 피란민의 애환이 서린 곳이다. 비록 전쟁 통이었지만 정치의 중심에는 요정과 향락, 그리고 음모가 있었다. 반면에 피란민이 몰려 있던 우암동과 국제시장 일대에는 추위와 배고픔이 있었다. 물론 어울려 살던 정이 배어 있기도 했다.

우암동은 영화 〈친구〉의 배경이 된 동네다. 이곳에는 원래 일제강점기부터 일본에 반출되는 소를 검역하던 동물검역소와 우사가 있었다. 부산 사람들은 이곳을 보통 '적기'라고 부른다. 원래 적기만이었던 바다를 매립해 우사를 만들었기 때문이다. 그런데 한국전쟁으로 피란민들이 몰려오면서 소를 가둬두던 우사가 집으로 개조돼 대규모 피란민 수용소가 됐다. 이 피란민 수용소는 점차 정착촌이 됐고, 이후 병원과 성당이 들어서 지금의 우암동이 됐다. 난리 통에 피란민만으로 마을이 형성된 독특한 지역인 셈이다.

임시수도기념관은 최근 1950년대 부산의 현대사에 주목해 학술조사와 현장조사를 진행하고 있다. 성현주 관장은 "부산의 독특한 역사 이력은 도시생활사 측면에서 매우 중요하다"라면서, "이러한 특색을 마을 재생사업을 통해 복원하는 사업들이 이어지고 있다"라고 말했다. 기념관은 부산 부암동과 이곳에서 주로 먹던 음식인 밀면 등 주로 서민(민중) 생활사를 다루는 보고서를 냈고, 앞으로도 피란기 서민의 삶에 대한 연구·조사를 계속할 계획이라고 한다.

이것은 현재 부산의 '복고 마케팅'과 맞아 떨어지고 있다. 부산시는 부민동 일대를 '임시수도 기념거리'로 명명했다. 또한 인근에 40계단 테마 거리를 조성하고 우암동 등에서 1950년대를 추억하는 대중의 향수를 겨냥한 복고 마케팅을 벌이고 있다. 요즘에는 영화 〈국제시장〉의 배경이 됐던 신창동 국제시장이 '뜨고' 있다. 국제시장은 1948년 자유시장이라는 이름으로 처음 들어섰다. 난리 통에 미국 구호품과 군부대에서 흘러나온 군용품, 밀수품 등 온갖 상품이 이곳을 통해 전국으로 공급되면서 없는 것이 없다는 의미의 '도떼기시장'으로 불리기도 했다. 많은 피란민이 이곳에서 생계를 해결한 것은 물론이다.

서울과 수도권으로의 경제력 집중이 지속되면서 국제시장은 한동안 쇠락의 길을 걸었으나, 2014년 영화 〈국제시장〉이 흥행하면서 다시 주목받았다. 국제시장을 돌아보는 관광코스가 많이 개발돼 주말에는 사람이 통행할 수 없을 정도로 관광객이 몰린 것이다. 특히 영화에 '꽃분이네'로 나왔던 곳은 원래 '영신상회'라는 이름으로 영업하던 가게였는데 지금은 꽃분이네로 간판을 바꿔 달았다. 평일에도 국제시장 꽃분이네 앞쪽에는 관광객이 몰려 영업에 지장을 받을 정도라고 한다. 관광객이 사진 촬영을 할 수 있도록 별도의 '포토존'까지 만들었다.

이곳을 찾는 사람은 크게 늘었지만 정작 수익은 별로 늘지 않고 오히려 임대료만 올라갔다는 불만도 있다. 이곳에서 음식점을 운영하는 한 상인은 "영화 상영 이후 상가 임대료가 크게 올랐다"라며, "나중에 이 가게를 살 생각을 했는데 그 꿈을 접었다"라고 말했다. '꽃분이네' 역시 임대료 문제로 주인과 마찰이 생겨 폐업할 뻔했다. 다행히 임대료 문제는 원만히 해결됐다고 한다.

국제시장에 사람이 몰리지만 매출이 늘지 않는 이유는 국제시장만의 상품이 없기 때문이다. 부산 국제아트타운 작가회원인 아티스트 배천순 씨는 "보다시피 꽃분이네에서 팔고 있는 것은 5000원, 만 원짜리 중국 잡화상품들"이라며, "부산 국제시장만의 관광 상품을 개발하는 것이 무엇보다 시급하다"라고 말했다. 또한 배 씨는 "꽃분이네 가게 내부와 외부를 전면 개조해 특색 있는 가게로 만들 예정"이라며, "이 작업은 작가들의 재능기부 형태로 추진될 것"이라고 말했다.

옛 대법원 청사

'첫 사법살인' 현장, '오욕의 역사' 미술로 감춰질까

주목되던 '진보당 사건'에 대한 대법원 최종 판결은 27일 밀려든 방청객들로 인해 일어난 법정 혼란으로 예정보다 늦게 오후 12시 5분 개정했다. 김세완 재판장의 판결문 낭독으로 판결 이유 설명을 한 후 오후 1시 45분 최종 언도가 나왔다. 이날 대법원 판결은 원심을 완전히 뒤집어 진보당의 평화통일론은 헌법에 보장된 '언론 자유'에 저촉되지 않는다고 규정하면서 '진보당'에 관한 본질적인 사건에는 무죄를 언도했다. 그러나 조봉암 피고에게는 '간첩' 및 '간첩 방조죄'를 적용해 양명산 피고와 함께 사형을 언도했다. 이날 대법원 판결 이유 요지는 (1) 평화통일론은 헌법에 보장된 '언론 자유'에 저촉되지 않는다, (2) 헌법에 '단체 활동의 자유'가 인정돼 있으며 진보당 강령은 헌법 위배가 아니다, (3) 이북 괴뢰집단과 진보당이 직접 상통했다는 증거가 없다는 것이었다.[10]

1959년 2월 27일 대법원 3층 대법정에서 정치적 경쟁자를 법의 이

진보당 사건 관련자에게 사형이 선고된 소식을 보도한 당시 ≪경향신문≫ 1면.

름으로 살해하는 사법살인(이른바 '법살法殺')이 처음 자행됐다. 해방 후 미군정 시기 김구, 여운형, 장덕수 등 쟁쟁한 정치인들이 '암살'로 사라졌다. 당시에도 경찰이 존재했지만, '법보다 총'이 앞섰던 것이다. 대한민국 정부가 수립되고 어느 정도 질서가 잡히면서 암살은 더 이상 불가능해졌다. 하지만 정적 제거의 필요성은 여전히 남아 있었다. 그런데 그 수단으로 '법'이 동원된 것이다.

법이라는 이름으로 자행된 정적 살해의 첫 희생자는 진보당 당수 조봉암이었다. 조봉암은 일제강점기 공산주의 핵심 요인으로 가열하게 항일투쟁에 참여했다. 그러던 중 일제 경찰에게 고문을 받아 손가락 몇 마디를 잃기도 했다. 그는 해방 후 공개적으로 공산당과 결별하고 대한민국 정부 첫 농림부 장관으로 임명되어 농지개혁을 주도했다. 2대 국회에서 부의장을 지냈던 그는 1956년 진보당을 창당해 이승만의 북진통일에 맞서 평화통일을 외치고 약자를 보듬는 진보적 정책을 주장했다. 조봉암은 1956년 5·15선거에서 200만 표 이상을 얻으며 이승만의 강력한 정치적 라이벌로 등장했다.

1958년 1월 12일 검찰은 진보당 간부들이 간첩과 접선했고, 진보당의 '평화통일 주장이 북한의 주장과 같아 북한과 내통한 혐의가 있다'며 진보당 간부를 대거 검거했다. 2월 20일 육군 특무부대는 권총을 가진 간첩을 검거했는데, 진보당 당수 조봉암이 이 간첩과 접선했다고 발표했다. 그리고 정부는 진보당을 '용공정당'이라는 이유로 해산했다. 초대 농림부 장관, 국회부의장, 대통령 후보였던 사람이 간첩과 내통하고 그가 창당한 정당이 용공정당이었다는 정부의 주장에 국민들은 충격에 빠졌다.

하지만 1심 재판에서 유병진 판사는 간첩 혐의에는 무죄, 국가보안법 위반에는 비교적 가벼운 형량인 징역 5년을 선고했다. 증거가 불충분했기 때문이다. 그러자 괴청년들이 법원에 난입해 "용공판사 물러가라", "조봉암을 간첩혐의로 처벌하라"라며 행패를 부렸다. 결국 항고심에서 조봉암에게 사형이 선고되고, 대법원에서 사형이 확정됐다. 당시에도 나름대로 선진적인 사법제도가 있었으나 사법살인을 막지는 못했다. 심지어 경찰청장으로서 좌익 검거의 총책임자였던 장택상마저 "조봉암은 간첩이 아니다"라며 구명운동에 나섰지만 허사였다.

결국 조봉암은 7월 31일 형장의 이슬로 사라졌다. 그는 마지막으로 면회를 온 가족에게 "나는 만 사람이 살자는 이념이었고, 이 박사는 한 사람이 잘살자는 이념이었다. 이념이 다른 사람이 서로 대립할 때는 한쪽이 없어져야만 승리가 있는 것이다. …… 정치를 하자면 그만한 각오는 해야 한다"라고 말했다고 한다.

이념이 다르다고 상대를 말살하는, 그것도 '법'의 이름으로 사법살인을 자행하는 우리 정치사의 비극적 전통은 여기서부터 시작됐다. 이후 자행된 대표적인 사법살인 사례는 다음과 같다. 박정희 정권 시절인 1961년 10월 31일에 대법원은 ≪민족일보≫ 조용수 사장에게 사형을 선고하고 그해 말 사형을 집행했다. 1974년 4월 8일 대법원은 이른바 인혁당 사건에 대해 상고기각 판결을 내려 여덟 명이 억울하게 숨졌다. 이 인혁당 사건 판결이 내려졌던 4월 8일은 '사법사상 암흑의 날'로 불린다. 전두환 정권 시절인 1981년 1월 23일 대법원은 이른바 김대중 내란음모사건에 대해 상고기각으로 사형을 확정했다(다행히 김대중은 사형집행을 면해 후에 대통령이 됐다). 여기에 든 '사법살인'의 예는 모두 재심을 통해 고문과 거짓으로 조작된 사건임이 드러난 것이다.

2011년 1월 20일 대법원 전원합의체(주심 박시환 대법관)는 진보당 사건 재심에서 무죄를 선고했다. 재판부는 "진보당은 자본주의를 부정하거나 자유민주적 기본질서를 위반한 정당은 아니었다"라면서, "진보당을 통해 국가 변란을 모의했다는 부분은 유죄가 성립하지 않는다"라고 판시했다. 재판부는 특히 조봉암의 간첩행위에 대해 "공소사실을 인정할 증거가 없고, 공소사실 자체도 간첩행위로 볼 수 없다"라며 무죄를 선고했다.

참 허망한 결론이다. 사법부 스스로 사법살인임을 인정했지만 진보당 조봉암, 《민족일보》 사장 조용수, 인혁당 사건의 여덟 명은 살아 돌아오지 못한다. 이처럼 억울하게 죽임을 당한 사람이 한둘이 아니다. 민족민주열사·희생자 추모단체연대회의 박선하 간사는 "민주화투쟁을 하다가 사망한 인사 619위의 영정에 대해 매년 6월 추모식을 갖는다"라면서, "이 중 사법살인으로 희생된 분은 진보당 조봉암 선생 이후 117명"이라고 말했다. 게다가 대법원이 사형을 선고했으나 뒤늦게 감형된 사람까지 포함하면 사법부의 오욕은 더욱 크다.

하지만 대법원은 물론 정부도 공식적으로는 진정한 사과를 하지 않고 있다. 조봉암의 아들 조규호 씨는 "이승만이나 친일 군인, 동원된 정치 법관 등 가해자 무리는 진심 어린 사과를 하기는커녕, 지금도 '조봉암은 간첩이다'라고 주장하고 있다"라고 말했다.

조봉암은 일제강점기 때 손가락이 잘리는 고문을 당하면서 무려 6년간 신의주 감옥에서 투쟁했지만 지금도 독립유공자 서훈을 받지 못하고 있다. 조규호 씨는 "선친이 보훈심사에서 이유도 없이 탈락된다"라며 "재심은 마지못해 해준 것일 뿐 진실한 평가는 아직도 되지 않고 있다"라고 말했다.

민족일보 조용수 기념사업회 조성재 사무총장은 "정부가 법살을 자행한 후 한 것이라고는 민주화운동 기념사업회에서 추도식을 할 때 조화 하나 보내는 것이 전부"라고 말했다.

이승만, 박정희, 전두환, 노태우 등 권위주의 정권이 끝나고 '사법살인', '사법부 오욕'이라는 말은 거의 사라진 듯 보였다. 그러나 최근 몇몇 판결에서 '사법부 오욕'이라는 용어가 다시 등장하고 있다.

'YTN 기자 해고가 정당하다'는 대법원 판결, '국정원 댓글 수사에 외압을 넣은 김용판 전 서울지방경찰청장은 무죄'라는 대법원 판결, '이석기 내란음모사건'에 대한 1·2심 판결 등이 바로 그것이다.

요즘 이러한 맥락에서 진보당 사건을 다시 언급하는 사람이 부쩍 늘었다. 한상희 건국대학교 법학전문대학원 헌법학 교수는 "통합진보당 해산 결정을 TV로 보면서 이제 다시 1958년 진보당 시절 혹은 유신정권의 긴급조치 시절로 되돌아가는 것은 아닌가라는 생각이 들었다"라고 소감을 피력했다. 민주사회를 위한 변호사모임(민변) 사법위원장인 이재화 변호사 역시 "1958년 이승만 정권에서 행정처분으로 조봉암의 진보당을 해산시켰는데, 이번 통합진보당 해산에서도 헌법의 이름만 차용했지 행정처분으로 해산시킨 것이나 다름이 없다"라고 주장했다.[11]

그래도 당시 법원은 진보당 사건에 대해 형사사건 최종 판결이 나올 때까지 행정소송을 연기하는 최소한의 성의는 보였다. 이석기 내란음모사건에서 대법원 판결이 나오기도 전에 서둘러 통합진보당 해산을 결정한 지금 헌법재판소의 성급한 태도와는 달랐다.

사법부 오욕의 역사를 간직한 서소문 대법원 청사(중구 덕수궁길 67, 37번지)는 현재는 서울시립미술관이 됐다. 원래 이곳은 조선 말기 재판소인 평리원이 있던 곳이다. 일제강점기인 1928년에 경성재판소라는 이름으로 지금의 건물이 세워졌다. 이후로 이곳은 1995년 서초동으로 대법원 청사가 이전하기 전까지 67년간 이 땅 사법부의 영욕을 고스란히 간직한 곳이다.

그 영욕의 역사를 잊으려 했는지 2002년 리모델링 과정에서 건물

대부분이 헐렸다. 서울시립미술관 관계자는 "미술관 건물 입구에 있는 파사드(아치형 현관)가 옛 대법원 건물의 유일한 흔적"이라며, "실내에도 과거 대법원 시절의 흔적은 아무것도 없다"라고 말했다. 게다가 건물 양옆에 유리와 흰 대리석으로 증축한 관리실과 카페는 원래 있던 건물과 영 어울리지 않는다. 이 건물이 문화재청 등록문화재(제237호)라는 것이 무색하다. 그나마 2014년 미술관 입구에 이곳이 과거 대법원 자리였음을 알리는 조그만 현판이 세워졌다.

옛 대법원 건물의 파사드와 외벽을 보존하려는 생각을 했다면 내부에 대법정, 또는 단 한 곳의 법정이라도 보존하는 것이 훨씬 좋지 않았을까 하는 아쉬움이 든다. 미술관 측은 "미술관 개조공사를 하던 중 구조적으로 약한 부분이 많아 정면의 벽판만 보존하고 나머지는 철거했다"라며 "이도 역사적 가치가 있는 건물의 보존 방법 중 하나"라고 설명했다.

역사적 판결이 자주 열렸던 3층 대법정 자리에는 크리스탈 갤러리와 프로젝트 갤러리가 들어서 있다. 2015년 3월 10일 프로젝트 갤러리에서는 '떠도는 몸들'이라는 주제의 영상이 상영되고 있었다. 디아스포라(이주) 한인들의 이야기인데 이곳에서 사형선고를 받고 '떠도는 영혼들'과 맥이 닿아 있다는 느낌이 들었다. 20석도 채 안 되는 객석에는 아무도 없었다. 횅한 객석은 이곳의 역사를 기억하지 않는 우리의 모습 그대로였다.

마산항 중앙부두

김주열의 시신이 발견된 '4월 혁명'의 횃불이 솟아오른 곳

1960년 4월 11일 오전 11시, 마산(지금의 창원) 중앙부두 앞바다에서 얼굴에 최루탄이 박힌 처참한 모습을 한 시신이 떠올랐다. 경찰은 3·15부정선거를 규탄하는 학생·시민의 시위를 최루탄과 총격으로 강경하게 진압했다. 이 시신은 주춤하던 시위의 양상을 완전히 바꿔 4·19학생혁명의 기폭제가 됐다.

김주열 군의 어머니 권찬주 씨는 27일 동안 아들을 찾아 헤매다 처참한 모습으로 발견된 아들 앞에서 오열했다. 김주열 열사와 학교 동기생인 정순구 씨는 한 언론과의 인터뷰에서 당시를 이렇게 기억했다.

얼굴에 못이 박힌 시신이 떠올랐다는 소문이 마산 전역에 삽시간에 퍼졌다. 고기잡이배로 건져 올린 김 열사의 주검이 누워 있던 장소는 지금의 합포구청과 창원지검 마산지청 사이에 있던 작은 연못 부근이었다. 구름

김주열 열사의 시신이 발견된 마산항 중앙부두에는 이곳을 '혁명이 바다에서 솟아오른 곳'으로 표현하는 동판이 설치돼 있다.

처럼 몰려든 군중 사이를 비집고 들어갔더니 짚으로 된 거적이 깔려 있었다. 거적을 들췄더니 눈에 최루탄이 박혀 있는 주열이가 보였다.

마산항 중앙부두 세 번째 포트(쇠말뚝)가 바로 김주열 열사의 시신이 인양된 곳이다. 이곳에는 "역사는 이 바다에서 4월 혁명의 햇불로 솟아올랐던 것이다"라는 동판이 설치돼 있다. 그리고 주변에는 김

열사의 얼굴에 박혔던 최루탄과 같은 종류의 최루탄으로 만들어진 조형물이 있는 '추모의 벽' 옆에 '4월 혁명의 발상지'라는 표시를 해놓았다.

2011년 9월 경상남도는 이곳을 경상남도기념물 제277호로 지정했다. 김주열 열사 추모사업회 관계자는 "경찰이 3·15시위 현장에서 최루탄에 맞아 사망한 열사를 돌에 매달아 수장시킨 것"이라며, "민주화운동 관련 장소가 문화재로 지정된 곳은 이곳이 처음"이라고 말했다.

50여 년 전 이맘때로 돌아가 보자. 이승만의 자유당 정권은 장기집권을 위해 1960년 3·15부정선거를 자행한다. 부정선거는 선거가 있기 1년 전부터 최인규 내무부 장관의 지휘 아래 치밀하게 준비됐다. 당시 상황을 국립 3·15민주묘지기념관에서는 이렇게 정리해놓았다.

전국 경찰 주요 간부를 맹목적 충성인물로 교체하고, 야당 의원들에 대해 집요한 분열공작을 펼쳤으며, 정치깡패 등을 동원해 야당의 선거운동을 방해했다. 일반 공무원들은 물론 교육공무원까지 부정선거 운동에 투입되어, 담임교사가 가정방문을 통해 자유당에 투표할 것을 설득·권유하는 일이 벌어지기도 했다. 그러던 중 선거 한 달 전인 1960년 2월 15일, 민주당 대통령후보 조병옥이 미국 육군병원에서 수술을 받은 후 심장마비를 일으켜 서거했다. 이에 대통령은 이승만 단일 후보로 당선이 확실해졌고, 부통령에 이기붕 후보를 당선시키기 위한 부정선거 계획은 더욱 구체화되어갔다.

이때 마산에서는 한 변절한 정치인이 시민을 분노케 했다. 1958년 제4대 국회의원 선거에 야당인 민주당으로 당선된 허윤수 의원이 다음 선거에서 자유당 공천을 약속받고 1월 5일 민주당에서 탈당하는 일이 벌어진 것이다. 자유당이 벌인 정치공작의 결과였다. 마산 시민은 민심을 저버린 허 의원과 자유당에 격분했다.

자유당에 반발한 첫 민주화 시위는 대구에서 일어났다. 1960년 2월 28일 대구 수성천에서 민주당 부통령 후보의 유세가 열렸다. 정부는 일요일인데도 공무원을 출근시켜 유세장에 가지 못하게 했다. 임시수업, 시험, 영화 감상 등의 구실로 학생들도 등교시켰다. 이에 분노한 경북고등학교 대표 이대우가 "학원의 자유를 달라", "일요 등교 웬 말이냐" 등의 구호를 외치며 교문을 박차고 나갔다. 정부의 부정선거에 항거한 최초의 자발적이고 주체적인 행동이었다. 이것이 바로 2·28민주운동이다.

3월 15일 선거 당일, 결국 마산시민들의 분노가 폭발했다. 이날을 시간대별로 자세히 살펴보자. 오전 10시 30분, 부정선거를 보다 못한 민주당 마산시당이 '선거 포기'를 선언했다. 민주당 마산시당 간부 30여 명은 거리 시위에 나섰다. 오후에는 시위대가 600여 명으로 늘었다. 경찰과 대치하면서 투석전이 전개되고 시위를 주도하던 민주당 간부가 연행됐다. 오후 6시 30분, 시민과 학생들이 개표가 진행 중인 마산시청 앞에서 부정선거 항의시위를 벌였다. 북마산파출소가 불에 타고, 변절한 허윤수 의원의 집이 파괴됐다. 오후 8시 10분, 마산시청 앞과 남성동파출소 앞, 북마산파출소 앞에서 경찰이 일제히 카빈총을 발포했다. 김영호와 김효덕 등이 총탄에 맞아 사망하고, 김주열이 최루탄에 맞아 숨졌다. 시위는 마산 전역으로 확산돼 밤 12시까지 이어졌다. 이날 경찰은 권총뿐 아니라 카빈총, 신형 알루미늄 최루탄 등을 무자비하게 발포했고, 이 때문에 12명의 사상자가 발생했다. 1960년 당시 상황을 지현모는 『마산의 혼』에서 이렇게 기록하고 있다.

3월 15일 밤 경찰의 무자비한 발포가 자행되었으며, 다음 날 경찰은 공포탄을 쏘았다고 발뺌했지만 살상을 목적으로 사람의 가슴과 머리를 겨냥해 발사한 것이 확인되었다. '부정선거 물리쳐라!', '학원의 자유를 달라'고 외치고 일어난 마산의 학생 및 시민들에게 경찰은 실탄을 발사하기에 이르러 이 고장에서 처음으로 7명 이상의 피살자가 생긴 것이다. 경찰은 이들에게 무지무지한 고문으로 보복하였고, 또 이들에게 공산당 누명까지 씌우려고 했던 것이다.[12]

여기에 기름을 부은 것이 바로 이기붕 부통령 당선자의 "총은 쏘라고 준 것"이라는 발언이다. 이기붕은 18일 오후 열린 기자회견에서 3·15 선거는 "공명선거였다"라면서, "총을 줄 때는 쏘라고('쏘라고'로 들은 사람도 있다) 준 것이지 가지고 놀라고 준 것은 아니다"라고 발언했다.[13]

경찰의 무차별 총격 진압으로 시가전을 치른 듯했던 마산 시내는 실종된 아들딸을 찾아 헤매는 부모들로 가득했다. 야당은 긴급회의를 열고 '선거무효'를 선언했다. 이런 분위기에서 4월 11일 김주열의 시신이 참혹한 모습으로 발견된 것이다. 김주열의 시신이 안치된 도

창원시 국립 3·15민주묘지에 세워진 '민주의 탑'과 '정의의 상'.

립마산병원 앞에 수천 명의 학생과 시민이 몰려들었고 다시 시위가
시작됐다. 마산에서만 3만여 명이 시위에 참여했다. 마산시청, 마산
경찰서, 창원군청에 시위대가 진입하고 경찰서장 지프차가 불에 탔
다. 경찰의 발포로 또 사상자가 발생했다. 이튿날 마산 시내 8개 남
녀 고교가 일제히 시위에 들어갔다. 시위는 13일까지 계속됐다. 이
를 2차 마산 3·15의거라고 부른다.

　마산 시위는 인근 지역인 진해와 부산, 결과적으로는 서울까지 퍼
졌다. 드디어 4월 18일 고려대학교 학생 3000여 명이 태평로 국회의
사당 앞에서 연좌시위에 들어갔다. 4월 19일에는 전국적으로 수십

만 명이 시위에 가담했다. 이승만은 전국에 비상계엄을 선포하고 군대를 동원했다. 그러나 4월 25일 대학교수들이 시위에 가세하자 이승만은 하루 만인 4월 26일 드디어 하야를 발표했다.

4·19학생혁명은 이렇게 완성됐다. 4·19학생혁명의 의의와 역사적 가치는 더 이상 설명할 필요가 없을 것이다. 마산을 민주화의 도시라고 부르는 것도 바로 이곳이 학생혁명의 발상지였기 때문이다. 이곳에서는 매년 국무총리가 직접 참석하는 기념행사가 열리고, 연간 36만 명이 이곳을 찾고 있다.

창원시 구암동(마산회원구 3·15성역로 75) 애기봉 아래에 '국립 3·15민주묘지'와 '3·15기념관'이 조성돼 있다. 민주묘지는 마산 1·2차 민주화 시위에서 희생되거나 부상당한 인사들이 안장된 곳이다. 1998년에 마산시가 처음으로 이곳을 조성했는데, 2002년 국립묘지로 승격되면서 현재는 국가보훈처가 관리하고 있다. 현재 37기가 안장돼 있고, 3·15의거와 4·19혁명 부상자, 사망자 등 앞으로 80기까지 모실 예정이다. 여기에 있는 '김주열 묘'는 가묘로 시신은 고향인 전라북도 남원시에 안장돼 있다.

3·15민주묘지 권상근 관리사무소장(2015년)은 "연초에 관내 기관장의 참배를 시작으로 3월 3·15 유족 추모제, 5월 기념행사 등 다양한 행사가 이어지고 있다"라면서, "유치원생, 초등학생들의 소풍 장소로도 활용되고 있다"라고 말했다. 민주묘지 주변에는 '민주의 탑'과 '정의의 상' 등 각종 조형물이 가득하다. 특히 3·15기념관은 12년 만에 내부를 전면 수리하고 최근 새롭게 개장했는데, 3·15의거를 시간과 상황 순서대로 정리했다. 특히 당시 발포했던 최루탄과 권총, 카

빈총을 형상화한 예술작품이 돋보였다.

권상근 관리사무소장은 "건물 전면에 3·15의거를 상징하는 조형물을 설치하고 영상관 의석수를 크게 늘렸다"라면서, "최신 그래픽과 동영상 시설을 갖춘 사이버 추모관은 어린이들에게 좋은 교육관, 체험학습관으로 활용되고 있다"라고 말했다.

3·15기념관을 돌아보고 나서려는 순간, 액자 하나가 필자의 눈에 들어왔다.

우리는 기억해야 한다/ 우리의 짙푸른 마산 앞바다를/ 우리의 마산 앞바다의 민주주의를/ 우리의 주린 자유를/ 독재의 사슬을 끊어버리고 만/ 우리의 벅찬 정의의 대열을 기억해야 한다/ 그리하여 하나의 탑이 된/ 피어린 열망인 민주주의의 기억을 우리의 현재로 불러와야 한다.

(고은, 「우리는 기억해야 한다」, 2010)

원효로 1가
이승만 독재 하수인 김창룡을 응징하다

59년 전 ≪경향신문≫ 3면에 한 사건의 경위를 설명한 약도가 실렸다. 워낙 중요한 사건이라서 현장 약도까지 실었을 것이다. 위치는 서울시 용산구 원효로 1가 21번지, 자혜병원 앞이다. 약도에는 120미터 언덕 위 자택에서부터 아래쪽으로 점선 표시가 되어 있고 자혜병원과 미장미장원 중간에 'X'표, 즉 '사건 현장'이 표시돼 있다.

지금은 그 자택도, 자혜병원도, 또 미장미장원도 없다. 그러나 2015년 3월 59년 전 신문의 약도를 들고 다시 찾은 현장의 골목은 신문에 실린 약도 그대로다. 단지 자혜병원은 용산경찰서로, 미장미장원은 'OK전산'이라는 컴퓨터 복사기 매장과 고시텔로, 자택은 빌라로 바뀌었을 뿐이다. 심지어 범인이 숨어 있다가 뛰쳐나온 좁은 골목과 그가 숨었던 전봇대(비록 콘크리트로 바뀌긴 했지만)의 위치까지 그대로였다.

하지만 이곳에서 과거에 무슨 일이 벌어졌는지, 이곳이 한국 현대사에서 어떤 의미를 지닌 현장인지 설명하는 기념물은 찾아볼 수 없고 아무도 그 일을 알지 못한다. 사람들은 무심히 오갈 뿐이다. 용산 경찰서 정문에 서 있는 전경도 이곳이 어떤 사연을 간직한 곳인지 몰랐다.

이곳은 1956년 1월 30일 육군 특무부대장 김창룡 소장이 암살된 현장이다. 한국 현대사에서 김창룡 암살사건은 단순히 육군 내부의 파워 게임 때문에 육군 소장이 살해당한 것을 넘어선, 절대 작지 않은 의미를 지니고 있다.

김창룡 암살에 어떤 의미가 있는지 알기 위해서는 먼저 그가 누구인지부터 알아야 한다. 김창룡은 함경도 영흥 출신으로 농업학교를 졸업하고 일제가 세운 만주국에서 정보요원으로 일하다가 관동군 헌병으로 특채된다. 워낙 악랄한 방법으로 일제 항일투사를 소탕한 공로를 인정받아 오늘날의 하사에 해당하는 헌병 오장까지 진급했다. 해방 이후 '전범'으로 지목된 그는 고향에 숨어들었지만 친척의 고발로 붙잡혔다. 북한 소련 군정에서 사형이 선고된 그는 달리는 열차에서 뛰어내려 남한으로 내려온다. 월남한 그는 1947년 육군사관학교의 전신인 남조선국방경비사관학교에 3기 생도로 들어가 단기 과정을 마치고 소위로 임관했다. 국군 제1연대 정보소대 소대장으로 군 생활을 시작한 김창룡은 오직 '정보군인'으로 일했다. 그는 만주에서 광복군을 고문하고 그 조직을 밝혀내던 자신의 특기를 유감없이 발휘하면서 승승장구했다.

이를 뒤에서 돌봐준 사람이 이승만 대통령이다. 이승만은 자신의 권력 유지와 장기집권을 위해 정보군인·정치군인이 필요했고, 김창룡은 자신의 친일 전력을 덮어줄 배경이 필요했다. 김창룡은 좌익을 색출한다는 명분으로 이승만의 정적을 제거하는 '공작'에 앞장섰다. 특히 김구 암살범 안두희는 1992년에 "단정 수립에 반대하는 백범을 제거해야 한다고 김창룡 특무대장이 세뇌시켰다"라고 증언해, 김창룡이 김구 암살에도 깊숙이 관여했음을 고백했다.

김창룡은 이러한 정치공작을 인정받아 1949년 소령, 1951년 육군 특무대장, 1953년 준장, 1955년 소장으로 초고속 진급을 거듭했다. 그의 권력과 위세는 하늘을 찌를 듯했다. 훨씬 계급이 높은 육군 참모총장도 그에게 절절맬 정도였다. 그런 김창룡이 1956년 1월 30일 아침 7시 30분, 지프를 타고 당당하게 출근길에 올랐다. 당시 상황을 자세히 기록한 《경향신문》 기사를 보자.

전신주 앞(피살 지점)에는 청색이 혼합된 녹색 지프가 서 있어 박 중사(김 소장 운전사)가 클랙슨을 누르며 비키라고 신호하였으나 이 괴상한 지프는 움직이지 않았다. 이때 돌연 전신주 뒤에 숨어 있던 괴한 한 명과 뒷골목에 숨어 있던 괴한 한 명이 지프 문을 열고 권총 세 발을 김 소장에게 발사하였다.[14]

세 발의 총탄 중 두 발은 김 소장의 가슴을 관통했고 한 발은 턱에 명중됐다. 다른 한 발은 운전사 박 중사가 맞았다. 김 소장은 즉시 적십자병원을 거쳐 수도육군병원으로 옮겨졌으나 이미 숨진 상태였다. 그가 사망했다는 소식에 이승만 대통령은 직접 적십자병원으로 달려왔다. 그리고 그를 중장으로 추서하는 담화를 발표하고 빠른 시

군과 경찰이 김창룡 특무대장 암살범을 검거해 현장 검증을 하고 있다.

일 내에 범인을 잡으라고 지시했다. 전군에 외출 금지령이 내려진 가운데 2월 3일 김창룡의 장례식이 대한민국 최초의 육군장으로 치러졌다. 이승만은 장례식 조사에서 "충렬의 공을 세웠다"라고 극찬했다. 역사학자 이병도는 그의 묘비에 "간첩 부역자 기타를 검거, 처단함이 근 2만 5천 명"이라고 썼다.

신속한 수사 결과 같은 특무부대에 근무했던 허태영 대령의 지시로 송용고와 신초식이 암살을 결행한 것으로 드러났다. 허태영은 검거되는 순간 "내가 했다. 하나에서 백까지 모두 내 책임이다. 송과 신은 상관인 내 명령에 따랐을 뿐이므로 그들을 닦달하지 마라"라고 외쳤다. 그리고 허태영은 재판 내내 정치군인·친일군인을 처단한 것은 명예로운 행동이었다고 주장했다.

허태영은 재판 도중 『김창룡 저격 거사 동기』라는 책을 썼다. 그는 이 책에서 김창룡이 만주의 악질 일본 관동군 헌병으로 많은 애국지사를 고문하고, 포로수용소 감시원으로 포로를 학대한 친일 전범이라고 주장했다. 특히 김창룡은 조선방직 사건, 조병창 화재 사건, 김종평 장군 사건 등 수많은 사건을 허위로 날조하고 침소봉대했다고 폭로했다. 나중에 재판 과정에서 김창룡이 군수품을 빼돌린 것은 물론 밀수에 개입해 막대하게 치부한 사실이 드러났다.

허태영에게 사형이 구형되자 그 부인이 배후를 탄원해 추가로 헌병사령관인 공국진 준장, 2군 사령관인 강문봉 중장, 그리고 그 윗선으로 정일권 참모총장까지 혐의점이 불거졌다. 하지만 이승만은 군부의 동요를 우려해 강문봉 중장까지만 기소했다. 그리고 군사법원은 강문봉, 허태영, 송용고, 신초식에게 사형을 선고했다. 이후 강문봉은 무기징역으로 감형됐다.

허태영은 1957년 9월 24일 공범과 함께 총살형 집행대에 묶였다. 그 사형집행 현장을 지켜본 ≪경향신문≫ 기자는 "허태영은 사격수들이 방아쇠를 당길 찰나, '애국가를 부르자. 우리는 떳떳한 일을 했으니 저승에서도 떳떳하게 만날 수 있지 않으냐'면서 끝까지 군인답게 죽었다"라고 기록했다.

강준만 전북대학교 교수는 『한국현대사 산책: 1950년대편 3』에서 "김창룡을 알면 이승만과 1950년대가 보인다"라며, "1950년대 이승만 반공체제의 히스테리, 바로 그것을 온몸으로 표현하고 실천한 인물이 김창룡이었다"라고 규정했다. 또한 강 교수는 "이승만의 '빨갱이 사냥'은 늘 정치적이었고 정치와 연관되었다"라면서, "이런 이승만의 정치적 빨갱이 사냥을 이해하고 실천할 수 있는 수하, 그게 바로 김창룡이었다"라고 말했다.[15]

비단 반공 히스테리만이 아니다. 일제 관동군 출신의 친일파 문제 역시 김창룡 암살에 깊숙이 내재해 있다. 당시 특무부대에는 일제 관동군 헌병 출신, 조선군 헌병 출신, 일제 고등형사 출신이라는 세 부류가 파벌을 형성해 치열하게 대립하고 있었다. 조선군 헌병 출신인 허태영은 관동군 헌병 출신인 김창룡을 '친일파'로 여겼다. 결국 김창룡은 친일파 척결 문제, 정보군인·부패군인·정치군인 문제, 공작정치, 특히 용공조작 문제 등 우리 현대 정치사의 악성 DNA를 모두 이식한 상징적 존재였던 것이다.

이승만 정권에서는 친일·반공·부패 군부세력이 연대해 권력을 형성하고 '갑甲'의 위치에서 일방적으로 독주했다. 반민특위 해체에서 시작해 김구와 여운형 암살, 제주 4·3의 비극, 발췌개헌과 사사오입 개헌, 국회 프락치 사건, ≪경향신문≫ 폐간까지 이승만 권력의 독주는 거칠 것이 없었다. 특무대장 김창룡 암살은 지금까지 억눌려 있던 피해자, 즉 '을乙'의 반격이었다. 그것도 이승만의 장기집권과 독재의 하수인을 '눈에는 눈', '총에는 총'으로 응징한 것이다.

당연히 그 '역사적 현장'에는 그 어떤 기념비도 남아 있을 수 없었다. 그 '역사적 현장'인 자혜병원 앞은 그 후 서울시립 남부병원 길을 거쳐 지금은 용산경찰서 길로 바뀌어 있다. 용산경찰서 정문 앞에서 남부약국을 경영하고 있는 양 모 씨(74세·여)는 "약국 앞에 있던 남부병원 옆 삼일교회 담벼락에 김창룡 사건 당시 총탄 자국이 그대로 남아 있었다"라면서, "용산경찰서가 들어서고 정문을 고치면서 그 총탄 자국이 없어졌다"라고 말했다.

　김창룡 살해 지점에서 당시 출근길을 거슬러 올라 김창룡 자택이 있는 곳까지 120미터는 옛 약도 그대로다. 김창룡 자택이 있던 자리에는 거대한 8층 빌라가 들어서 있다. 마침 골목 모서리에서 46년간 장사를 했다는 '하나수퍼' 류 모 씨(81세)는 친절하게 김창룡 집까지 가는 길 약도를 그려줬다. 그리고 그 옆집이 5·16쿠데타 당시 육군 참모총장으로 군사혁명위원회 의장을 지냈으나 나중에 숙청된 장도영의 집, 앞집이 청와대 비서실장을 지낸 김계원 장군의 집이라는 설명까지 더해주었다.

　류 씨는 "김창룡 살해범이 튀어나온 좁은 골목과 전봇대도 바로 그 위치에 그대로 있다"라면서 "옛날 이 일대는 일제 적산가옥이 즐비했는데 그때 김창룡 집은 청기와를 올려 청기와집이라 불렸다"라고 말했다. 자신의 집에 청기와를 올릴 정도였다는 것은 그만큼 김창룡의 위세가 하늘을 찔렀다는 의미일 것이다.

　과연 그때 그 골목과 전봇대만 그대로일까. 김창룡은 60년 전 사라졌지만 김창룡이 이식한 악질 DNA는 지금도 면면히 이어지고 있다. 친일군인 문제 역시 친일청산 논란으로 여전히 이어지고 있다. 정보군인, 정치군인은 이후 박정희·전두환·노태우 정권에서도 이어졌다. 최근 검찰 수사가 진행 중인 방위산업 비리는 정치군인과 부패군인 문제가 여전히 진행형임을 말해준다.

　무엇보다 정보기관을 동원한 정치공작 문제는 최근 국가정보원과 군사이버사령부의 정치 개입 비리에서도 재연됐다. 60년 전과 지금을 비교했을 때 김창룡이라는 개인은 사라졌지만, 그대로 남아 있는 것이 좁은 골목과 전봇대만은 아니다.

대구 삼성상회 터

한국 재벌의 탄생, 정치권력을 넘어선 경제권력의 발원지

크게 주목받지는 못했지만 얼마 전 상징적인 '장면'이 하나 있었다. 2015년 2월 24일 박근혜 대통령이 이재용 삼성전자 부회장, 정의선 현대자동차 부회장, 조현상 효성그룹 부사장을 비롯해 허동수 GS칼텍스 회장, 구본무 LG그룹 회장, 조양호 한진그룹 회장 등 재계인사 21명을 청와대로 초청해 오찬을 함께한 것이다. 청와대는 문화·체육 활성화를 위해 기업인을 격려하는 자리라고 했지만, 주목받은 것은 이재용, 정의선, 조현상 등 재벌 3세들의 참석이었다.

이들이 메세나Mecenat 활동을 활발히 펼치고 있어 초청 명단에 오른 것이라고는 하지만, 재벌 3세가 한꺼번에 청와대에 공식 초청된 것은 이번이 처음이어서 눈길을 끌기에 충분했다. 더구나 2014년 연말부터 조현아 대한항공 전 부사장이 저지른 이른바 '땅콩회항 사건'으로 재벌 3세의 이미지는 극도로 악화된 상태였다. 이런 분위기에서 청와대가 유력 재벌 3세를 청와대로 부른 의미는 무엇일까?

이를 두고 재계 일각에서는 "청와대가 재벌의 3세 경영승계를 승인했다"라는 아전인수식 해석이 나왔다. 즉, '재벌의 승계를 용인하겠으니 경제 활성화를 위한 일자리 창출에 적극 나서달라'는 메시지를 전달하는 자리였다는 것이다.

영어사전에 '재벌CHAEBOL'이라는 단어가 오른 것은 오래전 일이다. 대통령이 재벌에게 일자리 창출을 당부하는 것은 이제 뉴스거리도 아니다. 아무리 일자리 창출을 부탁해도, 또 세금을 부과하겠다고 '위협'해도 사내유보금으로 수백조 원씩 쌓아두고 꿈쩍 않는 재벌과 비교했을 때 정부는 이제 '을'의 입장에 서게 된 것이다. 재벌은 정치권력을 등에 업고 성장했지만, 이제 정치권력이 오히려 사정을 해야 할 정도의 위세를 갖게 됐다.

대구시 인교동 61-1번지. 대구 서문시장 한편에 옛 건물을 부조해 만든 조형물이 서 있고 그 주변은 조그마한 공원으로 꾸며져 있다. 이곳이 바로 '삼성의 발원지'인 삼성상회 터로 대한민국 최대 재벌 삼성이 태어난 장소다. 그런데 의외로 삼성의 분위기는 느껴지지 않는다. 이곳은 철물·공구·오토바이 등을 전문적으로 거래하는 시장 한쪽에 조형물과 벤치 몇 개로 이루어져 노인들의 쉼터로 이용될 뿐이다. 인근에 있는 이병철 삼성 창업주 고택도 마찬가지다. 평범한 한옥인데, 지금은 삼성과 무관한 일반인이 살고 있다. 이곳이 삼성의 발원지라면 삼성이 만든 조그만 기념관이라도 있을 법한데 그런 것도 없다. 삼성상회 터에는 안내판에 이런 문구가 적혀 있다.

삼성상회를 설립하기 전, 호암 이병철 회장은 사업 구상을 위해 수개월에 걸친 여행길에 올랐습니다. 국내 여러 도시와 만주, 베이징, 상하이 등지를 돌아본 끝에 소자본으로도 승부를 걸 수 있는 무역업을 선택하고 1938년 3월 1일, 대구 상업 활동의 중심지였던 서문시장 한편에 '주식회사 삼성상회'라는 간판을 걸었습니다.

사실 이병철 회장이 처음으로 사업을 시작한 곳은 대구가 아니라 경남 마산이다. 경남 의령의 갑부집에서 막내아들로 태어난 이 회장은 일본 와세다대학교를 중퇴한 뒤 1936년 마산에서 동업자 두 사람과 협동정미소를 열었다. 처음에는 사업이 잘돼 정미소 규모를 확장했다. 그러나 1937년 7월 7일 중일전쟁이 일어나고 은행이 대출을 중단하면서 사업을 접을 수밖에 없었다.

첫 사업에 실패한 이병철은 중국 대륙, 특히 만주, 베이징, 상하이를 둘러봤다. 당시 이곳은 치열한 국공내전이 벌어지거나, 난징학살이 일어나는 등 일본의 침략이 본격화된 전장이었다. 그런 위험한 곳을 돌아본 당시 이병철의 '배포'도 대단했다. 그리고 다시 사업을 시작한 곳이 바로 경부선 철도와 국도 등이 가까워 교통이 편리한 상업의 중심지였던 대구 서문시장이었다. 이병철은 이곳에서 대구 근교의 청과물과 동해안의 건어물을 모아 만주와 베이징 등지로 수출했다. 이러한 사업이 현재 삼성물산의 모태라고 할 수 있다. 그리고 상회 건물 1층에 밀가루를 만드는 제분기와 면을 만드는 제면기를 갖추어 국수를 생산했다. 국수 상표의 이름은 '별표국수'였고 이것이 삼성이 최초로 '제조'해서 판매한 제품이다.

한국의 재벌이 거대한 공룡으로 성장하는 데 결정적 계기가 된 것은 바로 해방이었다. 대구 서문시장의 삼성상회도 1948년 서울로 옮겨온다. 해방 직전까지 우리나라 토착 자본가는 화신백화점 설립자 박흥식, 호남의 대지주로 경성방직 창립자인 김연수(동생 김성수는 동아일보 사주), 천일고무 설립자 김영준 등 대여섯 명이 고작이었다.

해방 후 많은 신흥재벌이 등장했다. 바로 '적산기업 불하'라는 기회를 통해서였다. 적산敵産이란 '적의 생산시설', 즉 일본인 소유 기업을 해방 후 정부가 압수한 것을 말한다. 『한국기업성장 100년사』를 쓴 박상하는 "해방 직후에도 꽤 많은 산업시설이 남으면서, 적산으로 분류된 기업의 수만 2700여 개를 헤아렸다"라면서 "당시 기간산업으로 지정된 대부분의 대기업은 모두가 적산이라고 보아도 틀림이 없었다"라고 말했다. 이 2700여 개 적산기업은 일반에 '헐값으로' 불하(매각)됐다. 이 과정에서 당연히 정치적 특혜가 난무했다. 박상하는 당시 상황을 이렇게 기록하고 있다.

경제계가 발칵 뒤집혔다. 저마다 승부욕이 넘치는 얼굴로 어떻게든 줄을 대기 위해 머리통이 깨져라 몰려들면서 브로커가 날뛰고 정치권력이 춤을 췄다. 다 그런 건 아니라지만 브로커든 정치권력이든 수단과 방법을 가리지 않은 사람, 연고권을 가진 사람이 대부분 하루아침에 새 주인으로 등장했다.[16]

이때 일제의 소화기린맥주는 박두병에게 불하돼 동양맥주가 됐고, 그 후 OB맥주가 돼 현재 두산그룹의 모태가 됐다. 방직공장 선경직물은 직원인 최종건이 불하받아 지금의 SK로 발전했다. 정주영

이 불하받은 조선이연금속 인천공장은 인천제철을 거쳐 현대제철로 성장했다. 조선제련을 불하받은 구인회는 공장을 화학 분야로 바꾸어 금성, 즉 LG그룹의 씨앗이 됐다. 조홍제가 불하받은 조선피혁은 효성그룹의 모태가 됐고, 김수근이 받은 조선연료와 문경탄광은 대성그룹으로 컸다.

소야전시멘트 삼척공장은 동양그룹, 천야시멘트 경성공장은 벽산그룹의 모태가 됐다. 미스코시백화점 경성점은 동화백화점으로 이름을 바꿔 1957년 동방생명으로 넘어갔다. 그러나 동방생명이 1963년 삼성생명에 인수되면서 신세계백화점으로 바뀌었다.

이 밖에 이름을 다 열거하기 어려울 정도로 많은 적산기업이 민간으로 넘어갔다. 재무부(1994년 재정경제원에 통합) 통계에는 1946년부터 1960년까지 법인대장 기준으로 귀속기업체(적산기업) 2061개가 불하된 것으로 나타난다. 특히 1951년 413건, 1952년 361건, 1954년 282건, 1955년 138건 등 한국전쟁과 그 직후에 집중적으로 불하됐다. 지금 재벌 대부분은 이때 적산기업을 직접 불하받거나 불하받은 기업을 다시 인수하는 방법으로 성장했다.

심지어 자본을 축적한 재벌은 언론계를 거쳐 직접 정계로 진입하기도 했다. 대표적인 인물이 쌍용의 창업주 김성곤이다. 김성곤은 여운형의 건국준비위원회 경북지부 재정부장을 맡으면서 일제의 동경방직 방적기 2000추를 불하받아 금성방직을 설립했다. 금성방직으로 돈을 번 김성곤은 1952년 4월 동양통신을 설립해 언론계에 진출했다.[17] 그리고 박정희 정권에서 공화당 재정부장으로 승승장구하면서 쌍용그룹을 일궈냈다. 김성곤은 불하받은 재산으로 축적한 부를 언론과 정치에 접목한 최초의 인물이다.

그러니까 이승만 시대에는 정치적 문제만 있었던 것이 아니라 경제적 특혜가 남발되어 훗날 거대 재벌이 자라날 씨앗이 뿌려진 것이다. 이런 기조는 박정희 시대에도 계속됐다. 싼 이자의 해외차관을 바탕으로 한 수출보국 정책은 재벌의 종합상사에 커다란 특혜를 줬고 정경유착의 고리가 됐다. 특히 1972년의 사채 동결 조치는 부채에 허덕이던 재벌에 단비가 됐다.

이 정경유착의 뿌리는 이후에도 계속 이어지고 있다. 『우리는 왜 재벌을 위해 희생을 감수해야 하는가』라는 책을 쓴 이동연은 책에서 "전두환 정권은 율곡사업과 차세대 전투기사업 등의 특혜를 주며 삼성에서 220억 원, 그 외의 재벌들로부터도 수천억 원대의 비자금을 받았다"라면서, "특혜와 정치자금은 전두환 정권과 재벌의 공생방식이었다"라고 평가했다.[18]

1997년 불어닥친 외환위기로 적잖은 재벌이 사라졌지만, 살아남은 재벌은 스스로 생존하는 방법을 터득하며 진화했다. 역설적으로 외환위기는 재벌이 제도금융과 권력으로부터 '안전하게' 성장하는 내성을 키우는 계기가 됐다. 이제 재벌은 국가경제를 좌우할 정도로 힘이 세졌다. 재벌은 검찰이 휘두르는 '사정의 칼'을 제외하면 정치권력을 두려워하지 않을 정도로 커졌다.

김대중·노무현 정부도 그렇게 성장한 재벌에 감히 손을 대지 못했다. 참여정부 시절 한 고위 인사는 "재벌을 무한정 사법처리할 수는 없는 것 아니냐"라면서, "그래서 편법으로 치부한 부를 사회환원이라는 이름으로 되돌리는 작업을 많이 했다"라고 말했다. 정치권력과 재벌권력 사이에 일종의 타협안이었던 것이다. 하지만 정치권력과 재벌권력 사이에 힘의 역전 현상이 일어나고 있는 것은 분명했다. 노무현 대통령은 "권력은 시장으로 넘어갔다"라고 고백했고, 이명박 정부는 아예 법인세를 감면해주는 등 재벌에 영합하는 정책을 폈다.

국가경제가 몇몇 재벌에 좌지우지되는 재벌 시스템의 한계가 드러나면서 대안을 모색하는 발걸음도 빨라졌다. 2012년 김종인은 『지금 왜 경제민주화인가』라는 책에서 '경제민주화'라는 말을 제안했다. 김종인은 '대한민국은 재벌공화국'이라고 규정하면서 "경제민주화란 한마디로 재벌(거대 경제세력)이 나라 전체를 지배하지 않도록 하자는 것"이라고 포문을 열었다.

그는 또 "부의 양극화가 심화된 상황 속에서 자본주의 경제체제와 민주주의가 어떻게 공생하는가 하는 것이 문제이고, 그 대안으로 제시된 것이 경제민주화"라고 설파했다. 그리고 "시장의 '보이지 않는 손'이 해결하지 못하는 것을 정부의 '보이는 손'이 해결할 수밖에 없다"라고 주장했다. 재벌 한 사람이 1%도 안 되는 지분으로 수십 개의 계열사를 지배하면서 독단적으로 경영하는 것을 막아야 한다는 구체적인 대안까지 제시했다.[19]

보수 여당 대통령 후보 공동선대위원장이 제시한 이런 대안과 공약에 국민은 환호했다. 그리고 바로 이 '경제민주화'를 내세운 후보가 대통령에 당선됐다. 하지만 이제 박근혜 정부에서 경제민주화를 이야기하는 사람은 아무도 없다. 오히려 대통령이 재벌 3세를 청와대로 초청하더니 3세 승계를 용인하는 듯한 모습만 연출했을 뿐이다. 광복 70년의 유산은 그렇게 모질고 질기다.

천도교 중앙대교당

민자통 창립, 4·19의 열망 '평화통일'로 승화

1961년 2월 25일 서울 종로구 경운동 천도교 중앙대교당, 전국에서 모인 1000여 명의 대의원들이 의자도 없이 멍석 위에 앉았다. 단상 양쪽에는 "뭉치자 민족 주체세력", "배격하자 외세 의존세력"이라는 문구가 적힌 현수막이 걸렸다. 상해임시정부 외무차장 출신의 장건상은 감격스러운 표정으로 "민족통일의 주체세력이 되는 이 대회는 역사적 모임이므로 통일을 달성하기 위해 열정적으로 운동하자"라고 개회사를 낭독했다. 민주·자유·자주를 표방하는 민간통일단체 민족자주통일중앙협의회(민자통)가 결성되는 순간이다.

장건상은 1910년대 당시에는 드물게 미국 유학까지 다녀온 인물로 상해임시정부에서 외무차장을 역임하고 해방 직후에는 여운형의 근로인민당에서 부위원장으로 활동했다. 여운형이 암살되자 그는 근로인민당 위원장대리로 1948년 평양에서 열린 '전조선 제 정당·사회단체 대표자 연석회의全朝鮮 諸 政黨社會團體 代表者 連席會議'에 참여하기

1961년 2월 25일 천도교 중앙대교당에서 민자통이 결성됐다.

도 했다. 민자통 의장은 성균관 대표인 김창숙이 맡았고 민족종교 천도교가 참여했다. 여기에 혁신정당, 교원노조 등의 진보적 사회·노동·학생 단체 등이 가세하면서 민자통은 민족주의 세력과 민주사회주의 세력이 결합한 모양새가 됐다.

이승만 체제는 3·15부정선거를 반대하며 촉발된 4·19학생혁명에 의해 무너졌다. 정부 형태를 내각책임제로 바꾸고 치러진 7·29총선에서 민주당은 민의원 233명 중 175명(75.1%)을 차지하는 압도적인 승리를 거둠으로써 집권당이 됐다. 이렇게 총리 장면, 대통령 윤보선 체제의 제2공화국이 출범했다. 하지만 집권 민주당은 초장부터 구파와 신파로 나뉘어 싸우기 시작했다.

4월 혁명의 주역인 학생 입장에서 민주당은 과거 자유당과 별반 다르지 않았다. 특히 혁명으로 이승만을 쫓아냈지만 사회의 구조적 빈곤문제는 해결될 기미가 보이지 않았다. 이런 실망을 딛고 새로운 탈출구로 등장한 것이 바로 '평화통일론'이다. 그동안 평화통일 세력은 이승만의 북진통일론에 눌려 조봉암이 처형된 이후 잠복한 상태였다.

그런 평화통일 세력을 다시 일깨운 것 역시 학생들이었다. 1960년 11월 1일 서울대학교 민족통일연맹에서 시작된 대학 통일운동은 전국으로 확대되어 1961년 5월 '민족통일전국학생연맹(민통련)'이라는 이름으로 결집했다. 정치권에서도 혁신정당을 중심으로 통일 논의가 활발하게 이뤄졌으며, 청년·사회단체도 이에 가세했다. 이러한 상황에서 정계, 종교계, 학계, 청년학생, 지역대표 등 각계각층의 통일 열망을 모아 만든 조직이 바로 민자통이다.

민자통이 창립된 종로구 경운동 천도교 중앙대교당은 역사적으로 의미가 깊은 곳이다. 1860년 창도된 동학은 3대 교주 손병희에 의해 천도교로 이름이 바뀌며 중흥의 기회를 맞는다. 손병희는 신도들의 성금을 모아 1921년 2월 28일 이 중앙대교당을 준공했다. 당시 이 건물은 명동성당, 조선총독부 청사와 함께 경성의 3대 건물로 손꼽혔다.

천도교 측의 한 인사는 "일제강점기 주요 민족적 집회와 해방 이

1921년 준공된 천도교 중앙대교당은 독립운동과 통일운동 행사가 자주 열린 장소로,
우리 근현대사의 현장을 묵묵히 지켜왔다.

천도교 중앙대교당

후 귀국한 해외 독립지사들의 귀국인사, 강연 및 집회가 이곳에서 이뤄질 정도로 권위가 있었다"라고 설명했다. 이곳 대교당을 관리하는 김경규 씨(73세)는 "이곳이 독립선언서를 처음 배부한 곳이며, 개벽사(일제시대 최대 발행부수 잡지) 터가 있는 세계 어린이운동 발상지"라며, "대교당은 문화재(서울시 유형문화재 제36호)로 문화재청에서 관리하고 있다"라고 말했다. 천도교 중앙대교당은 우리 근현대사를 묵묵히 지켜온 현장인 것이다.

천도교 중앙대교당에서 4·19혁명의 '공통의 욕구'인 민자통이 결성된 것은 우연이 아니다. 최근에는 천주교나 개신교도 남북문제와 통일에 관심이 많지만, 당시에는 민족종교인 천도교가 통일 분야에서 맡은 역할이 컸다. 이는 천도교의 '교정쌍전敎政雙全' 교리 때문이라고 한다. 동학민족통일회 공동의장을 맡고 있는 임형진 경희대학교 교수는 "교정쌍전은 종교와 정치가 대등한 입장에서 조화하는 것으로, 천도교는 현실정치를 매우 중시한다"라면서, "해방 이후 천도교가 다른 어느 종단보다 더욱 열성적으로 민족통일에 앞장서고 또 그것을 달성하기 위해 진력하는 이유"라고 설명했다.

1961년 4월 12일 유엔 정치위원회는 '한국 문제 토의를 위해 투표권 없이 남한과 북한을 유엔에 초청한다'는 한국 통일에 관한 결의서를 가결했다. 유엔이 한반도 통일문제에 대한 공론의 장을 마련하겠다는 것이다. 장면 총리는 처음에 '북한이 이에 동의하지 않을 것'으로 판단해 한국 외교의 승리라고 자찬했다. 그러나 북한이 '유엔 결정을 받아들이겠다'고 나서자 당황했다. 장면 총리는 "용공통일보다 분단 지속이 낫고 유엔 결의라고 할지라도 우리에게 불리하다면 받아들일 수 없다"라고 선언했다.

이러한 원칙 없는 정부의 태도에 정치권과 민간이 반발했다. 당시 소장파였던 김영삼 의원은 "이승만 독재도 통일을 하지 않겠다는 말을 하지 않았다. 분단 상황 지속 운운은 용서 못할 망언이다"라면서 "국내외 정서를 거역하지 말고 공산당을 이겨내는 자체 역량을 강화하는 데 주력해야 한다"라고 주장했다. YS의 50여 년 전 이 발언은 지금 곱씹어보아도 의미가 있다.

정부의 통일방안이 원칙 없이 흔들릴 때 민간 차원의 통일운동은 확산됐다. 민주·자유·자주를 지향하는 민자통의 통일운동은 각지로 파급됐다. 물론 민자통이 통일 논의를 모으는 과정에서 이탈하는 세력도 있었다. 민자통 창립을 코앞에 둔 2월 21일 일부 세력이 이탈해 '중립화 조국통일운동 총연맹'을 발기한 것이다. 이탈의 표면적 이유는 통일방안의 구체성이 있느냐 없느냐에 대한 논란이었지만, 실제로는 통일방안이 급진적이냐 아니냐에 대한 논란이 그 핵심이었다. 사실 이 논란은 지금도 진보세력의 분열 요소로 작용하고 있다.

1961년 4월 19일 정부의 4·19혁명 1주년 기념식과는 별도로 학생들이 기념식을 열었다. 이들은 "조국의 자주통일을 방해하는 외압 세력과 이에 결탁하는 사대주의 세력을 일절 배격한다"라는 내용의 결의문을 발표했다. 전국 대학교수 연합체인 한국교수협의회도 4월 25일 교수단 시위 1주년을 맞아 "다급해진 통일의 과업에 대해 우리들이 진심을 토로할 수 있는 기회를 가지게 된 것을 스스로 다행하고 흔쾌하게 생각한다"라는 대북 메시지를 발표했다.

남한 사회는 온통 평화통일과 남북협상으로 물결쳤다. 5월 3일 남측 대학생들은 남북학생회담을 제안했고, 이틀 후 북한이 이를 수용하면서 논란은 더욱 격화됐다. 정부는 남북학생회담을 불허했고, 대학생들은 강행하겠다고 맞섰다. "가자 북으로 오라 남으로! 만나자 판문점에서!"라는 구호는 이 시대 상황을 상징적으로 표현했다. 민자통을 비롯한 민간통일 세력은 정부에 학생회담 허용을 촉구했다.

양측이 물러서지 않고 대립하는 가운데 1961년 5월 16일 새벽이 밝았다. 그리고 쿠데타 세력은 남북학생회담을 추진한 대학생은 물론 민자통을 주도한 사람들까지 모조리 구속했다. 혁명검찰부라는 간판이 달리더니 관련 인사들을 영장도 없이 연행하고 구속했다. 진보정당, 사회단체, 언론사 기자가 모두 구속됐고, 이들 대부분에게 혁명재판소에서 중형이 구형됐다. 그리고 진보세력의 평화통일론은 다시 깊은 동면에 들어갔다.

일부 학자들은 당시 학생들의 무분별한 통일론이 5·16쿠데타에 빌미를 줬다는 주장을 하기도 한다. 하지만 서중석 성균관대 명예교수는 장면 회고록을 인용하면서 "김종필을 비롯한 쿠데타 핵심들은 9월 10일 충무장(퇴계로에 있는 일식집)에 모여 쿠데타를 일으키려고 해놓고, 우리가 무능해서 그랬다고 떠드는 게 말이 되느냐? 너희는 처음부터 권력을 탈취하려 한 자들 아니냐"라고 썼다.[20]

당시 학생들의 통일에 대한 열망은 혁명 좌절에 따른 자연스러운 분출이었다고 해석되기도 한다. 강준만 교수는 『한국현대사 산책: 1960년대편 1』에서 "4월혁명이 일어나게 된 배경도 그랬지만, 5·16쿠데타가 나기까지의 13개월간 보상에 대한 기대욕구를 변화가 따르지 못함으로써 4월혁명의 주체들은 내내 좌절감을 맛보았다"라고 언급하고, "5·16쿠데타는 그 좌절감을 이용함으로써 성공할 수 있었다는 점에서 4월혁명은 5·16으로 인해 '빼앗긴 혁명'이 된다"라고 평가했다.[21]

4월혁명 이후 13개월 동안 '열린 공간'에서 분출됐던 통일 열기는 1987년 6월항쟁 이후 잠깐 재연되기도 했다. 직선제 개헌을 쟁취했지만 야권의 분열로 문민정부 수립에 실패한 학생들의 좌절은 6월항쟁 1주기를 맞아 통일 열기로 분출됐다. 1988년 6월 10일 수만 명의 대학생들은 27년 전 선배들이 외쳤던 "가자 북으로 오라 남으로! 만나자 판문점에서!"라는 구호를 다시 외치며 임진각으로 향했다. 경찰의 저지로 회담 접촉은 무산됐지만, 이듬해 1989년 평양에서 열린 세계청년학생축전에 임수경이 전국대학생대표자협의회(전대협) 대표로 참석하면서 통일 열기는 재연됐다.

김영삼 정부는 임기 초 "민족보다 우선하는 것은 없다"라며 비전향 장기수 이인모를 조건 없이 송환하는 등 남북교류를 활성화했다. 그리고 김대중 정부 들어 드디어 정부 차원에서 남북정상회담이 성사됐으며, 노무현 정부에서도 정상회담이 이어졌다. 하지만 이명박 정부 시기 남북정상회담은 중단되고, 박근혜 정부에서 남북관계는 경색됐다.

이러는 가운데 진보정치 세력과 평화통일 세력은 다시 고개를 들고 결집했다. 그들은 한때 통합진보당을 만들어 나름 약진했지만 결국 갈라지고 말았다. 분당의 이유로 내부 경선 문제를 내세우지만, 더 큰 원인은 통일 방법을 놓고 벌이는 해묵은 논쟁이다. 분당으로 약해진 진보세력은 정권의 손쉬운 타깃이 됐고, 결국 정당은 해산되고 말았다. 지금 평화통일 논의는 '종북 논란'으로 다시 수면 아래로 잠복했다.

2012년 6월 6일 서울중앙지법 형사합의28부(부장 김상환)는 민자통 사건으로 사형을 구형받고 혁명재판소에서 징역 15년이 선고됐던 이들에 대한 재심에서 대상자 전원에게 무죄를 선고했다. 재판부는 "남북 간 교류 증진 등 민자통의 주장이 북한이 제안하고 있었던 내용과 동일하지만, 평화통일을 지향하는 이상 그 전제로서 남북교류가 선행되어야 한다는 주장 자체는 정당하다"라고 판결했다. 1961년, 4월혁명의 열망을 모았던 평화통일 운동과 민자통의 행위는 역사적으로 복권된 것이다.

2부

—

쿠데타의 총성

1961.5.16

/

1979.12.12

한강대교 남단

5·16쿠데타 첫 총격전 현장, 정반대의 군인상

김종필(이하 'JP') 전 총리는 2013년 12월 10일 자신의 아호를 딴 운정
기념사업회 창립식에 참석하기 위해 여의도 국회를 찾았다. 이날 JP
는 "국립묘지에 가지 않고 조상이 묻히고 형제들이 누워 있는 고향
에 가서 눕겠다. 비석에 '영생의 반려자와 이곳에 함께 눕노라'라고
쓰겠다"라면서 "회고록도 쓰지 않겠다"라고 말했다.

JP는 최초의 중앙정보부장을 지냈고 국회의원 아홉 번, 국무총리
두 번, 공화당과 자민련의 정당 대표를 역임했던 인물이다. 우리 현
대사에서 그만큼 역사의 주요한 순간을 함께한 인물도 드물다. 그런
인물이 회고록을 쓰지 않는다는 것은 '책임회피'면서 후대 역사가들
에게 죄를 짓는 행위였다. 그러던 JP는 생각을 바꿨는지 2015년 ≪중
앙일보≫에 자신의 증언록을 연재하고 결국 두 권으로 된 묵직한 『김
종필 증언록』을 펴냈다. 매우 다행스러운 일이다. 그 JP의 증언록 일
부를 인용해본다.

이날은 JP 인생에서 가장 긴 하루였다. 1961년 5월 16일의 거병은 비밀누설 속에 시작됐다. 출발은 불길했다. 그렇다고 되돌릴 수는 없다. 화살은 활시위를 떠났다. 긴장과 불안, 긴박감과 안도감이 팽팽하게 충돌하면서 시간은 흘러갔다. 그 하루는 역사를 새로 쓰는 날이었다.[22]

바로 5·16쿠데타 당일의 모습이다. 이날이 JP에게만 인생에서 가장 긴 하루였을까? 쿠데타를 주도한 박정희 소장은 더욱 깊은 고민에 빠졌을 것이다. 5·16쿠데타에 동원된 병력은 당시 전체 60만 군 병력 가운데 3600여 명뿐이었다. 주요 세력은 김포 해병대 1여단 1500여 명과 역시 김포에 있던 공수특전단 600여 명이었다. 경기도 포천에 있는 포병대대는 사실 '전시용'이었다.

김윤근 준장이 지휘하던 해병대 1여단은 김포가도와 노량진을 거쳐 새벽 2시 30분쯤 한강인도교(한강대교) 남단에 도착했다. 당시에는 한강에 다리가 단 두 개(기차가 다니는 한강철교와 사람과 차량이 다니는 한강인도교)뿐이었다. 따라서 트럭으로 병력을 이동시키려면 한강인도교를 건너는 방법밖에 없었다. 공수특전단 역시 비슷한 시각 한강인도교에 합류했다. 그런데 30예비사단에서 '거사계획'이 누설됐다. 장도영 참모총장은 육본 헌병대에 "반란군을 체포하라"라고 명령했다. 거사에 참가하기로 했던 이백일 작전참모(중령)는 야산으로 도주했다.

박정희 소장은 새벽 2시 30분 한강인도교로 달려갔다. 육본 헌병들이 한강에 트럭 일곱 대로 바리케이드를 치고 쿠데타군의 도심 진입을 막고 있었다. 박 소장은 용산에 있는 국방부와 육군본부를 점령하고 남산 KBS 방송국, 태평로 국회, 중앙청을 접수해야 했다. 시간이 흘렀다. 박 소장은 더 이상 이곳에서 지체할 수 없었다. 양측의 첫 총격전이 발생했다. 해병 여섯 명과 헌병 세 명이 부상당했다. 쿠데타군은 트럭으로 막아놓은 바리케이드를 뚫었다. 하지만 쿠데타군은 한강인도교 중간에 친 바리케이드와 또다시 맞닥뜨렸다.

JP는 증언록에서 이 대목을 다음과 같이 기술했다.

> 박 소장은 차에서 내렸다. 헌병대 쪽에서 총알이 날아왔다. 박 소장은 무시한 채 다리 위를 앞장서 걸었다. 그 장면은 지도자의 강력한 의지와 침착한 솔선수범이었다. '나를 따르라'는 박 소장의 결의는 극적으로 실천되고 있었다.[23]

JP는 당시 상황을 매우 세밀하게 기술하고 있지만 실은 당시 현장에 없었다. JP는 그 시각 인사동 광명인쇄소에서 혁명공약을 인쇄하고 있었다. 따라서 JP의 기술에는 약간의 '과장'이 섞였을 것이다. 아무튼 한강인도교를 건너 광명인쇄소로 달려온 박 소장은 JP에게 "한강다리를 건너는데 헌병들이 쏜 총알이 막 날아와. 나는 지프에서 내렸지. 그리고 다리를 걸어서 건너갔지. 이쪽에서 응사하니까 잠시후 헌병대가 싹 사라졌어"라고 말했다.

육본 헌병들이 총격에 겁을 먹고 도주하면서 한강인도교 방어선이 허무하게 무너진 것이다. 새벽 4시 15분 쿠데타군은 무사히 한강인도교를 돌파해 조용히 서울시내로 진입, 중앙청을 접수했다. 그리고 해병대 1개 소대는 남산 KBS 라디오 방송국을 점령하고 새벽 5시에 이른바 '혁명 취지문'을 발표했다.

결국 5·16쿠데타 전개 과정에서 아홉 명의 부상자만 나왔을 뿐 사망자는 한 명도 나오지 않았다. 과거 여러 무신의 난을 보면 수십에서 수백 명에 이르는 문신이나 신하가 죽임을 당했다. 또 한참 후 일어난 12·12군사반란에서도 총격전으로 여러 명의 군인이 전사한 사례에 비추어보면, 5·16쿠데타는 매우 이례적인 경우다. 역사에 가정은 없다지만, 당시 이곳에서 교전하던 헌병들이 좀 더 적극적으로 방어했다면 이후 역사는 많이 바뀌었을지도 모른다.

5·16쿠데타를 연구하는 학계의 주요 관심사 중 하나가 바로 쿠데타를 언제부터 모의했느냐는 '기원'에 대한 것이다. 증언록에서 JP는 1961년 2월 15일 정군운동을 주도하다가 예편한 후 청파동 자신의 집에서 혁명을 결심하고 2월 19일 대구에 있는 박 소장을 찾아가 "혁명을 해야겠다"라고 말했다고 한다.[24] 거사를 치르기 불과 3개월 전 쿠데타를 결의했다는 것이다. 과연 3개월 만에 국가를 전복하는 거사를 모의할 수 있었을까?

JP는 5·16쿠데타를 어느 정도 마무리한 1961년 5월 18일 외신기자들과 만난 자리에서 "군사혁명을 일으키려는 생각은 1960년 3월부터였다"라면서, "민간정권을 전복시키기로 결심한 아홉 명의 대령과 중령들의 핵심 그룹 가운데 나도 끼어 있었다"라고 말했다. 당시 육군 중령으로 중앙정보부장에 재임 중이던 JP는 "한국의 영관급 장교들은 독재자 이승만 씨가 실각하기 한 달 전부터 군사혁명을 계획하기 시작했다"라면서, "그러나 계획은 이 정권을 전복시킨 바 있는 역사적인 4·19학생혁명 봉기 때문에 좌절됐다"라고 말했다.[25]

이 발언은 JP가 증언록에 기록한 내용과 차이가 크다. 1960년 3월부터 1년 2개월 동안 쿠데타를 주도면밀하게 준비했다는 말이기 때문이다. 이는 제2공화국 장면 정권이 출범(1960년 8월 23일)하기 6개월 전이다. JP는 증언록에서 1961년 2월에 쿠데타를 처음 논의했다고 주장했지만, 5·16쿠데타의 명분인 '장면 정권의 무능'을 검증하기에 6개월은 너무 짧은 기간이었고, '무분별한 통일논의' 역시 4·19혁명 1주년을 맞아 본격적으로 제기됐다는 점에서 설득력이 떨어진다.

사실 5·16주체세력의 쿠데타 논의가 1961년 2월보다 훨씬 이전에 시작됐다는 주장과 연구도 많다. 권력을 빼앗긴 당사자인 장면 총리는 회고록에서 1960년 9월 10일 JP를 비롯한 영관급 정군파들이 현석호 국방부 장관을 면담하러 갔다가 만나지 못하고 돌아와서, 김종필, 김형욱 등 아홉 명이 충무장에 모여 쿠데타를 결의했다고 밝혔다.[26] 9월 10일이면 장면 정권이 출범한 지 불과 18일 만이다. 김동하 장군은 회고록 『혁명은 어디로 갔나』에서 "1959년 1월 2일 원주에 있는 박정희 소장을 만나 송요찬 1군 사령관을 설득해 거사하자"라고 쿠데타를 논의했다고 밝히기도 했다.

5·16쿠데타 모의를 시작한 시기가 중요한 것은 그 시기가 '장면 정권의 무능과 무분별한 혁신세력의 통일론'이라는 5·16쿠데타의 명분이 합당한지 아닌지를 따지는 데 중요한 기준이기 때문이다. 학자마다 차이가 있지만, JP의 최근 증언처럼 쿠데타를 감행하기 불과 3개월 전에 5·16쿠데타를 결심했다는 주장에 공감하는 학자는 별로 없다. JP 자신도 처음에는 1년 2개월 전이라고 말했다. 쿠데타 직후인 당시 기억이 훨씬 정확하지 않을까? 그런 점에서 현재의 JP는 좀 더 솔직할 필요가 있다.

게다가 장면 정권이 아무리 혼란하고 무능했어도 쿠데타가 정당화되는 것은 아니다. 홍석률 성신여자대학교 한국사 교수는 「5·16 쿠데타의 원인과 한·미관계」라는 논문에서 "장면 정권기의 사회적 혼란이 과연 기존의 민주주의 체제를 완전히 위협할 정도로 심각한 수준이었는지에 대해서는 이론의 여지가 있다"라면서, "당시의 사회적 혼란은 민주주의적 틀 안에서 점진적으로 얼마든지 해결할 수 있는 문제였다"라고 지적했다.

서울에서 벌어진 첫 군사쿠데타의 현장인 한강인도교는 한강대교로 이름이 바뀌었다. 원래 한강인도교는 일제강점기인 1938년 준공됐다. 길이 840미터, 폭 30미터의 한강인도교는 일제 수탈과 해방, 한국전쟁 등 민족의 비원을 간직한 곳이다. 특히 한국전쟁 기간에 한국군이 후퇴하면서 어설프게 다리를 폭파해 많은 피란민이 목숨을 잃은 곳이기도 하다.

당시 차량이 건널 수 있던 다리가 한 개뿐이었던 한강에는 2016년 현재 27개의 다리가 놓여 있다. 철교 4개까지 포함하면 31개다. 게다가 한강대교의 교통량이 많아 정부는 1981년 2월 하류 쪽에 똑같은 모양의 다리를 추가로 준공해 교통량을 두 배로 늘렸다.

육본 헌병의 마지막 바리케이드가 있던 당시 중지도는 현재는 노들섬으로 이름이 바뀌었다. 노들이란 '백로가 노닐던 징검돌'이란 의미로, 바로 노량진을 의미한다. 현재 서울지방항공청의 헬기 이착륙장과 어린이 체험학습장 '노들텃밭'이 있다. 봄이 되면 이곳에서 유치원 아이들이 고사리 손으로 꽃과 채소를 심는다.

노들섬 중간에 이원등 상사의 동상이 있다. 1966년 2월 4일 공수특전단 낙하산 침투훈련 중 고장 난 동료의 낙하산을 펴주고 자신은 그대로 추락해 순직한 이 상사를 기리는 동상이다. 이원등 상사는 '자신'을 희생하면서 '남'을 살리는 군인 본연의 임무를 다했다.

그러나 바로 이 한강 바리케이드를 넘은 쿠데타 주도세력은 정권을 잡고 자신을 보전하기 위해 '남'을 많이 죽였다. 남을 위해 자신이 죽은 군인과 자신이 살기 위해 남을 죽인 군인이 이 한강대교 가운데서 극명하게 교차하고 있다.

남산

중앙정보부, '무소불위' 공작과 고문의 흔적

서울의 남산은 한강과 함께 600년간 수도 서울을 내려다보며 한민족의 질곡과 함께한 존재다. 해발 262미터에 지나지 않는 야산이지만 남산은 나라의 제사를 올리는 성스러운 산이자 성곽과 봉수대가 있어 수도를 방어하는 군사적 요충지였다. 애국가에도 나오는 '남산 위에 저 소나무'는 일제강점기 멀리 만주와 시베리아에서 고국을 그리워하는 이들에게 애국의 상징으로 여겨졌다. '남산'이라는 고유명사는 시골 사람들에게는 '서울'이라는 이미지를 떠올리게 하는 동경의 대상이기도 했다.

그러나 1960년 들어 남산의 이미지는 180도 바뀌었다. 이 시기 남산은 정치인과 지식인에게 정치공작과 고문을 떠올리게 하는 공포의 장소로 인식됐다. 이렇게 된 배경은 대한민국 정보기관의 역사와 맥이 닿아 있다.

4·19학생혁명으로 들어선 제2공화국 장면 정부는 정보기관이 필

요했다. 더 이상 군과 경찰 정보에만 의존할 수 없었기 때문이다. 장면 정부는 미국 중앙정보국CIA과 일본 내각조사처 같은 정보기관을 만들려고 했다. 그러나 군과 경찰 정보국의 견제가 심했다. 그래서 입법도 안 된 상황에서 예산 배정도 없이 총리실 예산으로 만든 것이 바로 중앙정보연구위원회다.

장면 총리는 1961년 1월 이후락 육군 소장을 예편시켜 중앙정보연구위원회 책임자인 연구실장에 임명했다. 사무실은 중구 예장동 4번지 일대로, 원래 이곳은 일제강점기 이후 줄곧 통신부대가 있던 곳이다. 통신을 장악해야 정보를 장악할 수 있기 때문이다. 또 이곳 주변에는 과거 조선총독부 통감 관저가 있었다. 1910년 8월 22일 3대 통감 데라우치 마사다케와 이완용이 강제병합 조약을 맺은 곳이다. 무소불위 일제 총독 관저 자리에 무소불위 최고 정보기관이 들어선 것도 '운명적'이다.

이후락 연구실장은 대령급 정보장교 몇 명과 대학을 갓 졸업한 20여 명의 요원을 데리고 정보업무를 시작했다. 물론 5·16쿠데타의 진상을 파악하는 임무도 맡았다. 5·16쿠데타 당일 아침에 이후락 실장은 청량리, 미아리, 무악재, 용산 등 서울과 외곽을 잇는 주요 간선에 인원을 배치하고 외부로부터 진입하는 쿠데타군 규모와 그들 트럭 지프의 부대마크를 파악해 보고하라고 지시했다. 이후락은 바쁘게 상황을 챙겼다. 그러나 장면 총리가 행방불명이었으므로 이 실장은 늘 그랬듯이 미국 대사관이나 미 8군과 연락하는 것으로 보였다.

5월 18일 이 정보기관에 군인과 김종필 중령이 나타났다. 이후 대한공론사 이사장, 국가재건최고회의 공보실장으로 쿠데타 세력에

1963년 대통령선거에 대해 논의하고 있는 김형욱 중앙정보부장(오른쪽)과 이후락 대변인(가운데).

가담해 승승장구했지만, 당시에는 책임자 이후락 실장도 반혁명행위로 체포됐다.

이틀 후인 5월 20일 중앙정보연구위원회는 간판을 중앙정보부(중정)로 바꿔 달았다. 그리고 국가재건최고회의 산하기관으로 편입됐다. JP가 부장에 취임하고 동기들인 육사 8기들이 국장을 나눠 맡았다. 이 과정은 매우 신속하게 이뤄졌다. 국가정보원 과거사진실위원회 위원장을 지낸 가톨릭대 안병욱 교수는 "김종필 중령은 쿠데타가 성사된 5월 16일 아침 10시, 최우선적으로 중앙정보기구에 관한 복안을 제시한 후 곧바로 설치 작업에 착수했다"라고 증언했다.

이것이 '남산의 부장들', 즉 중정의 시작이다. 중정은 처음에는 5·16쿠데타 직후의 대대적인 사정 국면에서 수사와 경찰 및 검찰 지휘를 맡다가 점차 대공 및 정보 수집으로 업무를 확장했다. 그리고 1963년 민정 이양 이후 중정은 대한민국 최고의 정보·첩보·수사 총괄 기관으로 성장했다.

'무소불위의 힘', '나는 새도 떨어뜨린다', '우는 애도 정보부장이 온다고 하면 뚝 그친다' 같은 비유도 이때부터 나왔다. JP는 자신의 증언록에서 "혁명과업을 뒷받침하려면 무서운 존재가 필요하다"라는 이유에서 중정을 창설했다고 말했다.[27] 중정이 강력한 공포정치의 도구로 활용됐음을 스스로 시인한 것이다.

강준만 교수는 "중앙정보부의 최대 무기는 폭력 사용의 무한대 보장, 행정력 동원의 무한대 보장, 자금력 동원의 무한대 보장이었다"라고 평가했다.[28]

JP는 또 '우리는 음지에서 일하고 양지를 지향한다'는 중정의 유명한 부훈部訓을 지었다. 성경에서 인용한 CIA의 표어 '진리를 알지니, 진리가 너희를 자유롭게 하리라'에서 영향을 받은 것이다. 1997년까지 사용된 이 부훈석은 현재 내곡동 국가정보원에 보존돼 있다.

현재 개방된 남산 옛 중앙정보부 자리에 가보면 그 위세를 실감할 수 있다. 중정은 명동에서 남산으로 오르는 요지에 자리 잡았다. 명산에 터널까지 뚫고 들어선 건물들이지만 다소 무질서하다. 대로변 입구에 있는 중정 감찰실과 서울지부 사무실, 부장 관저를 지나면 중정 본부 건물이 모습을 드러내고 거기서 좀 더 올라가면 체육관과 터

과거 중정 본관은 유스호스텔로 바뀌었고, 중정에서 지하로 통하는 통로는 모두 봉쇄돼 과거의 흔적을 찾을 수 없다.

널을 거쳐 중정 수사국 건물이 나온다. 남산을 머리에 비유하면 마치 머리 중간 중간을 파먹은 모습이다. 막강한 권력의 힘이 아니었다면, 그린벨트로 묶인 수도 서울의 명산에 이렇게 무질서하게 건물을 짓지는 못했을 것이다.

이 막강한 권력을 드러내는 중정 건물들은 현재는 교통방송(감찰실), 서울소방방재본부(중정 서울시지부 및 유치장), 유스호스텔(중정 본부), 서울종합방재센터(6국 조사실), 서울시 균형발전본부(중정 6국), 서울시청 별관(수사국), 문학의 집(부장 관저) 등으로 탈바꿈했다. 여기서 특이한 점이 있다. 유스호스텔 직원인 박경서 씨는 "이곳은 그린벨트라 일체의 건물 증·개축을 할 수 없어 물려받은 건물을 그대로 사용하고 있다"라면서, "지하는 미로라고 하는 얘기만 들었을 뿐 지하로 통하는 입구는 모두 폐쇄돼 지하 구조를 아는 사람이 아무도 없다"라고 말했다.

과거 지하 고문실의 오명을 지우려 했던 것일까? 유일하게 지하공간을 사용하고 있는 곳이 바로 서울종합방재센터다. 서울종합방재센터는 입구만 삐죽 나와 있을 뿐 3층으로 이루어진 지하 공간 전모는 공개되지 않는다. 과거 지하벙커와 조사실로 썼던 이른바 '남산의 지하실'이 바로 이곳이다. 이곳을 지키던 청원경찰은 "국가중요시설이므로 들어갈 수 없다"라며 출입을 통제한다.

1994년 국가안전기획부(안기부)가 강남으로 이전하면서 이곳을 처리하는 문제를 두고 논란이 벌어졌다. 모두 철거하자는 의견에 맞서 성공회대학교 한홍구 교수는 "아시아 평화인권센터로 활용하자"라고 주장했다. 역사 관련 단체는 옛 통감 관저까지 복원해 일본 제국주의와 군부독재의 상흔을 치료하는 장소로 활용하자는 운동을 벌이기도 했다. 하지만 논의만 무성했을 뿐 이뤄진 것은 아무것도 없었다. 그래서 이곳에는 현재 서울시 산하기관이 들쭉날쭉 들어서 있다.

그나마 의미가 있어 보이는 건물이 옛 중정부장이 생활하던 관저다. 2층 양옥인 부장 관저는 현재 '문학의 집·서울'이라는 문인들의 공간으로 꾸며져 있다. 그러나 이곳이 과거 군부정권 시절 고문과 정치공작의 현장이라는 것을 알리는 안내문은 어디에도 보이지 않는다. 유스호스텔 앞의 조그만 표석과 건물 정초에 새겨진 과거 중 정부장의 이름만이 이곳이 과거 중정 자리라는 것을 알려줄 뿐이다.

사실 중정이 본연의 임무에만 충실했으면 아무 문제가 없었을 것이다. 중정이 정권 안보를 위해 정치에 개입한 것이 문제였다. 강준만 교수는 "민주공화당 창당의 모태는 중정"이며, "만약 중정의 자금 조달이 없었다면 군사정권은 채 60년대를 넘기지 못하고 무너지고 말았을 것"이라고 말했다.[29]

하지만 중정을 통해 18년을 견디던 체제는 중정부장에 의해 한순간에 무너져 버렸다. 『남산의 부장들』을 쓴 김충식은 이에 대해, "정보 만능으로 유지되던 박정희 정권은 결국 정보 중독 증상으로 무너져 버렸다"라고 말했다.[30] 참 적절한 표현이다. 결국 18년간 지속된 박정희 정권은 1961년 5월 20일 중정 창설과 함께 시작돼 1979년 10월 26일 중정에 의해 끝났다고 해도 과언이 아니다.

이후 중앙정보부는 몇 차례 변신을 거듭했다. 이름도 1980년 국가 안전기획부를 거쳐 1999년 국가정보원으로 바뀌었고, 중정이 납치했던 김대중이 대통령이 되는 정권교체도 겪었다. 최고 책임자가 자해하고 구속되기도 했다.

결국 2007년 10월 국정원은 『과거와의 대화 미래의 성찰』이라는 '반성문'을 냈다. 당시 김만복 국정원장은 이 책 서문에 "우리가 만들어낸 과거에 대한 쓰라린 성찰 없이는 국가를 위해 존재하는 국정원, 국민을 위해 일하는 국정원으로 발전할 수 없다는 사실을 깨달았다"라고 고백했다. 그리고 김 국정원장은 "진실을 밝히고 잘못된 과거에 대한 고해성사가 선행돼야 한다"라면서, 이는 "국민들이 다시는

공권력으로부터 아픔을 겪게 하지 않겠다는 다짐"이라고 말했다.[31]

이 '반성문'은 관련자 증언과 현장 방문, 기록 검토 등을 통해 과거 중정의 정치공작을 낱낱이 밝혔다. 무려 6권 3315쪽에 이르는 방대한 분량이다. 이를 통해 ≪경향신문≫ 매각, 인혁당 사건 등 간첩 조작 사건, 야당 지도자 납치·살해 등 정치공작의 진실이 밝혀졌다. 특히 영원한 미스터리로 묻힐 뻔한 '남산의 부장' 김형욱 살해 과정도 생생하게 기록돼 있다.

그렇게 방대한 반성문을 쓴 국정원은 최근 다시 가혹행위를 하고, 영사 외교문서를 조작해 간첩을 조작하는 '구악'을 재연했다. 무엇보다 대통령 선거에 개입한 사실이 드러나 큰 물의를 빚었다. 남산 중정부장 관저에서 본관으로 올라가는 언덕 축대에 쓰인 세계인권선언 제30조에는 이렇게 적혀 있다.

이 선언의 그 어떠한 조항도 특정 국가, 집단 또는 개인이 이 선언에 규정된 어떠한 권리와 자유를 파괴할 목적의 활동에 종사하거나, 또는 그와 같은 행위를 행할 어떠한 권리도 가지는 것으로 해석되지 아니한다.

모든 국정원장이 이 길을 걸으며 한 번쯤 음미해봤으면 하는 대목이다.

옛 서울대 문리대 교정

6·3 사태 발원지, 민족·민주를 위한 갈망을 푸르게 물들이다

서울 대학로 마로니에 공원에 내리는 봄비는 싱그럽다. '마로니에'는 프랑스어로 '달고 큰 밤나무'라는 뜻이다. 마로니에의 원산지는 지중해로 일곱 조각의 잎에 밤과 비슷한 열매를 맺는데 '천재'라는 꽃말을 가지고 있다. 마로니에 공원은 1924년 일제가 만든 경성제국대학에서 시작됐다. 지금도 마로니에 공원 한쪽에서는 1931년 준공된 경성제국대학 본관 건물이 이곳의 과거를 증명하고 있다. 최초의 근대적 한국인 건축가 박길룡이 설계한 이 건물은 해방 후 서울대학교 본관으로 쓰였고 현재 한국문화 예술위원회가 사용하고 있다.

지금도 대학로 마로니에 공원에는 수령이 200년 가까이 된 마로니에 나무가 몇 그루 있다. 마로니에 공원이라는 이름도 이 나무에서 비롯됐다. 경성제국대학 시절 심어진 마로니에 나무는 서울대학교가 1975년 1월 관악산 계곡으로 이전한 뒤에도 이곳을 지켰다. 이 마로니에 나무는 1960년대 초부터 1970년대 중반까지 이 땅의 '저항

마로니에 공원에 있는 200년 가까이 된 마로니에 나무는 이곳 현대사의 현장을 말없이 지켜보고 있다. 나무 아래에는 옛 서울대학교 터라는 설명과 함께 당시 교사 배치 모형이 남아 있다.

하는 젊은 지성의 역사'를 지켜봤다고 해도 과언이 아닐 것이다.

지금으로부터 50여 년 전, 5·16쿠데타를 성사시킨 세력은 은밀히 일본과의 국교정상화를 추진했다. 경제를 부흥시키기 위해 일본의 자본이 필요했던 것이다. 특히 1963년 12월 17일 취임식을 치른 박정희 대통령은 1964년 초부터 한일교섭을 본격적으로 추진했다. 1964년 2월 28일 박 대통령은 기자회견에서 '한일협정(한일기본조약)을

3월 타결하고 4월 조인하며 5월 비준한다'는 초급속 타결 계획을 밝혔다.

일제 36년 수탈을 겨우 3억 달러 보상과 맞바꾸겠다는 정부의 계획에 국민들은 경악했다. 게다가 우리 어민들의 어업을 보장하는 해상 경계선인 '평화선'을 포기한 것은 이들의 생계를 위협하는 결정이었다. 야당은 3월 9일 대일 굴욕외교반대 범국민 투쟁위원회를 결성해 한일협정 체결 저지에 나섰다. 특히 학생들이 들고 일어섰다.

사실 4·19혁명으로 자유당 정권을 무너뜨린 학생들은 5·16쿠데타의 성격과 본질을 자세히 알지 못했다. 박정희 체제의 민주공화당이 내건 정치이념인 '민족적 민주주의'도 애매모호했다. 한국의 현실을 강조하면서 민족주의를 전면에 내세워 민주주의를 내용적으로 제한하자는 의미로 통용됐지만, 사실 그 개념은 분명한 실체도 없었다. 그러나 학생들은 점차 쿠데타 세력의 실체를 파악하기 시작했다. 박종열 전 간행물윤리위원회 심의실장은 이렇게 회고했다.

당시 혁신계와 학생 운동권에서 불확실한 첩보에 현혹된 일부 세력이 있었습니다. 박정희가 남로당 군사조직책이었고, 김종필도 서울대 사범대에서 운동을 했다는 것이었어요. 박 정권의 진보성에 대한 일말의 기대를 버리지 못했던 거죠. 그래서 우리는 '민족적 민주주의는 군사파쇼가 자기 은폐하기 위한 지능적 연극이다'라는 걸 만천하에 알려야 했습니다. 그것도 아주 극적으로······.[32]

3월 24일 서울대학교와 고려대학교, 연세대학교 학생들이 5·16쿠데타 이후 최초의 대규모 가두시위를 벌였다. 학교별로 산발적으로 이뤄지던 학생시위는 대학들이 서로 연대하기 시작하면서 규모와 열기가 확대됐다. 5월 20일 서울시내 대학생들이 서울대학교 문리대 교정에 모였다. 삼베로 만든 두건을 쓰고 검은 관을 멘 대학생들이 바로 이 마로니에 나무 아래에서 장례식을 치렀다. 당시 "민족적 민주주의 장례식을 강행, 군정의 기만정치 규탄"이라는 제목의 신문기사는 다음과 같이 기록하고 있다.

대일 굴욕외교반대 전국학생총연합 주최 민족적 민주주의 장례식 및 성토대회는 20일 하오 2시경 당국의 강력한 반대 및 삼엄한 경비에도 불구하고 강행됐다. 서울대학교 문리대 교정에서 열린 이 성토대회에서 4000여 명(학생 3000명, 일반 1000명)의 군중들은 현 정부를 군사정부의 변신으로 규정하면서 '결단을 내릴 때가 왔다'고 선언했다. 경찰기동대가 학교 주변을 에워싼 가운데 단행된 이 대회는 개회사 선언문 낭독에 이어 민족적 민주주의를 가장시키는 조사 낭독 등으로 진행됐다. 학생들은 그동안 군사정권이 기만정치를 해왔다고 비난했다.[33]

이 장례식에서 읽힌 조사弔辭는 당시 서울대학교 학생이던 시인 김지하가 썼다.

시체여! 너는 오래전에 이미 죽었다. 죽어서 썩어가고 있었다. …… 반민족적, 비민주적, 민족적 민주주의여! …… 썩고 있던 네 주검의 악취는 '사쿠라'의 향기가 되어…… 너와 일본의 2대 잡종, 이른바 사쿠라를 심

1964년 5월 20일 서울대학교 문리대에서 열린 민족적 민주주의 장례식.

어 놓았다. …… 박 의장의 이른바 민족적 민주주의여! 너의 본질은 곧 안개다!"

이 조사는 이후 매우 유명해졌다. 김지하는 나중에 자신의 회고록 에서 "박 정권을 아예 초장부터 시체요, 썩어가는 송장으로 단정해 일단 죽이고 들어갔다"라면서, "이 노골성이 그들의 기분을 몹시 상 하게 했다고 한다. 나중에 들으니 박 정권의 고위층까지도 '이런 죽 일 놈!' 했다고 한다"라고 기록했다.

'축 민족적 민주주의 장례식'이라고 쓴 만장이 앞에 섰고, 검은 관 을 든 학생들이 교문을 나섰다. 경찰기동대의 최루탄이 발사되고, 학교로 쫓겨 들어온 학생들은 돌을 던지기 시작했다. 학생시위에서 투석전이 벌어진 것은 이때가 처음이라고 한다. 이 시위는 4·19학생 혁명 이후 사실상 첫 대규모 시위로, 이후 무수히 많이 발생한 대학 생 시위의 서막을 알렸다. 5월 27일 서울대학교 문리대 학생 40여 명이 이곳에 있던 4월학생혁명기념탑에서 단식농성에 들어갔다.

6월 3일 서울에서만 5만 명의 시민·학생들이 시위에 돌입했다. 시 위 구호도 '굴욕적인 한일회담 결사반대'에서 '박정희 정권 퇴진'으로 바뀌었다. 밤 9시 40분 서울 전역에 비상계엄령이 선포됐다. 이것이 5·16쿠데타 이후 처음으로 다시 군인이 대학 캠퍼스에 진주한 이른 바 '6·3사태'다.

박정희 정권은 한일협정을 주도한 JP를 6월 5일 공화당 의장직에 서 사퇴시키고 '자의반 타의반'으로 외유를 보냈다. 하지만 군인이 대학에 진주한 상황에서도 학생들의 시위는 이어졌다. 정부는 2학기가 개강하자 계엄령보다 한 단계 낮은 위수령을 발령해 한일회담을 계속 추진했다. 대학생들의 시위는 1965년 6월 22일 한일협정이 체결될 때까지 계속됐다. 이 6·3시위를 주도한 세력을 보통 '6·3세대'라고 부른다. 6·3세대는 1960년 4·19학생혁명을 주도한 4·19세대와 함께 우리 정치사에 여러 족적을 남겼다.

그러면 당시 정부는 왜 무리하게 한일회담을 추진했을까? 당시 한일회담에서 처음부터 김종필 중앙정보부장이 실무를 맡고 나중에 민정으로 이양된 이후에도 공화당 당의장으로서 계속 회담을 이어서 추진했다는 것은 잘 알려진 사실이다. 증언록을 쓴 JP는 "1961년 가을, 고민이 깊어갔다. 혁명정부는 정치적으로 안정을 찾아가고 있었지만 나라의 빈곤을 몰아내고 근대화를 이루기 위한 해법을 어떻게든 마련해야 했다. …… '나라를 일으키려면 밑천이 있어야 한다. 밑천이 나올 수 있는 곳은 대일對日 청구권뿐이다'라는 결론을 내린 것"이라고 회담을 추진한 이유를 밝혔다.[34]

일제 36년의 침략에 대한 보상금을 받아 경제개발에 투자하기 위해서 회담을 추진했다는 것이다. 이 대일청구권 3억 달러가 포항제철(현 포스코) 건설에 쓰였고, 근대화의 기초가 된 것은 사실이다. JP는 야당과 시민, 학생들이 극렬하게 반대했음에도 한일협정을 밀어붙인 이유를 밝혔다. 그는 당시 나라를 일본에 팔아먹은 이완용에 비유되기도 했다. JP는 "그래, 내가 하자. 혁명에 목숨까지 바친 놈인데 무슨 비난을 받든 뭐가 두려운가. 욕을 할 테면 해라. 나는 대한민국을 위해 움직인다. 내가 길을 뚫겠다. 용기도, 배짱도, 발상도 새로 내겠다고 결심했다"라고 당시 심경을 밝혔다.

하지만 한일회담은 기본적으로 미국의 동아시아 전략에 따라 추진된 협상이라는 것이 학계의 정설이다. 1961년 6월 미국 케네디 대통령과 일본 이케다 총리의 회담, 곧이어 진행된 11월 박정희 국가재건최고회의 의장의 미국 방문과 케네디 대통령과의 회담에서 밑그림이 그려진 것이다. 즉, 한일회담은 단순히 한국과 일본 사이의 국교정상화 문제가 아니라 한미일 3국의 문제였던 것이다.

미 국무부는 1962년 7월 주한 미국 대사관에 보낸 훈령에서 "한국 정부에 청구권에 구애되지 말고 일본의 경제원조를 받아들이라고 전하고, 만약 응하지 않으면 미국의 원조를 다시 고려하겠다고 압력을 가할 것"이라고 지시했다. 강준만 교수는 "한일회담은 단지 경제 개발을 위한 자원조달의 문제만은 아니었다"라면서, "박정희가 간절히 원했던 5·16쿠데타에 대한 미국의 승인을 얻어낸 조건 중의 하나였다"라고 말했다.[35]

6·3사태는 '민족적 민주주의 장례식'에서 엿볼 수 있듯이 4·19학생혁명에서 요구한 민주주의에 민족주의(굴욕적인 대일·대미 외교)가 결합된 이데올로기를 밑바탕에 두고 일어났다. 마로니에 공원은 바로 이이데올로기의 발원지라고 할 수 있다. 하지만 이곳에는 6·3사태의 발원지라는 어떠한 표지도 찾을 수 없다. 단지 서울대학교 터라는 표지(유지기념비)와 당시 캠퍼스 모형만 있을 뿐이다. 서울대학교를 이전할 때 도심 학생시위의 온상을 관악산 골짜기에 몰아넣어 정권에 저항하는 젊은 지성을 잠재우려 한다는 비판도 많았다.

이곳 서울대학교 문리대 터는 이제 민족·민주보다는 예술을 상징하는 장소로 바뀌었다. 1975년 서울대학교가 관악으로 이전하고,

1985년에 이 일대를 '대학로'라고 이름 붙이면서부터다. 모두 천재가 되라는 의미로 대학 교정에 심었던 마로니에 나무는 이제 '낭만'의 상징으로 변했다. 최근에는 자본력이 약한 공연장이 속속 문을 닫고 있다고 하지만, 여전히 이곳 주변에는 공연장과 미술관이 즐비하다. 50여 년 전 6월, 젊은 지성의 함성을 지켜본 이 마로니에 나무는 현재도 일곱 개 잎을 푸르게 물들이며 우리를 지켜보고 있다.

옛 동대문운동장

베트남 파병, 공과 따지기 어려운 '참전의 양면성'

"정의의 깃발 드높이 들고, 거친 파도를 넘고 또 넘어, 우정의 다리를 월남에 놓고…… 우리는 비둘기 대한의 용사."

1965년 2월 9일 「비둘기 부대가」가 울려 퍼지는 가운데 서울운동장(1984년에 '동대문운동장'으로 이름이 바뀜)에서 출발한 비둘기부대 파병용사들은 종로를 거쳐 시청 앞까지 행진했다. 길가 빌딩에서는 꽃종이가 뿌려졌고, 유명 영화배우들은 행진하는 군인의 목에 꽃다발을 걸어 줬다. 이를 중계하는 아나운서는 감격적이고 선동적인 멘트를 쏟아 냈다.

1960년대 중반부터 1970년대 초반까지 많이 보던 장면이다. 특히 "그 이름 맹호부대 맹호부대 용사들아, 가시는 곳 월남 땅 하늘은 멀더라도 한결같은 겨레마음……"이라는 가사가 이어지는 「맹호는 간다」는 방송은 물론 극장과 마을 스피커에서도 울려 퍼졌다.

베트남 파병은 해방 이후, 아니 조선 효종 때 청나라의 요구로 후

116

금 근거지인 흑룡강에 조선 조총수 수백 명을 파병한 이래 근 300년 만의 해외파병이었다. 이후 1991년 1월 쿠웨이트에 의료지원단과 공군수송단이 파견됐고, 소말리아, 앙골라, 동티모르, 아프가니스탄, 이라크, 레바논 등지로 해외파병이 이어졌다. 방위사업청에 따르면, 2015년 현재 총 16개국 17개 지역에 1436명의 한국군 장병이 파병되어 있으며, 대표적으로 필리핀 아라우부대, 레바논 동명부대, 소말리아 청해부대 등 여섯 개 부대가 있다.

베트남 전쟁은 무려 8년 동안 한국군만 연인원 32만 명이 파병돼 전사 5099명, 부상자 1만 962명의 피해를 낸 대규모 전쟁이었다. 미국을 기준으로 했을 때도 한국전에서는 3만여 명의 미군이 죽었지만, 베트남전에서는 5만여 명이 죽었다.

지금까지는 미국이 요청해서 우리가 베트남전에 참전한 것으로만 알려졌다. 하지만 이후 공개된 각종 기밀문서와 연구에서는 베트남 파병을 우리가 먼저 미국에 제안한 것으로 돼 있다. 베트남전에 관한 첫 언급은 5·16쿠데타 직후 11월 13일부터 17일까지 박정희 국가재건최고회의 의장이 미국을 방문해 열린 케네디 미국 대통령과의 비공식 정상회담에서 나왔다. 박 의장은 케네디 대통령에게 "미국의 승인과 지원이 이루어진다면 한국은 베트남에 한국군을 파병할 수 있으며 만약 정규군의 파병이 바람직하게 여겨지지 않을 경우에는 지원자들을 모집할 수도 있을 것"이라고 제안했다.[36]

하지만 당시 미국은 베트남전에 깊숙이 개입하기 전이어서 한국 측 제안을 적극적으로 고려하지 않았다. 물론 박 의장이 미국에 베트남 파병을 먼저 제안한 것은 5·16쿠데타에 대한 지지를 얻기 위함이었다. 이미 박 의장은 극비리에 장교를 베트남에 파견해, 한국군 파병에 대해 연구를 진행하고 있었다. KBS 〈역사스페셜〉이 발굴한 「M-21 파월단 대월남 정부 건의서」라는 당시 2급 비밀문건에 따르면, 당시 의료진과 공병부대로 시작하는 파병의 구체적인 계획이 만들어지고 군 고위층과 정치권 설득 계획까지 수립되어 있었다.[37]

미국의 베트남 개입이 본격화하면서 미국은 한국에 파병을 요청했다. 이미 치밀한 사전계획이 서 있던 우리는 신속히 파병을 추진했다. 1차 파병은 1964년 9월 11일에 이뤄졌으며, 이때 이동외과병원 요원 130명과 태권도 교관 10명 등 비전투요원이 파병되었다. 2차 파병은 1965년 비둘기부대가 서울운동장에서 열린 환송식을 받고 3월 10일 인천항에서 월남으로 출발함으로써 이뤄졌다.

미국이 점점 베트남전에 깊숙이 빠져들면서 미국의 파병 요청은 늘어났고 결국 전투부대가 파병됐다. 1965년 8월 13일 전투부대 파병안이 여당인 공화당 단독으로 국회를 통과했다. 박정희 대통령은 "월남 파병은 6·25 때 입은 은혜에 대한 보은이며, 자유 월남에서 공산 침략을 막지 못하면 동남아시아 전체가 공산화될 수 있다"라며 파병의 당위성을 강조했다. 당시 야당의 파병 반대는 적극적이지 못했다. 윤보선 전 대통령과 장준하 ≪사상계≫ 사장 정도가 반대했을 뿐이다. 진보적 역사학자로 알려진 서중석 교수는 "베트남 파병은 굉장히 큰 사건인데도 반대가 많지 않았다"라면서, "한일 문제하고 또 달라서, 반대하고 싶어도 반공주의 때문에 그렇게 하기가 힘들었다"라고 평가했다.[38]

그래서 미국의 젊은이들이 '가열하게' 반전운동을 벌이는 가운데,

1965년 2월 9일 동대문운동장에서 3만여 명의 국민들이 비둘기부대의 베트남 파병을
축하하고 있다.

한국 젊은이들은 '자랑스럽게' 베트남 정글로 들어갔다. 맹호부대(보
병수도사단)가 1965년 10월 16일, 백마부대(보병9사단)가 1966년 9월 22
일, 청룡부대(해병2여단)가 1967년 12월 12일에 연이어 파병됐다. 도미
노 이론(한 나라가 공산화되면 이웃 나라도 연이어 공산화된다는 이론)에서 베트남에
이어 일차적 공산화 대상으로 꼽히던 필리핀마저 1969년 베트남에
서 철수하기 시작했지만 우리 해병대 용사들은 베트남으로 떠났다.

전쟁의 참상은 말해 무엇하랴. 한 무명 청룡부대 병사는 이런 시
를 썼다.

조명탄이 눈부시고 포砲 소리는 이어진다/ 어디서 날아온 적탄이 전우를

앗아가면/ 이를 갈며 분노에 몸부림친다/ 선혈 얼룩진 임자 잃은 철모/ 병사의 체취도 가시지 않은 탄띠가 주인을 절규한다. …… 전우의 시체를 부둥켜안고 분노에 떨며/ 사나이의 눈물을 뿌린다/ 이역異域의 화약내 나는 밤하늘 아래서.

당시 베트남 파병 반대가 심하지 않았던 이유에는 '돈 벌러 간다'는 인식이 팽배해 있던 점도 있다. 실제 장교들은 베트남에 먼저 가려고 로비를 할 정도였다. 이렇게 베트남으로 간 군인과 기술자들이 송금한 돈은 한국이 경제성장을 이루는 데 밑바탕이 됐다. 서중석 교수는 "1965년에서 1972년 사이에 이런 여러 부문의 총수입이 10억 3600만 달러로 나온다"라면서, "일본에서 들어온 청구권 자금(그 가운데 이른바 무상으로 불리는) 3억 달러와 비교하면 엄청나게 큰돈"이라고 말했다.[39]

그 액수를 정확히 따지기 어렵지만 여기에는 미국이 지원한 저금리의 공공차관과 상업차관도 있다. 어떤 이는 이런 것을 모두 합해 참전으로 얻은 경제적 이득이 23억 달러라고 주장하기도 한다. 어찌 됐든 이 자금은 포항제철과 경부고속도로 건설 등 경제발전을 위한 사회간접자본 건설에 투자됐다.

하지만 박태균 서울대학교 국제대학원 교수는 베트남전이 한국 경제 중흥의 토대를 마련했다는 주장에 이의를 제기하기도 한다. 박교수는 "베트남 파병 군인들과 기술자들의 월급으로 국내 저축이 큰 폭으로 증가했음에도, 1969년부터 부실기업이 속출하고, 1972년에 가서는 급기야 8·3조치라는 대통령 긴급명령을 발효한 것은 무엇 때문이었는가…… 군인과 기술자들이 죽음을 무릅쓰고 가서, 그것도 한푼 한푼 아껴서 보낸 돈은 다 어디로 갔던 것인가"라고 의문을 제기한다.[40]

베트남 파병은 긍정적인 효과만 있었던 것은 아니다. 베트남 참전 대가로 얻은 10억 달러는 이 땅의 젊은이 5099명이 숨지고, 1만 962명이 부상당한 대가다. 이 밖에 8만여 명에 이르는 고엽제 후유증 피해자도 발생했다. 고엽제 후유증을 앓던 파월 제대군인들은 1992년 9월 26일 경부고속도로를 점거하며 농성을 벌이기도 했다. 1993년에 겨우 고엽제 피해보상 특별법이 제정됐지만, 이 역시 우리가 베트남 파병으로 떠안은 부정적 유산이다.

게다가 한국은 베트남 파병 때문에 한동안 비동맹 제3세력으로부터 외교적으로 고립됐으며, 미국의 용병이라는 국제사회의 비난도 감수해야 했다. 게다가 전쟁 당시 한국군과 한인 기술자들이 베트남 여성과의 사이에서 낳은 자녀인 '라이따이한' 문제와 전투 중 민간인 학살 문제는 여전히 풀어야 할 숙제로 남아 있다.

전쟁으로 악연을 맺은 우리와 베트남은 1992년 12월 22일 대사급 국교를 수립했다. 베트남에서 대사관을 철수한 1974년 4월 29일 이후 18년 만이었다. 그리고 2001년 8월 23일 당시 김대중 대통령은 방한한 베트남 국가원수에게 "불행한 전쟁에 참여해 본의 아니게 베트남 국민에게 고통을 준 데 대해 미안하게 생각하고 위로의 말씀을 드린다"라고 공식 사과했다.

이렇게 베트남전은 양면성을 지녔기 때문에 그것을 평가하기도 매우 어렵다. 서중석 교수는 베트남전을 "아마 한국 현대사 중에서 제일 가르치기 어려운 것 중 하나가 아닌가 한다"라면서, "경제적인 면으로 혜택이 너무나 컸는데, 그렇다고 '베트남에 가기를 잘했다'고 가르치기도 어려운 것들이 있다"라고 평가했다.[41]

당시 서울운동장은 베트남으로 떠나는 비둘기부대, 맹호부대, 백마부대, 청룡부대 용사들의 장도를 축하하는 장소였고, 또 이들의 무사 귀환을 축하하는 환영식이 열린 안도의 장소이기도 했다. 서울운동장에서 종로를 거쳐 시청 앞으로 이어지는 시가행진 길은 국민을 동원하는 상징적 통로였다. 지금은 운동장과 야구장 등이 모두 헐리고 과거 흔적으로는 전광판과 성화대 정도만이 보존돼 있다.

그 자리에는 2013년 11월 이라크 출신 건축 디자이너가 설계한 동대문디자인플라자DDP가 들어섰다. 지하 3층, 지상 4층의 이 건물은 우리의 전통 풍경화처럼, 단절되지 않고 흘러가는 '환유의 풍경'이라는 주제로 설계됐다고 한다. 패션, 공연, 영화 등의 분야에서 이곳은 이제 대한민국 디자인의 메카로 통한다.

다행히 이곳 역사를 보존하는 조그마한 전시관이 남아 있다. 동대문운동장역사관에서 해설 자원봉사를 하는 조승한 씨(73세)는 "원래 이곳은 조선조 이성계가 훈련도감을 두었던 자리로 1925년 일제가 경성운동장으로 만들었다"라며, "최초의 근대식 축구 경기는 물론 1949년 7월 5일 백범 김구 국민장 등이 이곳에서 치러졌다"라고 설명했다. 이 역사관 한편에는 '역사의 무대가 된 동대문운동장'이라는 제목으로 서울운동장의 역사를 이렇게 고백하고 있다.

1950~1970년대 서울운동장은 국가의식을 고양시키기 위해 각종 행사가

열렸다. …… 4·19혁명 1주년 기념식이 서울운동장에서 열렸고, 1년 뒤에는 5·16 1주년 기념식이 열렸다. 베트남 참전용사 귀국 환영행사와 KAL기 피격 희생자의 합동 위령제도 열렸다. 동대문운동장은 근현대사의 중요한 마디마디와 함께했다.

국회 제3별관

장기집권 서막, 시의원 명단보다 더 중요한 '날치기 교훈'

서울의 한복판, 시청 앞에서 광화문 광장으로 가는 길이 세종대로다. 옛날 주소로 서울시청에서 광화문사거리(세종대로사거리)까지가 태평로고, 여기서 광화문까지가 세종로로 대한민국에서 가장 중심이 되는 길이다. 이곳 왼쪽에는 덕수궁, 오른쪽에는 시청으로 시작해 프레스센터, 서울시의회 건물, 파이낸스빌딩, 신문사 두 곳, 세종문화회관, 교보문고, 미국 대사관, 세종로 정부청사가 좌우로 들어서 있다.

그중 서울시의회 건물과 프레스센터 앞을 잇는 세종대로 21길에는 '범상치 않은' 지하도가 하나 있다. 덕수궁 지하도라고 불리는 이 지하도 입구에는 화강암 기단이 있고 계단 손잡이는 굵은 황동으로 만들어져 보통 지하도와 달리 매우 고풍스럽다. 게다가 지하에 있는 계단 중앙에는 용의 부조물이 새겨진, 고궁에서나 볼 수 있는 왕들이 밟고 지나가는 길인 '답도'까지 만들어져 있다.

이 지하도가 이렇게 고급스럽게 꾸며진 데에는 이유가 있다. 현재 서울시의회 건물은 과거 국회의사당으로 사용됐고, 세종대로 건너편 지금의 파이낸스빌딩 자리에는 국회 별관이 있었다. 그러니까 이 지하도는 과거에 국회 본관과 국회 별관으로 통하는 통로였다. 높으신 분들이 왕래하는 지하도였기 때문에 이렇게 고급스럽게 지은 것이다.

서울시의회는 유서 깊은 건물이다. 서울시 등록문화재 제11호인 옛 국회의사당 건물은 1935년에 부민관이라는 이름으로 건설됐는데, 이는 당시 경성부민(서울시민)을 위해 세운 건물이었다. 부민관은 1800명이 들어갈 수 있는 대강당과 중강당을 갖춰 연극이나 영화, 강연을 볼 수 있는 다목적 건물이었다. 당시로서는 최첨단 음향 시설과 냉난방 시설을 갖춰 지금으로 치면 세종문화회관이나 예술의전당쯤 된다. 건축학적으로도 모서리에 46.6미터의 시계탑을 만들어 당시로서는 위용과 간결함이 강조된 모더니즘 양식의 대표적 건축물로 꼽혔다.

이곳에서는 일제강점기 황민화를 선동하는 예술공연과 정치집회가 자주 열렸다. 친일 인사들의 식민화 연설과 전장으로 가라는 선동도 이곳에서 많이 이뤄졌다. 그래서 이곳은 1945년 7월 24일 조문기, 유만수 등 대한애국청년단 단원들이 친일 행사에 폭탄을 터뜨린 '부민관 폭탄 의거'의 현장이기도 하다. 건물 한쪽 구석에 이를 알리는 조그만 표석이 있다.

이 건물은 한국전쟁 이후인 1954년 6월 9일부터 1975년 국회가 여의도로 이전할 때까지 국회의사당으로 사용됐다. 발췌개헌과 한

일협정 비준, 3선 개헌, 국가보위비상대책위원회(국보위) 특별법 제정 등 숱한 현대사의 사건들이 이곳에서 벌어졌다. 원래 입구는 도로 동쪽에 있었지만 1980년 태평로(세종대로)가 확장되면서 입구가 남쪽으로 바뀌었다.

이 글에서 좀 더 관심을 기울여 이야기하려는 곳은 이곳 옛 국회의사당에서 지하도로 이어진 국회 별관이다. 지금의 파이낸스빌딩 자리에 국회의사당 제2별관과 제3별관이 나란히 있었다. 그중 특히 제3별관은 유독 가슴 아픈 역사를 많이 안고 있다. 1961년 5·16쿠데타가 일어나고 만들어진 국가재건최고회의가 이곳에 자리 잡았다. 또 김종필 중앙정보부장이 우리나라 최초의 정보기관, 즉 중앙정보부의 첫 번째 사무실이 이곳에 있었다. JP는 증언록에서 "5월 19일 혁명위원회가 중앙정보부가 포함된 통치체제안을 통과시킨 다음 날 나는 장도영 최고회의 의장 명의로 중앙정보부장에 임명됐다"라고 하면서, "정보부 창설팀은 서울시내 여관을 옮겨 다니며 일했다. 5월 23일 태평로 서울신문사 옆 국회 별관(지금의 파이낸스빌딩)에 정식으로 사무실을 열었다"라고 회고했다.[42]

국회 제3별관이 역사에서 중요 장소로 기억되는 것은 바로 1969년 3선 개헌 때문이다. 5·16쿠데타로 출범한 제3공화국 헌법에서는 대통령의 3선 연임을 제한했다. 박정희 대통령은 재선에 성공하자마자 이 조항을 바꾸는 3선 개헌 작업에 들어갔다. 개헌 작업은 일찍부터 치밀하게 추진됐다. 1967년 12월 17일 당시 공화당 의장서리 윤치영은 "조국 근대화와 민족중흥을 위해서는 무엇보다 강력한 리더십이 필요하다"라면서, "이 같은 지상명제를 위해서는 대통령의 연임조항을 포함한 현행 헌법상의 문제점을 개정하는 것이 연구돼야 한다"라고 운을 뗐다.

야당은 당연히 극렬하게 반대했고, 여당인 공화당 내에서조차 이를 반대하는 의견이 많았다. 여당 내 3선 반대의 핵심은 당의장이던 JP였다. '차기'를 노리던 JP로서 이는 일면 당연한 반응이었다. JP계는 공화당 내 사조직을 통해 후계구도를 준비하고 있었다. 이를 안 박정희는 김형욱 중앙정보부장에게 '모두 엄단하라'고 지시했다. 중앙정보부장의 공작으로 JP는 당의장에서 물러나 부산으로 낙향하며 사실상 정계에서 은퇴했다. 그리고 JP를 후계로 준비하던 세력은 모두 제명됐다. 이 내용은 김경재가 기록한 김형욱 회고록 『혁명과 우상』에 자세히 나와 있다. 김형욱은 '3선 개헌은 유신을 향한 발걸음'이라고 폭로했다.

하지만 JP 세력은 '권오병 문교장관 해임권고 결의안'에 동조하는 이른바 '4·8항명파동'을 일으켰다. 항명한 현역 의원 다섯 명을 비롯해 93명의 당직자가 제명되면서 사실상 JP 세력은 완전히 사라졌다. 손발을 모두 잃은 JP는 박정희의 3선 개헌에 총대를 멜 수밖에 없었다. JP는 증언록에서 "1969년 3선 개헌 정국 당시 박정희 대통령에게 반대 의견을 전하자 자신의 손을 잡더니 '나와 같이 죽자고 혁명했지. 끝까지 나 좀 도와달라'고 말했다"라고 밝혔다.[43]

야당 의원까지 '매수'한 여당은 1969년 8월 14일 개헌안을 발의해, 국회에 제출했다. 개헌안을 통과시키기 위해 처리를 강행하는 여당과 이를 막으려는 야당의 처절한 사투가 이어졌다. 심지어 야당은 변절한 세 명의 국회의원을 제명시키기 위해 당을 스스로 해산하는 방법까지 동원했다. 9월 13일 야당 의원들은 본회의장을 점거했고 국회 본회의장 앞에는 3000여 명의 시민·학생들이 스크럼을 짠 채 연좌시위를 벌였다. 이효상 국회의장은 월요일인 15일 국회 본회의를 열겠다고 선언하고 떠났다.

그러나 공화당 의원들은 일요일인 14일 새벽 2시 30분 본회의장 건너편에 있는 제3별관으로 모였다. 122명이 모인 이 자리에서 찬성 122, 반대 0으로 2분 만에 개헌안은 날치기로 처리됐다. 속기사 한 명과 사전에 몰래 부른 기자 몇 명만 이 현장을 기록했다. 이때 유명한 이야기가 전등까지 끄고 의사봉이 없어 주전자 뚜껑으로 탁자를 '땅, 땅, 땅' 세 번 내리쳤다는 것이다.

이렇게 국회를 통과한 개헌안은 협박과 회유가 난무하는 분위기에서 국민투표에 회부됐다. '혼란이 아닌 안정을 선택하라'는 협박선거, 밀가루와 현금을 뿌리는 금품선거였다. 이때 공화당 조직을 통해 지구당별로 수십만 달러가 지급되고 개헌을 위해 정부가 1500만 달러를 지출했는데, 이 자금이 1968년과 1969년에 도입된 상업차관에서 충당된 것이라는 주장도 있다.[44]

이후 국회 제3별관은 장기집권을 위한 날치기 처리 단골 장소로 활용됐다. 1971년 12월 27일 새벽 3시 대통령이 비상대권을 가지는 '국가보위에 관한 특별조치법'이 날치기 통과된 장소도 바로 이곳이다. 그리고 이 조치는 곧이어 1972년 10월 17일 비상계엄을 선포하고 국회를 해산시키는 유신체제로 가는 바탕이 됐다.

치열한 헌정사의 현장이던 국회는 1975년 9월 한강의 가운데에 위치한 조그만 섬 여의도로 옮겨갔다. 태평로 정치가 끝나고 여의도

1969년 9월 14일 새벽 2시 30분, 3선 개헌안을 2분 만에 날치기 통과시킨 공화당 의
원들이 황급하게 국회 제3별관을 빠져 나오고 있다.

정치가 시작된 것이다. 이후 태평로 국회의사당 건물은 서울시민회

관(지금의 세종문화회관) 별관으로 사용되다가 1991년 지방자치제가 도입

된 이후 서울시의회 본회의장으로 사용되고 있다. 날치기 처리와 장

기집권의 아픔을 고스란히 간직한 국회 별관은 1980년 일부가 철거됐다가 1985년에 완전히 사라졌다. 지금은 그 자리에 한국 금융의 중심인 파이낸스빌딩이 들어서 있다.

정부는 2015년 이 서울시의회 건물 앞에 있는 국세청 남대문 별관을 87년 만에 철거한다고 발표했다. 이 건물은 1937년 일제가 지어 조선총독부 체신국으로 쓰던 볼품없는 건물이다. 정부는 광복 70주년 기념사업의 하나로 역사를 복원하기 위해서 이 건물을 철거하겠다고 한다.

하지만 슬픈 역사, 치욕의 역사도 복원되고 기록돼야 하지 않을까? 그런 면에서 태평로 서울시의회 건물도 날치기의 역사를 기록해야 한다. 그래야 장기집권의 말로가 어떤지 교훈을 얻지 않을까? 서울시의회 건물 어디에도 이곳이 이러한 정치사의 현장이라는 설명은 없다. 시의회 건물 앞에는 이 건물이 등록문화재라는 사실과 지어진 시기, 건축학적 의미를 간단하게 설명하는 플라스틱 안내문이 있을 뿐이다.

학생들이 견학을 오고 현대사 마케팅이 유행하는 요즘이지만, 이곳에는 서울시의회 건물에서 벌어진 현대 정치사의 갖가지 사건과 의미를 설명하는 최소한의 안내 팸플릿도 갖춰지지 않았다. 화단에 있는 부민관 폭탄 의거 현장을 알리는 표석도 나무에 가려 잘 보이지 않을 정도다.

그런데 서울시의회 건물 안 정면에는 역대 서울시의회 의원들의 이름이 동판에 새겨져 있다. 기록해야 할 역사, 교훈을 얻어야 할 역사는 없고 엉뚱한 시의원들 이름만 벽면을 가득 채우고 있는 것이다. 필자가 "이곳이 일제강점기 독립운동과 현대사의 중요 사건이 벌어진 현장이라는 의미가 중요한가, 아니면 저기 서울시의원 명단이 중요한가"라고 질문하자 시의회 공보실 관계자는 아무 말도 하지 못했다.

광복 70주년을 맞아 역사의 현장을 바로 복원한다며 수천억 원짜리 건물까지 허물면서, 현존하는 역사의 현장은 최소한의 안내문도 없이 방치하고 있는 것이다.

경부고속도로 준공기념탑

조국 근대화와 '날림의 유산'

대한민국에서 가장 비싼 물건은 무엇일까? 국민이나 애국심 같은 무형의 재산은 제외하고 실제 돈으로 환산할 수 있는 것 중에서 말이다. 민간과 국가를 합해 장부가액으로 가장 비싼 것은 바로 경부고속도로다. 서울에서 부산을 연결하는 경부고속도로를 금액으로 환산하면 2013년 회계연도 국가결산 기준 10조 8806억 원이다.

이는 대한민국 국유재산 총액 912조 1000억 원 중에서 단연 1위다. 건물로 가장 비싼 세종시 정부세종청사 1·2단계를 모두 합해도 채 1조 원이 안 된다는 점에서 경부고속도로의 재산 가치를 가늠해볼 수 있다. 서울에서 목포까지 이어진 서해안고속도로는 6조 5618억 원짜리다. 경부고속도로는 1968년 2월에 착공해 1970년 7월에 준공된 45년이나 된 낡고 땜질투성이 도로지만, 여전히 우리나라에서 최고로 비싼 재산 가치를 자랑한다.

경부선 철도도 마찬가지지만 경부고속도로 역시 우리나라 최초의 고속도로는 아니다. 우리나라 최초의 고속도로는 경부고속도로보다 1년여 앞선 1969년 4월에 개통된 경인고속도로다. 서울과 인천을 잇는 경인고속도로는 23.4킬로미터에 지나지 않아 428킬로미터인 경부고속도로의 10분의 1도 되지 않기 때문인지, 고속도로 하면 많은 사람이 경부고속도로를 떠올린다.

게다가 경부고속도로는 비단 금전적 가치만 높게 평가받는 것이 아니라 '산업의 대동맥'이나 '조국 근대화의 상징' 등 온갖 수식어를 달고 1960년대의 상징처럼 여겨진다. 현대사 연구가 박태균 교수는 경부고속도로를 '1960년대의 결정체'라고 표현하기도 했다.

경부고속도로 정 가운데 지점이 바로 추풍령이다. 준공 당시 전체 길이 428킬로미터(선형개량 공사 이후 총연장 416킬로미터)의 중간인 214킬로미터 지점에 위치한 추풍령휴게소(하행선)에 '서울·부산 중심점' 탑이 서 있다. 조그만 소공원으로 꾸며진 개통 기념 표석 안내판에는 "경부고속도로 건설은 한국 경제를 바꾼 가장 위대한 순간 1위"라는 설명이 있다.

경부고속도로 건설 구상은 1967년 대통령 선거 유세 과정에서 처음 나왔다. 역시 한국 경제를 바꾼 위대한 순간은 선거라는 정치적 국면에서 나온 것이다. 경부고속도로 건설은 3선 개헌을 처음 언급한 공화당 윤치영 의장서리의 개헌 필요성 발언(1967년 12월 17일)과 이어진다. 그래서 경부고속도로를 두고 많은 정치적 논란이 일었다. 마치 이명박 대통령의 한반도 대운하 사업처럼 말이다.

경부고속도로는 1967년 12월 13일 임시국무회의에서 경부고속도로 추진위원회를 구성하면서 본격적으로 계획됐지만, 설계도면이나 자금 동원 등 구체적인 계획은 하나도 확정하지 못한 상태였다. 정부는 세계은행IBRD에서 자금을 빌리려 했지만 거부당했다. 결국 정부는 한일 국교정상화 대가로 얻은 대일청구권 자금을 고속도로 건설에 투입했다.

이를 두고 일부에서는 '근시안적인' 야당이 건설현장에 드러눕는 등 방해를 했다고 주장하기도 한다. 하지만 이는 영웅을 만들기 위한 상징조작이다. 당시 야당이 경부고속도로 건설에 반대한 것은 사실이다. 당시 야당 당수였던 유진오는 "경부고속도로 계획은 근대화의 기간인 도로 건설이라는 데서 그 취지를 반대하는 것은 아니나 현 경제 실정에 비추어 사업의 우선순위에 의문을 갖고 있으며, 남북 간 보다는 오히려 동서 간을 뚫는 길이 급한 일이 아닌가 생각한다"라고 말했다.[45]

야당이 반대한 이유는 한국 정부로부터 자금지원을 요청받았던 세계은행과 같은 맥락이었다. 당시 세계은행은 자금지원을 거부한 이유에 대해, "남북 종단도로 건설보다 동서 횡단도로 건설이 경제적으로 더 필요한 것"이라고 지적했다. 3선 개헌 반대투쟁에서 야당이 '하이웨이 전술'이라고 비난한 것을 보면 경부고속도로 건설에 정치적 의도가 매우 컸음을 알 수 있다.

당시 신문을 보면 "경부 간 고속도로 건설을 내세워 정부 실적 PR를 최대한 활용키로 한 것, 지난번 오산-천안 간 고속도로 개통식 때 많은 시민의 운집으로 톡톡히 재미를 본 이후 부상된 것" 등의 기사가 있다.[46]

정치적 논란이 일어났음에도, 1968년 2월 1일 16개 건설업체가 일

제히 공사에 돌입했다. 여기에는 세 개의 군 공병단도 가세해 마치 전투 치르듯 공사가 이뤄졌다. 주요 공사는 현대건설이 맡았다. 이명박(이하 'MB') 현대건설 사장은 나중에 자신의 저서 『신화는 없다』에서 "경부고속도로는 정상적인 공사가 아니었다. 전투였다. 정주영 회장은 민간 출신의 사령관이었다"라고 회고했다.[47]

경부고속도로 건설에서 가장 어려웠던 공사는 옥천군과 영동군을 연결하는 당재터널(지금의 옥천터널) 공사였다. 당시 공사에 참가했던 현대건설 공영진 부사장은 "지층이 절암 토사로 된 퇴적지층이라 공사 진척이 되지 않았다. 해결방법으로는 보통 시멘트보다 20배나 빨리 굳는 조강 시멘트를 투입하는 수밖에 없었다. 흑자를 포기하는 결단이 요구됐다. 결국 이 공사는 조강 시멘트를 투입하면서 대대적인 인력을 투입해 3개월 걸린다는 공사를 25일 만에 끝내 경부고속도로 개통 행사를 정시에 할 수 있었다"라고 회고했다.[48]

드디어 1970년 7월 7일 경부고속도로 준공식이 열렸다. 3년 5개월 만에 428킬로미터 길이 4차선 고속도로를 뚫은 것이다. 원래는 1971년 준공할 계획이었지만 이를 1년이나 앞당겼다. 총공사비는 429억 7300만 원으로, 1킬로미터당 1억 원을 들여 고속도로를 만든 것이다.

추풍령휴게소 상행선 방향에 30.8미터 높이의 웅장한 경부고속도로 준공기념탑이 서 있다. 서울대학교 미술대학 송영수 교수가 고속도로 인터체인지 형상으로 디자인한 것이다. 이 탑의 정면에는 낯익은 서체로 "서울 부산 간 고속도로는 조국 근대화의 길이며 국토 통일의 길이다"라는 박정희 대통령의 휘호가 쓰여 있다. 이 탑의 하단

경부고속도로 준공기념탑에는 박정희 전 대통령을 칭송하는 글로 가득하다.

에는 경부고속도로 건설에 관한 기본사항이 적혀 있다. 폭 22.4미터 (4차선) 도로로 100미터 이상 교량이 29개소, 100미터 이하 교량 281개소, 터널 상하 12개 4008미터, 시멘트 663만 2000대, 철근 4만 8700톤, 연인원 890만 명이 165만 대의 장비를 동원해 만들었다고 기록돼 있다.

탑의 뒷면에는 당시 건설부 장관 이름으로 "이 고속도로는 박 대통령 각하의 역사적 영단과 직접 지휘 아래 우리나라 재원과 우리나라 기술과 우리나라 사람들의 힘으로 세계 고속도로 건설사상에 있어서 가장 짧은 시간에 이루어진 조국 근대화의 목표를 향해 가는 우리들의 영광스런 자랑이다"라고 쓰여 있다. '역사적 영단', '직접 지휘' 등 찬사와 칭송의 말이 가득하다.

시인 이은상이 지은 「고속도로의 노래」가 있다는 사실은 여기서 알았다. 그중 "꿈에도 내 소원 조국의 번영/ 달려라 자주의 길/ 달려라 부강의 길/ 천리를 주름 잡는 고속도로/ …… 달려라 자유의 길/ 달려라 평화의 길/ 세기를 앞당기는 고속도로/ …… 달려라 승리의 길/ 달려라 통일의 길/ 역사를 창조하는 고속도로"라는 대목이 인상 깊다. 기념탑 정면에 있는 박 대통령의 '통일의 길'이라는 대목과 노랫말에 등장하는 '자주·부강·자유·평화·승리·통일'이라는 단어가 조금은 의외다.

사실 경부고속도로의 경제성과 효용성에 이의를 제기하는 사람은 별로 없다. 하지만 부정적 유산도 많이 남겼다는 점을 잊어서는 안 된다. 기념탑에 새겨진 세계 최단 기간 건설이라는 자랑은 '날림공사', '부실공사'와 비슷한 말이다. 경부고속도로는 개통 1년 만에 전

구간을 다시 포장해야 했고 여기에 총건설비의 10%에 해당하는 비용을 소모했다. 건설비를 절감하기 위해 고속도로 안전에서 매우 중요한 중앙분리대를 설치하지 않은 채 개통한 것은 세월호 참사의 근원이 된, 안전보다 효율을 먼저 따지는 생각과도 연결된다.

무엇보다 부정적 유산은 토목 만능의 정치 이데올로기다. 경부고속도로 건설에 참여했던 이명박 대통령은 박정희의 유산을 재연하려 했다. 4대강 사업이 바로 그것이었다. 이 대통령의 문제는 '댐'을 '보'라고 우기며 과학과 공학을 왜곡했다는 점이다. 그 토목 만능 정치 이데올로기에 과학자와 공학자들이 동원됐음은 물론이다. 그런 점에서 이 대통령은 과학과 공학을 정치논리에 함몰시킨 커다란 잘못을 범했다. 그나마 다행인 것은 경부고속도로를 건설할 때는 과학자나 공학자들이 정치에 함몰되지 않았다는 점이다.

경부고속도로 금강휴게소 한편에 조그만 위령탑이 있다. 건설 순직자 위령탑이다. 3년여라는 짧은 기간 '전투' 같은 공사를 감행한 탓에 77명의 근로자가 사망했다. 한국도로공사는 매년 7월 7일 이곳에서 위령제를 연다고 한다. 이 위령탑은 그 순직자를 기리기 위한 탑으로 고속도로 준공과 함께 건립됐다. 의문스러운 것은 기념탑과 위령탑을 왜 각기 다른 장소에 건립했을까 하는 점이다. 찬양과 경축의 자리와 추모의 자리가 한곳에 있어서는 안 된다는 발상 때문이었을까? 기념탑이 추풍령 위에서 고속도로를 내려다보듯 서 있다면 위령탑은 계곡 아래에서 자신이 만든 고속도로를 훔쳐보는 형국이다.

숨진 이들에게 주어진 '훈장'은 '산업전사'라는 호칭이었다. 이곳 위령탑에서 시인 이은상은 "그들은 실로 조국 근대화를 향한 민족행진의 산업전사"라고 썼다. 하지만 지금도 산업전사라는 훈장 때문에 많은 노동자가 죽어가고 있다. 아예 훈장도 없이 숨지는 해고 노동자도 적지 않다. 2009년 쌍용자동차 사태 이후 28명의 노동자가 숨졌다. 2015년 발표된 노동부 통계에 따르면, 지금도 매년 9만 명, 하루 251명의 노동자들이 재해를 당하고 있다. 이제는 '산업전사'라는 이름 하나로 그들을 위무할 수 있는 시대가 아니다.

평화시장

한국 노동운동의 순교자 전태일, '노동의 가치'를 일깨우다

역사에서 기원전B.C.과 기원후A.D.는 '예수 탄생 이전과 이후'를 의미한다. 예수 탄생을 기점으로 세계 역사가 크게 달라졌다는 의미다. 요즘 안전과 관련해 새로운 패러다임을 나타낼 때 '세월호 이전과 이후'라는 표현을 쓰는 사람도 있다. 그만큼 시대를 구분하는 데서 사건은 매우 중요하다. 우리 노동운동사에서 시대를 구분할 만한 사건을 꼽으라면, 단연 '전태일 분신 사건'이라고 할 수 있다.

1970년 평화시장 '삼동친목회'(이하 '삼동회') 회원들은 근로조건 개선을 요구하는 진정서를 노동청과 청와대에 제출했지만 성과가 없었다. 삼동회 회원들은 다시 평화시장 사업주 대표들에게 노동시간 단축, 노동환경 개선, 노동조합 결성을 위한 협의를 요청했지만 거부당했다. 삼동회 회원들은 11월 13일 '있으나 마나한' 근로기준법 화형식을 열기로 결정했다. 이날 평화시장 주변에는 사업주들이 저지했는데도 많은 노동자가 모여들었다. 경찰은 시위대가 외부로 나가는

것을 막기 위해 평화시장을 에워쌌다. 시위대는 구호를 몇 번 외쳤지만 이내 플래카드를 경찰에게 빼앗겼다. 결국 시위는 흐지부지 끝나는가 싶었다.

점심식사를 마친 오후 1시 30분 젊은 재단사 전태일이 "근로기준법을 준수하라", "우리는 기계가 아니다"를 외치며 거리로 뛰쳐나왔다. 그러고 나서 휘발유를 뿌린 자신의 몸에 라이터로 불을 붙였다. 그는 순식간에 불길에 휩싸였다. 전태일은 불타는 몸으로 몇 걸음 뛰어나가다 그 자리에 쓰러졌다. 이때 누군가가 근로기준법 책자를 불타는 전태일의 몸을 향해 던졌다. 근로기준법 화형식은 그렇게 이뤄졌다. 전태일은 그날 오후 10시 병원 응급실에서 사망했다.

전태일 분신 사건은 사회적으로 큰 충격을 줬다. 서울대학교 법과대학 학생들은 전태일 유해를 인수해 학생장을 거행하겠다고 나섰고, 상과대학 학생 400여 명은 단식농성에 돌입했다. 전국 대학가에서는 전태일 추도식이 열렸고 정부에 항의하는 철야농성에 들어갔다. 서울대학교가 무기한 휴업령을 내릴 정도로 항의는 거셌다. 전태일 분신 사건을 계기로 11월 27일 청계피복 노동조합이 탄생했고, 이후 1970년대에만 2500개의 노동조합이 결성됐다.

전태일 분신은 한국 노동운동사의 새로운 전기를 열었다. 전태일 사건은 박정희 정권이 들어선 지 10년째에 접어든 시기 그동안의 무리한 경제개발 과정에서 축적된 여러 모순이 폭발한 것이었다. 정부가 주도하는 경제개발 과정에서 소외되고 희생된 노동자들을 인식하게 되는 계기를 만든 것이다.

"전태일 분신 사건은 전태일 개인의 사건이기에 앞서, 당시 한국

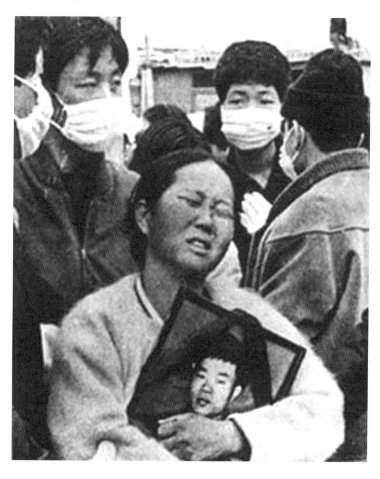

전태일 장례식장에서 영정을 들고 오열하는 전태일의 어머니 이소선 여사. 한국 노동
운동의 역사를 대표하는 사진이다.

사회의 모순이 응집되어 폭발한 하나의 민중사건이었다. 이 사건을 계기로 노동자와 농민, 도시빈민들의 생존권을 위한 투쟁이 전국적으로 확산됐다."[49]

전태일은 1948년 대구에서 봉제업자 전상수와 이소선 사이에서 태어났다. 부친이 하던 사업이 망하자 가족은 일거리를 찾아 서울로 올라왔다. 전태일은 겨우 초등학교를 졸업하고 종로 파고다공원 인근에서 구두닦이, 신문팔이, 동대문시장에서 리어카 뒤밀이를 하며 생활했다. 당시 짐을 잔뜩 실은 리어카를 서울역에서 동대문시장까지 뒤에서 밀어주면 30원을 받았다.

전태일은 1964년 봉제공장 미싱 보조로 평화시장에 발을 들인다. 평화시장 봉제공장 노동자들은 열악한 근로조건 때문에 혹사당했지만, 그들이 받는 월급은 형편없었다. 당시 이들의 근로조건은 ≪경향신문≫ 1970년 10월 7일 자에 다음과 같이 폭로됐다.

천장의 높이가 겨우 1.6미터 정도밖에 안 돼 허리를 펼 수도 없을 정도…… 밝은 조명을 해 이들 대부분은 밝은 햇빛 아래서는 눈을 똑바로 뜰 수 없고…… 이런 환경에서 하루 13~16시간의 고된 근무를 하고 있으며…… 휴일에도 작업장에 나와 일을 하고 여성들이 받을 수 있는 생리휴가 등 특별휴가는 생각조차 못할 형편…… 옷감에서 나온 먼지가 가득한 방안에서 하루 종일 일해 폐결핵, 신경성 위장병까지 앓고…… 노동청에서는 건강진단을 나왔으나 공장 측은 1개 공장종업원 2~3명만 진단받게 한 후 모두가 받은 것처럼 했다.[50]

전태일이 공장에서 조직한 친목 모임은 전쟁 이후 한국 최초의 노동운동조직인 '바보회'의 창립으로 이어졌다. 전태일은 노조 결성을 위한 결의체를 만들고 문제의 근본을 따져봤다. 그 결과 그는 근로기준법이 제대로 지켜지지 않고 있다고 결론 내린다. 그는 노동청과 청와대 등에 근로기준법을 지키게 해달라고 수없이 진정하고 요청했지만 아무도 귀를 기울이지 않았다.

결국 그는 육신을 태우기로 결심했다. 전태일이 분신하기 직전 친구에게 보낸 편지는 사실상 유서였다. 그는 "사랑하는 친우親友여, 받아 읽어주게"라고 시작하는 이 편지에서 다음과 같이 썼다.

뇌성 번개가 이 작은 육신을 태우고 꺾어버린다고 해도…… 나는 조금도 두렵지 않을 걸세. …… 힘에 겨워 힘에 겨워 굴리다 다 못 굴린, 그리고 또 굴려야 할 덩이를 나의 나인 그대들에게 맡긴 채…… 잠시 쉬러 간다네. …… 내 생애 다 못 굴린 덩이를, 덩이를, 목적지까지 굴리려 하네.

전태일을 기리는 사업은 이후 꾸준히 이어졌다. 1970년대에는 기독교 청년들이 중심이 돼 전태일 추도식을 열었다. 1980년대 전태일은 '노동운동가'로 재평가됐고, 1984년에는 전태일기념사업회가 만들어졌다. 1985년에는 전태일기념관, 전태일재단이 설립돼 '전태일문학상'과 '전태일노동상'을 제정했고, 그가 분신한 11월에는 전국 노동자대회가 열리고 있다. 2000년에는 전태일 분신 30주기를 맞아 평화시장 앞 보행로에 표석이 설치됐다. 2002년 민주화운동 관련자 명예회복 및 보상심의위원회에서는 전태일을 민주화운동 관련자로 인

2005년에 세워진 전태일 동상. 일어서려는 자세로 동쪽을 응시하고 있다.

정했다.

2005년 청계천 복원공사가 끝난 후 청계천 버들다리 가운데에 전
태일 기념동상이 세워졌다. 국민 모금으로만 4억 원가량이 모였다.
동상 앞 보도에는 성금에 참여한 사람들의 이름과 글귀를 새긴 동판
4000여 장이 설치됐다. 동판 가운데는 김대중·노무현 전 대통령의
동판도 있다. 김 전 대통령은 '행동하는 양심 전태일! 영원한 우리들
의 영웅 전태일', 노 전 대통령은 '사람 사는 세상'이라고 썼다. 상반
신 동상은 동쪽을 보며 땅을 짚고 하늘을 향하는 모습이다. 당시 이

명박 서울시장은 "죽은 지 100년이 지나지 않은 인물의 기념상을 세운 사례가 없다"라며 동상 건립에 반대했다. 하지만 노동계와 시민단체는 동상 건립을 밀어붙였다.

전태일의 여동생 전순옥은 2012년 5월 대한민국 국회의원이 됐다. 그렇게 죽은 지 35년 만에 전태일은 재평가됐고, 또 새롭게 태어났다. 많은 민주화운동 관련자, 그 어떤 민주화열사보다 단연 앞선 것이다. 그만큼 전태일의 분신이 이 사회에 미친 영향이 지대했기 때문이리라.

전태일이 분신하고 45년이 지난 평화시장 그 자리는 여전히 번화하다. 서울 중구 청계천로 274번지 평화시장 A동과 B동 사이가 바로 분신의 현장이다. 평화시장은 도매시장으로 주로 야간에 성시를 이루지만, 주변은 낮에도 사람들로 북적인다. 전태일이 리어카를 밀며 30원을 벌었던 이곳은 지금도 물건을 운반하는 노무자들로 붐빈다. 단지 운반수단이 리어카에서 오토바이로 바뀌었을 뿐이다.

어린 여공들이 열악한 환경에서 미싱기를 돌리던 봉제공장은 모두 사라졌다. 봉제공장은 동남아로 떠나고 일부는 종로구 창신동 등지로 옮겨갔다. 남평화시장 김용민 관리사무소장은 "현재 이곳 남평화시장에만 도매상 700여 개가 있고 과거 봉제공장은 한 곳도 없다"라고 설명했다. 바로 옆에 있는 동평화시장 도매상가는 이곳보다 규모가 크다고 한다. 요즘 이 일대는 대한민국에서 손꼽히는 패션과 디자인의 거리로 변모했다. 특히 동대문 일대는 한국을 찾는 중국인 관광객(유커)으로 넘쳐난다. 하지만 도매시장으로 밤에 주로 영업하는 평화시장과 관광객을 상대로 영업하는 동대문시장은 매출에서

온도 차이가 크다.

상인들은 평화시장 경기가 예전 같지 않다고 입을 모은다. 김 관리소장은 "중국인 관광객 대부분은 동대문시장의 밀리오레나 두타 등에서 쇼핑하지 이곳 평화시장을 이용하지 않는다"라면서, "국내 경기가 워낙 불황이어서 폐업까지는 아니지만 이점(점포를 옮기는 것)과 공점포(빈 점포)가 발생하고 있다"라고 설명했다. 상인들은 내수 침체와 온라인 쇼핑몰 때문에 평화시장이 예전처럼 활기차지 않다고 한다.

서울시는 2014년 전태일 분신 현장을 '서울시 미래유산'으로 선정했다. 미래유산이란 100년 후 미래세대에게 전달할 만한 가치가 있는 유·무형의 '보물'을 말한다. 여기에는 중요한 인물이나 사건을 이해하는 데 크게 도움이 되는 물건이나 장소, 음악도 포함된다. 서울시는 이곳을 미래유산으로 선정한 이유로 "산업화 과정에서 희생당하던 노동자의 삶이 사회문제로 크게 부각되는 계기를 마련하는 등 대한민국 노동운동의 신호탄이 된 역사적인 사건이 발생한 장소이므로 보존가치가 있다"라고 밝혔다.

하지만 전태일이 분신한 이후에도 노동자들의 좌절은 이어지고 있다. 노동운동의 양적 발전은 이뤄졌지만 질적 변화는 없다는 주장도 많다. 2015년 5월 29일 참연구소(한국 패션봉제 아카데미 부설연구소)가 주최하고 전태일재단이 후원하는 '전태일 열사 45주년 기념 특별 심포지엄'이 열렸다. 주제는 "상징의 재해석: 2015년 전태일"이었다.

이날 노동 분야 주제발표를 맡은 김승호 사이버노동대학 대표는 "전태일을 이해하는 흐름에는 '최소한의 인간적 요구'라는 자유주의자들과 1980년대에 착취와 억압으로부터 변혁을 요구한 '노동해방의 요구'가 있다"라면서, "하지만 진정한 전태일의 생각과 주장은 이 것을 뛰어넘는 '인간해방'이다"라고 지적했다. 전태일의 분신, 아니 노동의 가치는 계속 재해석되고 진화한다.

옛 성남출장소

광주대단지 사건, 정부 수립 이후 최초 도시빈민 투쟁

경기도 성남시는 인구가 100만 명에 육박하는 대도시다. 현재 이곳의 중심지는 분당 신도시지만, 과거에는 수정로 숫골사거리였다. 아래에 이마트 성남점이 있고 위로는 고급 아파트가 들어선 신세계 쉐던주상복합 자리가 바로 옛 성남시청이 있던 곳이다. 이곳은 1964년 경기도 광주시 성남시출장소가 들어선 이후 성남시청이 여수동으로 옮겨가기 전까지 지역 행정의 중심이었다. 이 일대에 있는 성남 시민회관, 시립 도서관, 방송국 등이 과거에 이곳이 도시의 중심이었다는 사실을 알려준다.

성남시는 분당 신도시가 들어서기 이전에 이미 신도시로 계획된 도시다. 하지만 이곳 지형을 가만히 살펴보면 좀 이상하다. 과거 성남시청 자리에 들어선 신세계 쉐던주상복합은 가파른 언덕 중간에 있다. 바로 옆 블록은 연립주택 등이 가파른 언덕으로 이어져 있다. 이마트 앞 신흥동 쪽도 역시 가파른 고개로 이어져 있다. 평평한 분지가 아니라 구불구불한 언덕과 고개가 계속되는 곳에 도시 중심이 들어선 것이다. 게다가 언덕 넘어 얼마 가지 않아 바로 단대천이라는 하천이 흐르고 있었다(현재는 복개되었다).

비탈에 20평 단위로 규격화된 집들이 빽빽이 들어서 있고 골목도 대개 바둑판처럼 돼 있다는 점에서 이곳이 규격화된 신도시라는 것을 알 수 있다. 그런데 이렇게 꾸불꾸불한 언덕과 하천이 있는 곳에 어떻게 신도시를 세울 생각을 했을까 하는 의문이 생긴다.

1960년대 급격한 산업화로 누적된 도시빈민 문제가 바로 이곳에서 폭발했다. 이곳은 1971년 8월 10일 이른바 '8·10광주대단지 사건'이 발생한 곳이다. 광주대단지 사건이란 경기도 광주시(지금의 성남시) 주민 5만여 명이 무력으로 시청을 점령하고 방화한 사건을 말한다. 40여 년 전 성남시출장소 앞으로 돌아가 보자.

10일 오전 9시부터 모이기 시작한 주민들은 11시께 1만여 명이 광장과 출장소 주변 빈터, 길 등을 메웠다. 20대 청년 등 30여 명은 몽둥이를 들고 있었고, 주민들의 가슴에는 '살인적인 불하가격 결사반대한다'는 리본이 달렸으며, 수십 개의 플래카드를 든 군중은 오전 11시 양택상 서울시장이 나타나기를 기다렸다. 오전 11시 폭우 속에서 양 시장을 기다리던 주민들은 '우리를 또 속였다', '시장이 시간을 어겼다'며 흥분, 10여 명이 시 사업소로 몰려가자 수십 명이 뒤따랐다. 몰려가던 군중의 일부가 출장소 앞에 세워둔······ 지프를 부수어 개울에 처넣었다. 11시 40분 난동자들은 다시 성남시출장소로 몰려가······ 책상을 부수고 서류를 불태워 본관 내부가 몽땅 타버렸다. 난동자들은 또 성남출장소······ 반트럭을 불태

150

당시 성남 시민들이 시영버스를 빼앗아 시위하고 있다.

워 개울에 처박았다. 화재 현장에 출동한 소방차 2대도 접근을 못하고 되돌아갔으며, 경찰도 병력이 적어 손을 쓸 수 없었다.[51]

8·10광주대단지 사건의 원인부터 따져보자. 급속한 공업화·산업화·도시화로 서울을 비롯한 대도시에 노동자들이 유입되면서 1960년대 말부터 거대한 도시빈민 주거지가 생겨났다. 이들은 서울의 청계천변과 창신동, 용두동, 봉천동 등에 무허가 판잣집을 짓고 생활했고, 여러 도시문제가 발생했다.

이에 서울시는 이들을 집단으로 이주시킬 장소로 당시 경기도 광주군 중부면에 350만 평의 땅(광주대단지)을 마련했다. 그리고 1969년 9월 1일부터 20평씩 땅을 분양해 이곳에 철거민들을 강제 이주시켰다. 신도시에 철거민을 이주시킬 계획이었는데 언덕이 많은 값싼 부지를 마련한 것이 분명했다.

게다가 철거민이 이주할 당시 이곳은 상·하수도 시설은 물론, 변변한 공중화장실도 마련돼 있지 않았다. 철거민들은 대충 언덕배기에 천막이나 판잣집을 짓고 살았다. 하지만 입주권, 즉 '딱지'가 전매되고, 이 딱지를 얻기 위해 각지에서 단대천 주변에 천막을 치는 등 부동산 투기가 만연했다. 마침 1971년 4월 7대 대통령 선거를 앞두고 부동산 개발붐이 확대되면서 사람들은 이 딱지를 사기 위해 아귀다툼을 벌였다. 이렇게 성남시에 몰린 인구는 1971년에 14만 명(최대 16만 명 추정)까지 늘었다.

그동안 수수방관하던 정부는 입주권 위조와 철거비리 등이 만연하자 7월 14일 입주권 전매를 금지하고 토지 분양가를 두 배로 인상했으며 불하한 토지에 취득세까지 부과했다. 입주한 주민들은 분노했다. 게다가 정부는 이곳에 48개 공장을 입주시켜 자족도시를 만들겠다고 공언했지만 말뿐이었다. 1971년 4월 대통령 선거가 끝나자 공장 건설도 시들해졌다. 몇몇 공장이 입주했지만 수십만 명에게 일자리를 제공하기에는 턱없이 부족했다.

일거리를 찾지 못한 도시빈민들은 심각한 도시문제를 일으켰다. 당시 대책위원장을 맡은 전성천 목사의 증언에 따르면 그가 한 일의 중요한 부분은 굶어 죽은 사람들의 시체를 치우는 일이었는데 하루에 몇 구의 시체를 치우기도 했다고 한다.[52]

이런 가운데 정부는 전매한 땅에 집을 짓지 않으면 불하를 무효로 하겠다고 발표했다. 분양권 전매자들에게는 청천벽력과 같은 소리였다. 철거 이주민들은 자신들의 우선권이 무시되고 외지인의 투기판이 되는 것을 막아달라고 요구했다. 특히 일자리 등 약속했던 생계수단 마련 요구가 묵살되자 분노가 폭발했다. 결국 8월 10일 성남출장소가 불에 타고 인근 파출소까지 파괴됐다.

광주대단지 사건 때 시위대에게 점령된 광주경찰서 성남지서는 현재 수정경찰서로 바뀌었는데 그때보다 규모가 더 커졌다. 경찰서 넘어 태평고개는 당시 시위대와 경찰이 대치하던 곳이다.

> 낮 12시 10분께 난동자 30여 명이 성남지서에 몰려가 몽둥이로 유리창을 부순 후 지서 안에 있던 경찰차를 길로 끌어내 불태웠다. 오후 1시께 10대, 20대 청소년 50여 명이 시영버스를 뺏어 타고 지붕에 올라가 탄리천 길을 달려 '서울로 가자'며 수진리 고개를 넘으려다 되돌아와 거리를 돌았다. …… 오후 3시 반쯤 경찰이 최루탄을 쏘아 난동자들을 길에서 언덕 위로 몰자 500여 명으로 줄어든 난동자들은 언덕 위에서 돌을 던지고 욕지거리를 퍼부으며 5시 반까지 대치했다.[53]

정부가 주민들의 요구를 그대로 수용함으로써 이 소요사태는 6시간 만에 끝났다. 간간이 주민들의 시위가 이어졌지만 12일 완전히 평정을 되찾았다. 당시 김종필 총리는 "행정부에 전적으로 잘못이 있음을 반성하고 있다"라면서, "주민에게 한 약속은 모두 이행토록 지시했다"라고 발표했다. 이 사건으로 경찰과 주민 100여 명이 부상당했고 주민 22명이 구속됐다.

이 광주대단지 사건은 정부 수립 이후 최초, 당시로서는 최대의 소요사건이었다. 당시 언론은 '난동', '폭동' 으로, 정부와 재판부는 '광주대단지 집단난동사건'으로 표현했다. 하지만 이 사건을 '봉기', '항거'라고 표현하기도 한다. 재야에서는 정부가 신속히 사과하고 주민들의 요구를 수용했다는 점에서 '도시빈민의 승리'로 평가하기도 한다. 실제 당시 서울대학교 법과대학 학생들은 이 사건에 대해 "이제 민중은 과거의 체념과 좌절을 딛고 민중의 새로운 역사를 창조하기 시작하였다"라고 평가했다.[54]

이 사건의 발생 원인을 놓고 지금도 학문적 논란이 계속되고 있다. 2011년 8월 '8·10광주대단지 사건' 40주년을 맞아 성남지역언론사대표자협의회가 주최한 심포지엄에서 성공회대 김동춘 교수는 "이 사건이 한국의 도시정책, 빈민운동, 지역사에 끼친 영향은 매우 크다"라면서, "그것은 2009년 1월 용산 참사에 이르기까지 지난 40여 년 동안 무허가 정착지의 철거·정비 과정, 무분별한 도시 재개발 정책 시행에 맞서 주거와 생활의 공간을 지키기 위해 싸웠던 도시주민들이 '저항의 첫 포문을 연 기념비적 사건'이라고 해도 과언이 아니다"라고 평가했다. 김 교수는 이 사건을 '8·10광주대단지 항거'라고 표현했다.

하지만 한국학 중앙연구원 임미리 박사는 이 사건을 투쟁 주체와 결과를 중심으로 재평가한다. 임 박사는 "정권의 즉각적인 항복을 이끌어냈기 때문에 붙여진 '성공'이라는 평가는 재평가돼야 한다"라면서, "전매입주자 중에는 결코 도시 하층민으로 분류될 수 없는 사람도 있었다"라고 주장한다. 즉, 광주대단지 사건을 처음 기획하고 주도한 인물은 도시빈민이 아니라 부동산 전매업자였고, 정부의 혜

택 역시 이들 전매업자에게 맞춰져 있을 뿐 도시빈민에게 돌아가지 않았다는 것이다.[55]

실제로 정부의 약속은 지켜지지 않았다. 투기꾼인 전매자들의 토지불하 가격 인하 요구만 수용됐을 뿐 판자촌 세입자나 초기 철거민을 위한 일자리 등 생계대책은 마련되지 않았다. 김동춘 교수도 "빈민 주거문제는 빈민 생활문제와 결부되어 있는데 후자 대책이 없는 '선입주 후개발'의 논리에 입각한 무리한 대책이 실효를 거두지 못했다"라며 이런 지적에 공감했다.

2016년 성남시는 광주대단지 사건을 다시 조사하고, 이 과정에서 성남 시민의 명예를 찾아주는 '광주대단지 사건 실태조사 및 성남 시민 명예회복에 관한 조례'를 제정하기로 했다. 이 조례는 '광주대단지 사건이 오늘날 성남의 기반을 닦은 초기 이주민의 기본권을 침해한 사건'이라는 인식에서 출발한다. 따라서 당시 형사처벌을 받은 주민 22명에 대한 공식적인 사과, 사면복권, 보상까지 추진하겠다는 것이다. 아울러 이 사건과 관련한 문화·학술 연구 및 자료 발굴 작업 등도 함께 이뤄진다.

이 광주대단지 사건에 대해 학술적으로 다양한 해석과 평가가 이뤄지는 것은 바람직한 일이다. 이 사건은 도시빈민, 철거민, 도시 재개발, 부동산 투기 등의 문제를 적나라하게 노출한 사건이었기 때문이다. 물론 이 과정에서 이런 문제에 대처하는 정부의 무능함 역시 그대로 드러났다. 문제는 지금도 그러한 정부의 무능이 계속되고 있다는 점이다.

지금 성남 구도심은 많이 변한 듯하면서도 변하지 않았다. 언덕과 고개, 좁은 골목에 20평으로 구획된 집들이 다닥다닥 붙어 있는 도시구조는 아직 그대로다. 정부의 무능과 투기꾼의 탐욕이 만든 '괴물 신도시'의 잔재는 지금도 그대로 남아 있다.

장충체육관

정통성 없는 유신체제 정권의 코미디, '체육관 선거'

1972년 10월 17일 저녁 7시, 갑작스러운 대통령 특별선언이 예고됐다. 국민들은 TV와 라디오에 귀를 기울였다. 박정희 대통령은 카랑카랑한 목소리로 "친애하는 국민 여러분, 나는 우리 조국의 평화와 통일, 그리고 번영을 희구하는 국민 모두의 절실한 염원을 받아들여…… 나의 중대한 결심을 국민 여러분 앞에 밝히는 바입니다"라고 연설을 시작했다.

이날 대통령 특별선언은 헌법을 중단하고 비상국무회의가 헌법을 대신하는 비상조치를 취하며 국회를 해산하고 정당 및 정치활동을 금지한다는 충격적인 내용이었다. 즉각 비상계엄이 선포되고 대학에는 휴교령이 내려졌으며 언론·방송·출판에 대한 사전검열이 시작됐다. 세종로 국회의사당 앞에는 탱크가 진주해 국회의원의 출입을 막았다.

제3공화국 헌법에는 대통령이 국회를 해산할 권한이 없었는데도 국회를 해산한 '헌법 파괴'가 자행된 것이다. 비정상적으로 헌정질서가 바뀌면서 제3공화국이 막을 내리고 제4공화국이 들어섰다.

대한민국 헌정사는 장기집권이라는 절대권력자의 '노욕'에 의해 유린되고 파괴되어 결국 누더기가 됐다. 이승만은 재선을 위해 발췌개헌을 했고, 3선을 위해 사사오입 개헌을 했다. 그 과정에서 국회의원을 가두고 절차도 거치지 않은 채 기립표결이라는 편법을 동원했다. 결국 4·19학생혁명으로 그 '노욕'은 비극적으로 끝났다.

내각책임제가 도입돼 권력 분점 시대를 잠깐 맞았지만, 곧 5·16쿠데타가 발생했다. 그리고 박정희라는 절대권력자는 재선을 거치고 '노욕'에 가득 차 1969년 '3선 개헌'을 넘었다. 하지만 노욕은 3선으로도 만족하지 못했다. 종신 대통령, 영원한 권력을 추구한 것이 바로 유신이다. 유신체제는 한 절대권력자의 '영원한 권력욕'을 충족시키기 위해 다른 모든 것을 희생한 체제였다.

그 영원한 권력욕을 충족시키기 위해 고안된 것이 바로 체육관에서 대통령을 뽑는 대통령 간선제 선출 방식이다. 유신체제를 가장 극명하게 상징하는 단어는 '체육관 선거'다. 유신체제에서 박정희가 두 번, 그리고 최규하·전두환 두 정권에까지 한 번씩 이어진 '체육관 선거'는 정통성 없는 정권의 또 다른 표현이기도 했다. 제4공화국 대통령 선거는 장충체육관에서 치러진 이 네 번의 체육관 선거가 전부였다.

1971년 4월 27일에 치러진 제7대 대통령선거에서 적신호가 켜졌다. 관권과 금권을 총동원했지만 국민들은 박정희의 장기집권에 염증을 느낀 것이다. 당시 중앙정보부 선거전략 참모인 전재구는 4월

7일 이후락 부장에게 "각하의 업적은 모두 인정하는데 장기집권이 염증이에요. 감표 요인이 분명합니다. 지방 중정 분실장과 기관장, 말단 공무원, 유지들이 한결같이 '마지막 출마' 선언을 하길 희망합니다. 대통령 각하에게 꼭 건의해주십시오"라고 보고했다.[56]

하지만 박정희는 이를 수용하지 않다가 결국 투표 막바지인 4월 25일 서울 장충단 유세에서 "이번이 마지막 출마이며 후계자를 기르겠다"라고 선언했다. 이런 선언까지 했음에도 박정희는 김대중 후보에게 94만여 표 차이로 간신히 승리했다.

그러나 박정희는 선거유세 때 했던 '마지막 출마' 약속을 휴지처럼 내버렸다. 그리고 편법을 동원한 장기집권을 구상해, 이른바 '체육관 선거'를 계획했다. 그것이 1972년 5월 중앙정보부장 안가가 있는 궁정동 밀실에서 시작된 이른바 '풍년사업'이다. 김정렴 청와대 비서실장, 이후락 정보부장, 청와대 홍성철·김성진 비서관, 신직수 법무장관, 헌법학자 한태연·갈봉근 등이 모였다. 8월 개헌의 기본 구상이 완료되자 본격적인 헌법 조문 작업이 시작됐다. 그때 김기춘 검사(이후 박근혜 정부에서 청와대 비서실장을 지냄)가 조문 작업에 참여했다.

드디어 10월 17일 저녁 7시를 기해 풍년사업이 공개되고, 열흘 후인 10월 27일 비상국무회의는 '유신헌법'이라는 새로운 헌법개정안을 내놓았다. 유신헌법은 11월 21일 국민투표에서 91.9%의 투표율과 91%의 찬성으로 확정됐다. 체육관 선거의 유신헌법은 이렇게 일체의 반대를 봉쇄하는 삼엄한 계엄하에서 만들어졌다. 유신헌법에 따라 대통령을 국민들이 직접 뽑던 직선제에서 지역에서 선출된 통일주체국민회의 대의원이 뽑는 간선제로 법이 바뀌었다.

1972년 12월 16일 장충체육관에서 통일주체국민회의 박정희 의장이 연설하고 있다.

12월 23일 전국에서 뽑힌 통일주체국민회의 대의원 2359명이 한 명도 빠짐없이 장충체육관에 모였다. 이 체육관 선거에서 단독 출마한 박정희 후보는 99.9%의 득표율(2357표 득표, 무효 2표)로 당선됐다. 장충체육관과 지하철 3호선 동대입구역으로 통하는 통로에 '장충체육관 역사전시관'이 있다. 여기에는 8대 대통령선거 과정을 "대통령 선출을 위한 투표는 오전 11시55분경 전 대의원의 투표가 끝나고 12시부터 개표에 들어가 오후 12시 35분에 끝났다"라고 기록하고 있다.

유신체제의 특징은 대통령을 입법·사법·행정 3권 위에 군림하는 절대군주로 만들었다는 것이다. 대통령은 국회를 해산할 수 있을 뿐만 아니라, 국회의원 3분의 1을 지명하고 이들을 묶어 유신정우회라는 단체를 구성했다. 법관 추천 제도를 폐지하고 법관 임면권을 대통령이 갖도록 규정했다. 대법원의 위헌법률심판 권한도 헌법위원회로 넘겨 사법부가 무력화됐다. 지방자치제도는 폐지됐고, 노동 3권은 제약됐다. 이에 비해 대통령 임기는 6년으로 늘어나고 연임 제한도 없앴을 뿐 아니라 헌법을 능가하는 긴급조치 발동권까지 부여했다.

유신체제는 3권 분립이 추구하는 견제와 균형을 거부하고 오직 단한 사람의 영구집권만 가능케 한 체제였다. 역사학자인 최상천 대구가톨릭대학교 교수는 "유신체제는 일본의 천황처럼 한 개인이 국가 위에 올라타서 모든 사람을 자기 의도대로 움직이는 시스템"이라고 평가했다.[57]

1978년 7월 6일 통일주체국민회의 대의원 2578명이 또 장충체육관에 모였다. 이 자리에서 2577표(무효 1표)를 얻은 박정희 후보가 다시 당선되며, 제9대 대통령이 됐다. 단일 후보에 99.9%의 득표율이었다. 당시 문교부에서 발행한 중학생 교과서에는 이런 대목이 있다. "공산국가에서도 형식상 선거를 치른다. …… 입후보자가 한 사람밖에 없다는 것은 벌써 선거로서의 의미가 없는 것이다. 그들의 선거 결과는 항상 99% 이상의 투표율과 99% 이상의 찬성으로 나타난다."[58] 이 대목을 빗대 대한민국 투표가 북한을 닮아가고 있다고 비판하는 사람이 여럿 생겼다.

1972년 10월 17일 세종로 국회의사당 정문을 계엄군 탱크가 막고 있다.

　최상천 교수는 유신체제를 북한 김일성과 함께 가는 '적과의 동침'
이라고 해석했다. 최상천 교수는 "이 역사적 동침으로 둘은 쌍둥이
를 낳았다. 그 이름은 유신과 유일이다. 박정희는 남에서 유신체제
를 선언하고, 김일성은 북에서 유일체제를 선포했다"라고 말했다.
강준만 교수는 이 최상천 교수의 말을 인용하며 "그렇게 볼 소지가
충분했다"라고 평가했다.[59]
　결국 유신체제는 강력한 국민적 저항을 맞는다. 유신체제를 반대
하는 국민적 저항을 억누르기 위해 1974년 1월 8일 긴급조치 1호 발
동을 시작으로 초헌법적 수단이 동원됐다. 유신체제를 비방하거나

유신헌법을 개정하려는 시도까지 영장 없이 체포·구금해 군법회의에서 처단했다. 결국 유신체제의 모순은 유신체제를 만든 내부에서 터졌다. 1979년 10월 26일 중앙정보부장 김재규가 절대권력의 심장을 향해 쏜 총으로 유신체제는 무너졌다.

문제의 체육관 선거는 이후 몇 번 더 치러졌다. 최규하 국무총리가 1979년 12월 6일 장충체육관 선거에서 제10대 대통령에 당선됐다. 그러나 최규하 대통령은 8개월 만에 물러났다. 12·12군사반란으로 정권을 잡은 신군부 전두환 역시 1980년 8월 27일 장충체육관 선거를 통해 제11대 대통령이 됐다. 전두환이 제5공화국 헌법을 새로 만들면서 체육관 선거는 여기서 끝났다.

장충체육관은 1960년 당시 육군체육관을 직경 80미터의 대형 철골 돔을 씌워 국내 최초의 실내경기장으로 개·보수한 것이다. 공사가 중단되는 우여곡절 끝에 1963년 2월 준공한 장충체육관에 대해 당시 언론은 사설을 통해 "농구, 권투, 탁구, 배구 등을 주야를 가리지 않고 할 수 있는 특징뿐만 아니라, 난방 및 냉방 시설을 갖추고 있어 계절에 구애받지 않고 경기를 할 수 있게 되었다"라고 찬사를 보내기도 했다.[60]

장충체육관은 1960년대부터 1980년대 초반까지 한국 실내스포츠의 메카로 군림했다. 1966년 한국 최초의 프로복싱 세계 챔피언 김기수를 탄생시켰고, 1967년 '박치기 왕' 김일 선수가 프로레슬링 열풍을 일으킨 곳이기도 하다. 장충체육관은 실내스포츠로 국민에게 기여했지만, 체육관 선거로 상징되는 정치적 이미지는 국민에게 낙제점을 받았다. 장충체육관에서 치러진 '체육관 선거는 곧 정통성을 상실한 권력'이라는 등식으로 자리 잡았다.

낡고 비좁은 장충체육관은 2010년 9월부터 대대적인 리모델링을 거쳐 2015년 1월 17일 체육문화복합시설로 재탄생했다. 고슴도치 같던 외형은 알루미늄 패널로 단장해 날렵한 모습으로 바뀌었다. 서울시 시설관리공단 관계자는 "도심 한가운데 있는 근접성과 최신 음향 및 조명 시설을 갖추고 있어 스포츠는 물론 공연도 가능하다"라고 설명했다.

궁정동 안가

영구집권 야욕 쓰러뜨린 '총성', 유신체제의 종언

권력자는 치욕의 역사를 숨기고 싶어 한다. 자신이나 선대의 치부를 숨김으로써 많은 사람의 기억에서 이를 지우려는 것이다. 하지만 치욕의 역사도 분명 역사다. 기억에서 잊힌다고 사실이 없어지는 것은 아니다. 또 권력자가 숨기려 해도 숨길 수 없는 것이 바로 역사다.

대표적인 사례가 바로 송파구 잠실 석촌호수에 있는 '대청황제공덕비'가 아닐까. 이른바 '삼전도비'라고 알려진 이 비석은 병자호란 때 인조가 청 태종 앞에서 무릎을 꿇고 이마를 바닥에 찧은 '치욕의 상징'이었다. 이 비석은 우리 민족이 오랑캐에 처음 패배한 굴욕의 증거였다. 청일전쟁 이후 청조가 힘이 빠지자 고종은 이 비석을 한강물에 내버렸다. 그런데 일제강점기에 가뭄으로 한강물이 마르자 이 비석이 다시 드러났다. 해방 후 이승만은 이 비석을 아예 땅속에 묻어 버렸다. 그런데 1963년 홍수로 다시 비석이 드러났다. 이 비석은 공터에 방치되다시피 하다가 도로가 나면서 다시 철거해야 했다.

결국 송파구는 2010년 '원래 위치를 고증하고 문화재 경관심의를 거쳐' 복원했다. 이 비석이 원래 세워진 장소는 지금은 물이 찬 석촌호수 안이라고 한다.

우리 현대사에서 삼전도비만큼이나 치욕적인 사건이 바로 1979년 10월 26일에 일어난 박정희 대통령 살해 사건이다. 이 사건은 경위야 어떻든 현대사를 넘어 근세와 중세까지 거슬러가 봐도 매우 이례적인 사건임에 분명하다. 그래서였을까. 사건 발생 후 신군부는 그 역사적 현장인 궁정동 중앙정보부 안전가옥(안가) '나동'을 헐어버렸다. 2층 양옥으로 잘 지어진 이 건물은 워낙 비밀스러운 장소였기 때문에 사진조차 거의 남아 있지 않다.

1993년 2월 25일 문민정부가 출범하자 청와대는 안가를 모두 헐어내고 이곳을 공원(무궁화동산)으로 만들었다. 비록 10·26의 현장은 이미 지워졌지만, 사건이 벌어진 안가를 남겨두는 것조차 싫었기 때문이리라. 공원 앞 표석에는 '안가를 헐어내고 조성한 것'이라는 설명만 돼 있다. 안전가옥이 무엇이며 이 안가에서 무슨 사건이 벌어졌는지에 대한 설명은 어디에도 없다.

공원에는 궁정동이라는 이름의 유래(이곳에 조선시대 궁궐에서 사용하던 우물이 있었다고 한다)를 표현하는 한자 우물 정# 자 모양의 조형물이 있다. 이 조형물이 있는 곳이 안가 나동의 연회장이 있던 바로 그 역사적 현장으로 보인다. 우물 정 자 모양의 화강암을 두르고 안의 검은색 돌에는 태극문양을 새겨 넣은 것이 그런 추측을 더한다. 하지만 이 조형물에 대한 설명은 어디에도 없다.

이곳 궁정동 일대에는 중앙정보부장 집무실을 포함해 다섯 채의 안가가 있었다. 부장 집무실 동쪽에 '구관', 골목 건너 북쪽으로 '신관'이 있었다. 그 신관 남쪽의 2층 양옥집이 '나동', 나동 남쪽에 한옥으로 새로 지은 집이 '다동'이었다. 이 모든 장소는 중정부장 집무실과 연결돼 있었고, 1979년 10월 26일 문제의 사건은 바로 '나동'에서 일어났다.

박정희 시대 중정 안전가옥은 모두 12채가 있었던 것으로 알려졌다. 궁정동에 여섯 채로 가장 많았고 청운동, 삼청동, 구기동, 한남동에도 있었다. 이 건물들은 완전히 철거되거나 일부는 현재 기관장 공관으로 사용되고 있다. 그나마 다행인 것은 궁정동 안가 가운데 경호실장 관저로 쓰였던 건물이 남아 있다는 점이다. 이곳을 경비하던 청와대 경호원들은 "사진촬영을 허용할 수 없다"라고 제지한다.

당시로 역사를 거슬러 올라가 보자. 1972년 12월 27일 장충체육관에서 박정희가 제8대 대통령에 취임하면서 유신체제는 시작됐다. 당시 신병 치료차 일본에 있던 김대중(이하 'DJ')은 "자신의 독재적인 영구집권을 노리는 놀랄 만한 반민주적 조치"라며 비판했다. 1973년 유신체제에서 중정은 DJ를 납치해 살해하려고 했다. 중정은 DJ를 바다에 빠뜨려 수장시키려고 했지만 미국 정부와 일본 정부가 반대해 실패하고 말았다.

유신체제는 1년도 채 넘기지 못하고 저항에 부딪힌다. 1973년 10월 2일 서울대학교 문리대 학생들의 시위를 시작으로 전국적으로 학생시위가 벌어졌다. 11월 29일에는 한국기자협회 기자들이 '언론 자유를 수호할 것'을 결의했다. 12월 23일 함석헌, 장준하, 천관우 등 각계 인사들이 서울 YMCA에서 '개헌청원운동본부'를 발족하면서 재야가 결집하기 시작했다.

유신체제는 이에 긴급조치로 맞섰다. 유신헌법을 반대하는 행위 자체만으로 영장 없이 군법회의에서 처단한다는 무시무시한 긴급조치 1호를 시작으로 이후 무려 9호까지 긴급조치가 발동됐다. 이 긴급조치로 민청학련 사건을 조작해 대학생들에게 사형을 구형했다. 기자와 문인을 구속해 펜을 꺾어버렸다. 강신옥, 이병린 등 인권변호사마저 줄줄이 구속됐다. 노기남 신부 등 종교인도 예외일 수는 없었고(천주교정의구현사제단이 이때 만들어졌다) 1975년 8월 15일에는 장준하가 경기도 포천 약사봉에서 의문의 변사체로 발견됐다. 시인 양성우는 이 시기를 '겨울공화국'이라고 표현했다.

유신체제를 위협하는 요소는 외부에서도 가세했다. 1976년 10월 15일 ≪워싱턴포스트Washington Post≫ 1면 머리기사에는 "한국 정부가 박동선을 통해 미 의원 20명 이상에게 50만~100만 달러가량의 뇌물을 뿌렸다"라는 내용이 보도됐다. 이른바 '코리아게이트'의 시작이었다. 1977년 6월 5일 ≪뉴욕타임스The New York Times≫는 박동선이 중정에서 고용한 인물이라고 폭로했다. 여기에 6년 반이나 중정부장을 맡았던 김형욱이 은밀히 미국으로 망명해 유신체제를 비판하기 시작했다.

결국 1976년 12월 4일 박정희 대통령은 신직수 중정부장을 경질하고 김재규를 새로운 부장으로 임명했다. 김재규 역시 보통은 아니었다. 김재규는 김형욱 귀국을 위한 협상을 진행하는 한편, 제3국의 살인청부업자를 고용했다. 1979년 당시 언론은 부인 인터뷰를 통해 "10월 8일 김형욱이 파리에서 실종돼 파리 경시청이 직접 수사에 나

섰다"라고 보도했다.[61]

그동안 숱한 의문과 억측을 불러왔던 김형욱 실종 사건의 진실은 한참 후에 밝혀졌다. 김형욱은 프랑스 파리의 교외에서 중정요원과 중정이 고용한 제3국 살인청부업자에 의해 살해돼 암매장된 것으로 밝혀졌다.[62]

1976년 5월 22일 야당인 신민당 전당대회에서는 선명야당을 주창한 YS를 각목으로 내쫓고 이철승 체제가 들어섰다. 이철승은 '중도 통합론'이라는 어용노선을 내걸었다. 하지만 YS는 1979년 5월 30일 신민당 전당대회에서 재기에 성공했다. 1978년 12월 12일 치러진 제10대 총선에서 신민당은 집권 공화당보다 1.1% 많은 득표율을 기록했다.

즉각 야당에 대한 공작이 시작됐다. "야당 총재 김영삼이 고개를 꼿꼿이 치켜들고 민주 회복, 양심수 석방, 헌법특위 설치, 사법권 보장 등을 요구했다. …… YS '생포작전'은 총재 직무정지 가처분 신청이라는 소송으로 시작됐다. …… 이때부터 법은 공작의 도구가 되고, 정책 판단에는 광기마저 엿보였다."[63]

9월 10일 서울 민사지방법원은 정당 당수를 주식회사 사장과 동일시해 '직무집행정지 가처분 신청'을 받아들여 YS의 총재직을 박탈했다. YS는 9월 15일 미국 ≪뉴욕타임스≫와 인터뷰에서 "미국 카터 정부는 독재자 박 정권에 대한 지지를 철회해야 한다"라고 주장했다. 공화당과 유정회는 이를 '사대주의 언동'이라고 비난하며 10월 4일 YS를 국회의원에서 제명하고 의원직마저 박탈했다. YS 제명은 그의 지역구인 부산에서 학생과 시민들의 시위를 촉발했다. 10월 16

일부터 부산대학교와 영남대학교 학생들이 '정권타도'를 외치며 가두시위에 나섰다. 18일 새벽 0시, 부산 일원에 계엄이 선포되고 시위가 마산으로 확산되자 10월 20일 마산에 치안 유지를 위해 군대를 동원하는 위수령이 선포됐다.

청와대와 남산, 궁정동은 긴박하게 움직였다. 중정부장 김재규는 부산과 마산을 직접 답사하고 나서 민심 이반의 심각성을 보고했다. 김재규는 법정에서 "부마사태가 시민의 호응이 높은 민중봉기이므로 근본대책이 필요하다고 보고하자 각하는 화를 내시면서 '내가 직접 발포 명령하지, 나를 두고 사형이야 시키겠나'라고 했다"라고 진술했다.

하지만 박 대통령은 부마사태를 경호실장 차지철이 보고한 대로 '김영삼의 사주를 받은 시위'라고 판단했다. 비서실장 김계원은 "김영삼이 선동해 그렇게 된 것이다. 대통령은 철두철미하게 그렇게 생각했다"라면서 궁정동 사태의 발단은 "차지철은 '그렇다'는 입장이고, 김재규는 '아니다'라는 것이 근본적 문제였다"라고 5공화국 청문회에서 증언했다.

10월 26일 저녁 7시 40분 궁정동 안가 다동 연회장, 술자리가 무르익을 무렵 가수 심수봉이 노래하는 가운데 김재규는 "이 버러지 같은……"이라고 말하면서 차지철 경호실장을 향해 권총을 쐈다. 그리고 일어서면서 '야수와 같은 마음으로 유신의 심장을 향해' 박정희에게 또 한 발을 발사했다. 이렇게 '유신시대'는 끝났다. 10·26이 정권 찬탈이냐 혁명이냐 하는 논란은 조금 더 역사의 평결을 기다려야 할 것 같다.

1979년 11월 9일 김재규가 현장검증에서 당시 상황을 재연하는 모습.

어떻게 그토록 완고하던 체제가 총 한 발로 무너질 수 있었을까?
박정희 연구자인 전인권은 유신체제가 "박정희 개인의 의지와 소수의 최측근 인사들의 권력욕이 빚어낸 체제"였으며, "하루아침에 무너질 수밖에 없는 운명을 타고난 체제였다"라고 평가했다.[64]

앞서 병자호란 때 명분을 강조하며 항복을 거부하던 인물이 김상헌이다. 그런데 공교롭게 김상헌이 태어난 곳이 바로 이곳 궁정동 안가 자리다. 지금도 이곳에는 '김상헌 생가 터' 표석과 시비가 있다. 조선이 청에 굴복하고 김상헌은 중국 심양으로 압송됐다. 1640년 그가 압송되던 도중에 읊었다는 것이 그 유명한 "가노라 삼각산아 다시 보자 한강수야/ 고국산천을 떠나고자 하랴마난/ 시절이 하수상하니 올동말동하여라"라는 시조다.

김상헌의 시조 '시절이 하수상하니 올동말동하여라'라는 대목은 1979년 10·26 이후의 안개정국, '올 듯 말 듯한 민주화'와 교묘히 겹친다. 결국 10·26 이후 고국산천에는 광주의 피를 먹고 1980년 신군부가 등장했다. 역사학자 한홍구는 "김재규는 유신의 머리를 자르는 데는 성공했다. 그러나 머리 잘린 유신이란 괴물에게 새로운 머리가 솟아났다. 박정희의 정치적 사생아 전두환이었다"라고 평가했다.[65]

375년 전 김상헌이 지은 시조는 '시절이 하수상한' 지금도 '알 듯 모를 듯한' 무엇인가를 시사하고 있다.

원주 원동성당

천주교정의구현사제단 탄생, '행동하는 신앙' 태동하다

2014년 《강원일보》가 창간 69주년을 맞아 강원도민을 상대로 실시한 여론조사를 보면, 박근혜 대통령의 국정수행 능력에 대해 긍정적으로 평가한 비율이 전국 평균보다 무려 5.8%포인트 높았다. 또 '스스로 어떤 이념적 성향을 가졌다고 생각하느냐'는 질문에 보수(37.7%)라는 응답이 가장 많았고 그다음으로는 중도(29.7%), 진보(21.9%) 순으로 답했다. 이는 전국 조사 결과(중도 37.8%, 보수 29.7%, 진보 16.7%)와 비교할 때 강원도민의 정치성향이 상당히 보수적이라는 것을 방증하는 결과다.[66]

강원도 원주시는 도시라서 그나마 보수 색채가 덜하지만, 이곳 국회의원 두 사람 모두 보수 여당 출신이라는 점에서 원주 역시 보수적 정치 성향을 지닌 도시라는 것을 알 수 있다. 하지만 이곳 원주는 1970년대, 특히 유신시대에 가장 야권 성향이 강한 도시였으며 민주화를 열망한 저항의 도시였다. 1960년대 4·19학생혁명 국면에서 마

원주 원동성당은 원주교구 주교좌성당으로, 종탑이 돔형이고 폭에 비해 길이가 긴 특징이 있다.

산·부산이 민주화의 발원지로, 1980년대 5·18민중항쟁 이후 광주가 민주화의 성지로 평가된다면, 1970년대 유신체제에 항거한 민주화의 구심점으로는 강원도 원주를 꼽을 수 있지 않을까.

　원주에서 1970년대 유신체제에 항거를 시작했던 곳이 바로 원동성당이다. 시골도시의 조그만 원동성당은 민주화 역사에서 서울 명동성당을 능가하는 거대한 씨앗을 뿌렸다. 사실 원동성당은 서울 명동성당보다 2년 앞선 1896년에 건립된 역사가 오래된 성당이다. 성당은 한국전쟁 때 파괴됐으나 이후 복원돼 현재 문화재청의 근대문화유산(제139호)으로 등록돼 있다.

1971년 10월 5일 원주교구 지학순 주교는 이곳 원동성당에서 박정희 정권의 부정부패를 규탄하고 가두시위를 벌였다. 이때 발표한 '전국 가톨릭 교우에게 보내는 메시지'에는 "물가고, 세금고, 저곡가, 저임금, 중소기업의 대량도산, 대량실업 등 모든 경제파국 현상도 바로 그 원인이 부정부패에 있다"라면서 "사랑인 그리스도교적 사회교리를 실천하기 위해 패배주의, 투항주의, 굴종의 감상적 신앙생활을 박차고, 성령의 감동하심에 따라 사회정의를 위해 일어납시다, 싸웁시다"라고 주장했다.[67]

시위는 연좌 성토대회, 가두시위, 철야기도회 등으로 3일간이나 계속됐다. 이는 한국 가톨릭 역사상 '최초의 의미 있는 사건'으로 볼 수 있다. 한국 가톨릭은 일제강점기에는 신사참배에도 순순히 응했고, 이토 히로부미를 살해한 안중근 의사를 비판할 정도로 체제에 순응적이었다. 해방 이후에도 반공을 앞세우며 현실문제에 소극적이었다. 그런데 이때부터 체제를 정면으로 비판하고 현실의 모순을 고발하기 시작한 것이다.

당시 지학순 주교와 함께 일했던 원주가톨릭센터 관계자는 "1965년 제2차 바티칸공회가 끝나고 원주교구가 춘천교구에서 분리되면서 지 주교가 취임했다"라면서 "지 주교는 바티칸공회가 요청하는 현대화된 교구를 만들기 위해 교구 원로와 신자들과 교회 개혁에 나섰다"라고 말했다. 지학순 주교는 현실의 모순을 고발하는 것이 바로 제2차 바티칸공회 정신이라고 믿었던 것이다.

그러자 정권의 보복이 시작됐다. 1972년 10월 26일 지학순 주교는 부산으로 가기 위해 김포공항에서 비행기를 타려다 계엄사령부에 연행됐다. 지학순 주교는 곧 풀려났지만 '유신'으로 무장한 정권의 보복은 집요했다. 결국 1974년 7월 6일 긴급조치 1호와 4호를 위반했다는 명목으로 중앙정보부(중정)에 연행됐다.

7월 8일부터 11일까지 원동성당에서는 이를 규탄하는 특별기도회가 열렸다. 7월 10일 서울 명동성당에서는 주교회의가 열려 "정의의 실천은 주교의 의무"라며 지학순 주교를 지지하고 전국 교회에 지학순 주교를 위해 기도해줄 것을 호소했다.

7월 16일 정권은 지학순 주교를 내란선동 및 긴급조치 1호와 4호를 위반한 혐의로 정식 기소했다. 7월 23일 비상군법회의에 출두하라는 소환장을 받은 지 주교는 김수한 추기경, 윤공희 대주교가 지켜보는 가운데 양심선언을 발표했다. 그는 양심선언에서 "소위 비상군법회의의 어떠한 절차가 공포되더라도 그것은 본인이 스스로 출두한 것이 아니라 폭력으로 끌려간 것임을 미리 밝혀둔다"라면서, "유신헌법은 민주헌정을 배신적으로 파괴하고 국민의 의도와는 아무런 관계없이 폭력과 공갈과 국민투표라는 사기극에 의해 조작된 것이기 때문에 무효이고 진리에 반대되는 것"이라고 주장했다. 지학순 주교는 당일 다시 연행됐고 뒤이어 원주교구 신부들도 연행됐다.

지학순 주교의 투쟁은 한국 가톨릭의 전환점이 됐다. 7월 25일 주교회의에서 지학순 주교의 고통에 동참하기로 결의하고 명동성당에서 벨기에 대사와 프랑스 대사가 참석한 시국 미사가 열렸다. 하지만 지학순 주교는 8월 12일 징역 15년, 자격정지 15년을 선고받고 법정 구속됐다.

1974년 9월 23일 원동성당에 300여 명의 사제들이 모였다. 그들은 밤을 새는 열띤 토론 끝에 천주교정의구현전국사제단(이하 '정의구현사제단')을 결성하기로 했다. 그리고 이튿날 사제단의 이름으로 신도 1500명이 참석한 첫 기도회를 열고 가두시위에 나섰다. 당시를 기억하는 원주가톨릭센터 관계자는 "가두시위는 워낙 삼엄한 경찰의 제지로 도심으로 가지도 못하고 300미터 앞 인동사거리 정도에서 멈췄다"라고 말했다.

이것이 사실상 정의구현사제단의 첫 활동이다. 하지만 정의구현사제단은 정식 출범을 이틀 후인 9월 26일 서울 명동성당에서 유신헌법 철폐와 민주헌정 회복을 내세운 제1시국선언 발표부터로 삼고 있다. 제1시국선언문 핵심 내용은 '유신헌법 철폐와 민주헌정 회복', '긴급조치 해제와 구속인사 즉각 석방', '국민 생존권 보장과 언론·보도·집회·결사의 자유 보장', '서민대중 생활을 보장하는 복지정책 확립' 등이다. 명동성당에서 시국선언을 발표한 신부, 신도 등 2000여 명은 함께 십자가를 앞세우고 시위에 나섰다. 정의구현사제단의 활동은 11월 6일 제2시국선언, 11월 20일 사회정의 실천선언 등으로 이어졌다.

지학순 주교는 226일 동안 옥고를 치르고 1975년 2월 18일에 석방됐다. 그의 원주 귀향을 맞이하기 위해 3만여 명의 원주시민이 원주역 앞에서 기다렸다. 당시 원주시 인구가 10만 명이었던 것에 비추어보면 엄청난 환영인파가 모였던 것이다. 지학순 주교가 원동성당에 도착할 때 한 청년이 외투를 벗어 길에 깔자 너도나도 외투를

1975년 2월 지학순 주교가 석방된 후 시인 김지하와 함께 가두행진을 하고 있다.

벗어 길에 까는 모습은 예수님이 예루살렘에 입성할 때를 떠올리게
했다고 한다.

강원도 원주가 1970년대 민주화 투쟁의 구심점이 된 데는 지학순
주교의 역할이 절대적이었지만 그 지역 출신인 장일순도 큰 역할을
했다. 서울대학교 미학과에 다니다가 한국전쟁 때문에 학업을 중단
한 장일순은 고향에 내려와 원주에서 대성학원을 설립하고 교육사
업을 했다. 장일순은 평소 '중립화 평화통일론'을 주장하다가 5·16
직후 3년간 투옥되기도 한 진보적 소신을 가진 인물이었다. 그가 원
동성당 신도로서 지학순 주교와 만난 것이다.

원주가톨릭센터 관계자는 "1965년 지 주교가 이곳에 와서 신도였던 장일순 선생을 만나 교회개혁과 부정부패 추방운동, 신용협동조합운동 등을 추진했다"라면서 "지 주교 구속의 빌미가 된 민청학련 사건 시인 김지하가 바로 장일순의 학교 제자였다"라고 말했다.

결국 1970년대 지학순 주교, 장일순 선생, 김지하 시인으로 이어지는 인맥이 원주를 반유신의 구심점으로 만든 것이다. 이즈음 지역 국회의원으로 신민당 박영록 의원이 계속 당선될 만큼 원주는 야권 성향이 강한 도시였다. 1980년 광주 참상을 고발하고 쫓기던 김현장과 1982년 부산 미문화원 방화사건을 일으킨 문부식, 김은숙이 원주에 숨을 수 있었던 것도 바로 이런 원주의 반유신 정서 때문이었다.

지학순 주교는 이후에도 민주화투쟁과 통일운동을 이어가다가 1993년 지병으로 선종했고, 장일순 선생은 1980년대 한살림운동과 생명사상운동을 펼치다 1994년 세상을 떠났다.

정의구현사제단에는 문서화된 규약이 없다. 단지 '하느님과 정의를 위해 투신한다'는 내용이 담긴 서약서에 서명하는 것만으로 사제단에 참여할 수 있다. '행동하는 신앙'을 추구하는 정의구현사제단은 이후 무수히 많은 일을 했다. 정의구현사제단을 빼놓고는 대한민국 민주화운동사를 기술할 수 없을 정도다. 정의구현사제단 홈페이지에 기술된 단체 소개를 통해 그간의 역사를 알 수 있다.

…… 저희는 창립 후 지금까지 모순된 현실 안에서 행동하는 신앙인의 양심이 되고자 노력해왔습니다. 70~80년대 군사독재하에서 가난하고 소외된 민중들의 횃불로서의 역할을 받아 안으며 많은 사제들이 3·1민주구국

선언, 5·18광주민주항쟁 등으로 옥고를 치렀습니다. 특히 1987년 서울 대생 박종철 군 고문치사 사건의 진실을 폭로한 '박종철 군 고문치사 사건은 조작되었다'는 제하의 성명서 발표는 6월항쟁의 도화선이 되었습니다. 70~80년대는 군부독재 타도와 민주화 운동에 주력하였으며, 80년대 말부터는 통일운동으로, 90년대 들어서는 교회쇄신운동으로 그 영역을 확대하였습니다.

정의구현사제단은 이후에도 많은 일을 했다. 오만과 독선에 빠진 이명박 정부의 회개를 촉구하는 시국선언 발표(2010년 5월), 박근혜 정부 시기 불법 부정선거 규탄과 대통령 사퇴 촉구(2014년 2월), 쌍용자동차 희생자를 위한 225일간의 기도(2014년 2월), 통합진보당 해산은 민주주의에 대한 부정과 폭거라는 선언 발표(2014년 12월), 세월호 참사 진상규명 요구(2015년 5월) 등 주요한 사건과 고비마다 '용기 있는 소금' 같은 역할을 했다.

'길 위에서' 고통받는 사람과 함께하는 '행동하는 신앙'을 추구해온 정의구현사제단은 "앞으로도 저희는 정의를 기초로 인간의 존엄과 인권, 이 땅의 민주화와 평화통일을 위해 노력할 것"이라고 스스로 다짐하고 있다.

용산 육군본부 터

12·12군사반란 현장, 국가권력 찬탈을 노린 정치군인들의 하극상

서울 용산에 있는 전쟁기념관 정문 안쪽에 '전쟁기념관'이라는 표석이 있다. 그런데 이 휘호를 쓴 사람이 '1993년 12월 25일 대통령 노태우'로 돼 있다. 1993년 12월이면 김영삼 대통령 시절인데 어찌 이런 오류가 발생했을까. 이 전쟁기념관을 계획하고 추진했던 노 대통령이 표석 휘호를 미리 써놓았기 때문일 것이다.

1988년 노 대통령은 대통령이 되자마자 이곳에 있던 육군본부를 이전하고 그 자리에 전쟁기념관을 짓겠다고 발표했다. 공사도 그의 임기 중인 1992년 10월 말에 끝내기로 했다. 하지만 공사가 늦어지고 전시물을 준비하다 보니 개관은 1993년 12월에야 이뤄졌다.

사실 이 전쟁기념관의 '오류 표석'은 전·현직 대통령의 보이지 않는 힘겨루기의 산물이다. 노태우 대통령의 후임인 김영삼 대통령은 이곳에 전쟁기념관 대신 광화문에 있는 국립박물관을 이전하거나 민족기념관을 세우려고 했다. 세계적으로 '전쟁을 기념하는 기념관을

현재 전쟁기념관이 들어선 곳에는 원래 육군본부가 자리했었다. 그곳은 12·12군사반
란의 현장이었다.

세운' 나라는 없다는 것이 그 이유였다. 하지만 원래 설계가 박물관에 맞지 않아 노태우 대통령의 계획대로 전쟁기념관을 세웠다.

원래 이곳은 육군본부가 있던 자리였다. 하지만 지금은 육군본부의 흔적을 찾기 어렵다. 홈페이지에 작게 설명이 되어 있을 뿐이다. 왜 노태우는 이곳 육군본부를 없애고 전쟁기념관을 지었을까? 군인 출신이기 때문에 전쟁을 기념하는 공간을 생각했을 것이다. 그러나 혹시 자신이 과거에 자행했던 '하극상'의 현장을 감추고 싶어 한 것은 아니었을까? 이곳은 1979년 12·12군사반란의 뼈아픈 역사가 서린 곳이다. 노태우 대통령도 그 '주범' 가운데 한 명이다.

1979년 10월 26일 중앙정보부장이 쏜 총알 두 발로 영원할 것으로 보였던 유신체제가 한순간에 무너졌다. 유신체제를 지탱하던 삼각 축은 바로 청와대와 중앙정보부, 그리고 군부였다. 물론 겉으로는 공화당과 유정회 등이 있었지만 그것은 '얼굴'에 지나지 않았다. 유신의 실제 '컨트롤 타워'는 중정이었다. 그리고 유신체제, 더 본질적으로 박정희 체제 18년의 하부구조는 역시 군부였다.

지금도 그렇지만 청와대 비서실과 경호실은 대통령의 참모 기능을 할 뿐 법적·행정적으로는 아무런 권한이 없는 조직이다. 그런데 권력의 컨트롤 타워가 권력의 핵을 제거하자 이들은 그야말로 '종잇장'에 불과했다.

유신체제의 마지막 보루였던 군부가 움직였다. 특히 유신체제에서 승승장구하던 정치군인들은 보안사령부, 수도경비사령부, 수경사 경비단을 비롯해 수도권 주변 주요 부대를 장악하고 있었다. 4년제 정규 육군사관학교 출신이라는 '자만심'과 정치적 야망이 가득 찬

육사 11기 몇몇 장교는 '하나회'라는 사조직을 만들었다. 그 핵심은 전두환 소장이었다. 이들은 박정희 대통령의 비호 아래 승진하고 주요 보직을 나눠 가지며 군부에서 무시 못 할 세력으로 커졌다.

"회원의 보직 관리를 위해 전 씨는 직접 몸으로 부딪쳤다. 그는 당돌하게 고위 장성을 대면해 인사 청탁을 하곤 했다. 명분은 언제나 정규교육을 받은 유망한 젊은 장교들을 키워야 한다고 내세웠다."68 이들은 공식 지휘계통보다 개인적 유대를 우선했다. 결국 이 하나회 출신들은 12·12 하극상에 단 한 명의 이탈자도 없이 가담했다.

1979년 12월 12일 오후 7시 5분, 어둠이 깔린 한남동 고가도로를 타고 보안사 인사처장 허삼수 대령과 육본 범죄수사단장 우경윤 대령, 보안사 수사요원 8명이 육군참모총장 공관촌 입구에 도착했다. 이곳 경비를 맡은 해병 헌병이 차를 세웠다. 해병 헌병은 총장 공관으로 연락을 하고 차량을 통과시켰다. 7시 15분 정승화 육군참모총장이 응접실로 내려와 이들을 맞았다.

"절차상 필요하니 보안사령부로 가시죠", "이놈들, 가긴 어딜 가, 내가 육군참모총장이야"라는 고성이 오가고 권총이 발사됐다. 우 대령이 쓰러졌다. 이 총소리와 함께 부관실에 있던 수사관들이 총을 난사하면서 총격전이 벌어졌다. 박 상사가 총장 가슴에 M16 소총 총구를 겨누며 "빨리 나갈 것이지 무얼 우물쭈물해"라고 소리쳤다. 육군참모총장을 연행한 승용차는 7시 22분 총장 공관을 빠져나와 보안사 서빙고 분실로 내달렸다.

12·12군사반란의 첫 총격전이 벌어진 육군참모총장 공관은 여전히 서울 한남동에 있다. 하지만 워낙 은밀한 곳에 위치해 공관의 모

습이 공개된 적이 없다. '외교부 장관 공관 입구'라는 안내판만 있을 뿐이다. 인근에서 48년간 부동산사무소를 운영했다는 한 노인은 "12·12 당시 총소리를 분명하게 들었다"라면서 "아무도 총장 공관을 본 적이 없다. 산 위로 올라가면 총장 공관으로 들어가는 길만 보인다"라고 말했다. 지금도 여전히 총장 공관 입구에는 육군 헌병이 소총을 들고 삼엄한 경계를 펴고 있다. 경계 중인 한 헌병은 "이곳이 12·12사태 현장이라는 것은 알고 있지만 총격이 벌어진 현장은 말씀드릴 수 없다"라고 말했다.

12월 12일 오후 7시 15분, 일개 상사가 별 넷 육군참모총장의 가슴에 총구를 겨눈 '군사반란'은 이렇게 시작됐다. 하지만 군사반란은 유신의 절대권력이 사라진 10·26부터 시작됐다. 절대권력의 비호 속에 성장한 하나회에 대한 견제는 군을 정상화하기 위한 지극히 당연한 조치였다. 정상적인 군인들은 하나회 책임자이자 정치군인으로 지탄을 받는 전두환 보안사령관을 좌천시킬 생각을 하고 있었다.

전두환 보안사령관을 비롯한 하나회 정치군인들은 새로운 탈출구가 필요했다. 그들은 10·26 사건이 발생한 지 한 달 만인 11월쯤부터 하극상을 꾸미기 시작했다. 그리고 12월 12일 경복궁 옆 30경비단(단장 장세동)과 전두환을 비롯한 노태우 등 하나회 출신들이 모여 거사를 실행했다. 요직을 장악한 이들은 보안사 감청반을 통해 군부대 움직임을 속속 파악했다. 오후 6시 전 보안사령관은 최규하 대통령에게 육군참모총장 체포를 재가해줄 것을 요청했으나 거절당했다.

정승화 육군참모총장이 연행되었다는 사실은 곧 윤성민 육군참모차장에게 전달됐다. 오후 8시 윤 차장은 육군본부 지하벙커에서 진

12·12사태 당시 서울 도심(중앙청)에 진주한 반란군.

돗개 하나(간첩 침투 시 발령하는 비상사태 경보 중 가장 높은 단계)를 발령했다. 그
리고 1·2·3군 사령부와 육본 직할부대, 전군에 직접 전화해 "군사반
란이 일어났다. 앞으로 내 육성 지시에 의해서만 행동하라"라고 지시
했다.

 하지만 정승화 육군참모총장이 연행되면서 상황은 되돌리기 어렵
게 됐다. 9시 30분쯤, 육군참모총장을 연행한 전두환, 황영시 등은
다시 최규하 대통령에게 총장의 연행과 조사를 재가해달라고 재차
요구했으나 다시 거절당했다. 육본에서는 군사반란을 진압하기 위
한 움직임이 시작됐다. 하지만 신군부는 이에 대한 대비도 해놓고 있
었다.

박희도 준장의 제1공수특전여단과 장기오 준장의 제5공수특전여단이 서울로 출동했다. 또한 전방을 지키던 노태우 소장의 9사단과 대테러 임무를 맡던 박준병 소장의 20사단은 총부리를 돌려 서울로 향했다. 이들은 총격전 끝에 육군본부, 국방부, 중앙청을 차례로 점령했다. 최세창 준장의 제3공수특전여단은 특전사령관 정병주 소장을 체포하고 특전사를 장악했다. 이 과정에서 사령관 비서실장 김오랑 소령이 숨졌다. 11개 한강다리가 통제되고 총격전이 오간 끝에 13일 새벽 3시, 숨어 있던 노재현 국방부 장관이 반란군에 끌려가면서 상황은 마무리됐다.

결국 최규하 대통령은 두 번의 거부 끝에 육군참모총장 연행을 재가했다. 그때가 새벽 5시, 사후 재가였던 셈이다. 13일 오후 정승화 육군참모총장이 구속되고, 신임 육군참모총장 겸 계엄사령관으로 이희성 대장이 임명되면서 군부의 권력은 신군부로 넘어갔다. 단 하루 만에 벌어진 일이었다. 하극상의 분노를 참지 못한 정병주 특전사령관은 자살했다.

하지만 이것으로 끝이 아니었다. 하나회를 중심으로 뭉쳐진 신군부 세력은 아예 권력의 전면에 등장할 생각을 품고 있었다. 2월부터 군에서는 시위 진압작전인 충정작전이 시작되고 있었다. 4월 14일 전두환은 중앙정보부장 서리까지 차지했다. 전두환은 중정부장을 겸직함으로써 합법적으로 국무회의에 참석할 수 있었고 국방부 장관보다 우월한 지위에서 군부를 장악할 수 있었다.

1980년 2월 29일 김대중을 비롯한 재야인사 678명에 대한 사면복권 조치가 발표됐다. 바야흐로 정치의 계절, 서울의 봄이 오고 있었다. 하지만 민주세력을 대표했던 양 김 씨(김영삼, 김대중)는 분열했다. "물정에 어두운 두 김 씨는 '김칫국부터' 마시는 경쟁이 썩 뜨거웠다. 1980년 4월 4일 신민당과 재야의 통합협상을 벌이더니 사흘 뒤에는 아주 '헤어지기'로 했다고 발표했다."[69]

학원가에도 봄이 오고 있었다. 학도호국단이라는 이름으로 정권이 총학생회장을 임명하던 행태가 중단되고 학생이 직접 회장을 선출하는 총학생회가 부활했다. 학원자율화추진위는 학원민주화추진위로 한발 더 나아갔다. 개학이 되자 전국의 대학생들이 '비상계엄 해제', '유신 잔당 퇴진'을 요구했다. 5월 학생들은 청와대로 향했다. 서울 전역에 최루탄과 돌, 화염병이 넘쳐났다. 서울의 봄을 만끽하는 사회 분위기에서 쿠데타를 감행해본 경험이 있는 김종필은 이렇게 말했다.

> 한국에는 지금 봄이 오고 있다. 그러나 아직은 꽃이 피어날 봄인지, 겨울 속으로 돌아갈 봄인지 알 수가 없다. 춘래불사춘의 정국이다. …… 안개 정국이라고나 할까.[70]

불행하게도 그의 예상은 적중했다. 그것도 무서운 '피의 봄'이 기다리고 있었다.

문민정부가 들어서자 김영삼 대통령은 12·12사건을 '하극상에 의한 쿠데타적 사건'이라고 규정했다. 그러나 1994년 12월 검찰은 12·12사건은 군사반란이 맞다고 하면서도 '혼란을 우려해' 기소유예로 처분했다. 1995년 7월 검찰은 '성공한 쿠데타는 처벌할 수 없다'

며 기소하지 않았다. 하지만 국회가 5·18특별법을 제정해 전두환·노태우 두 전직 대통령은 12·12사건 반란혐의로 구속 기소됐다.

재판은 1심에서 전두환에게 사형을 선고했지만 2심에서 무기징역으로 감형했다. 전두환은 재판에서 줄곧 "12·12사건은 우발적인 사건이었을 뿐 그 이상도 그 이하도 아니다"라고 주장했다. 노태우 역시 "정승화 육군참모총장을 연행하려다가 일어난 돌발사고였다"라면서, "쿠데타가 성립될 수 있는 구성요건이 전혀 없었다"라고 주장했다.[71]

3부

항쟁의 빛, '민주'와 '통일'로

Reportage Histori

1980.5.18

/

2000.6.15

전남대 정문에서 금남로까지

5·18광주민중항쟁의 중심지, 한국 민주운동의 빛이 되다

1980년 5월 17일 밤 9시, 총에 대검을 낀 군인들이 서울 광화문 중앙청 일대를 경비하는 가운데 국무위원들이 국무회의장에 도착했다. 비상계엄을 전국으로 확대하는 안건을 의결하기 위한 자리였다. 국무회의에서 여성 국무위원인 김옥길 문교부 장관이 잠시 이의를 제기했지만, 회의는 계엄 확대를 의결하고 8분 만에 끝났다.

그날 밤 11시 40분, 이규현 문화공보부 장관은 "17일 24시를 기해 비상계엄을 전국으로 확대한다"라고 발표했다. 계엄사령관의 포고령 10호가 발령되고, 전국 대학에 군인이 진주했다. 시위와 파업금지 조치가 내려지는 한편, 밤새 야당 정치인과 재야인사, 비판적 대학교수와 학생이 연행되기 시작했다.

5·18광주민중항쟁(2002년 1월 광주민주유공자 예우에 관한 법률이 제정된 이후 공식 명칭은 '5·18광주민주화운동'이지만 보통 이렇게 부른다)의 발원지는 전라남도 광주에 있는 전남대 정문이다. 과거 대학교 정문은 가두시위에 나서려

전남대 정문은 5·18광주민중항쟁의 발원지로 계엄군과 학생들이 처음으로 충돌한 곳이다.

는 대학생들과 이를 봉쇄하려는 전투경찰 사이에 치열한 공방전이 벌어지던 경계였다. 정문 수위실은 학생들이 던지는 돌멩이와 화염병, 전투경찰이 쏘는 최루탄이 떨어지는, 말 그대로 전장戰場의 한가운데였다.

　필자는 5·18광주민중항쟁이 마무리된 직후인 1980년 7월에 전남도청과 금남로, 이곳 전남대학교를 찾은 적이 있다. 전남대 정문 주변은 35년 전과 달라진 것이 별로 없어 보인다. 정문 앞 거리에도 신축 고층건물이 별로 없는 것으로 보아 예전과 비교했을 때 크게 변하지 않았다. 단지 정문에서 본관에 이르는 길에 늘어선 나무들이 그

때보다 훨씬 무성해졌다는 느낌뿐이다.

정문 수위실은 경비업체 직원이 교내 곳곳에 설치된 CCTV를 모니터하는 상황실로 바뀌었다. 이곳에서 근무한 지 2년이 됐다는 한 직원은 "요즘 대학생들은 학점과 취업 때문에 시위를 하지 않는다"라고 말했다.

전라남도 광주는 1980년대 일어난 저항과 시위의 메카였다. 이후 민주화시대(1992년 문민정부가 탄생하는 시기)까지 각종 선언, 이념, 투쟁의 뿌리는 5·18광주민중항쟁에서 비롯됐다고 해도 과언이 아니다. 바로 그 5·18광주민중항쟁은 이곳 전남대 정문에서 시작됐다. 전남대 정문 뒤에 있는 '5·18광주항쟁 사적 1번 기념비'는 35년 전 상황을 이렇게 기록하고 있다.

이곳은 한국 민주주의 역사에서 찬연히 빛나는 5·18광주민중항쟁이 시작된 곳이다. 1980년 5월 17일 자정, 불법적인 비상계엄 전국 확대에 따라 전남대에 진주한 계엄군은 도서관 등에서 밤을 새워 면학에 몰두하고 있던 학생들을 무조건 구타하고 불법 구금하면서 항쟁의 불씨는 뿌려졌다. 이어 18일 오전 10시경, 교문 앞에 모여든 학생들이 학교 출입을 막는 계엄군에게 항의하면서 최초의 충돌이 있었으며 학생들은 광주역과 금남로로 진출해 항의시위를 벌였다.

1980년 5월 18일 전남대에는 7공수여단 33대대가 배치됐다. 공수부대는 유사시 적 후방에 침투해 비정규전을 수행하는 특수부대다. 18일 오후부터 '김대중 체포와 전두환 쿠데타' 소식을 들은 광주 학

항쟁 기간 전남도청 앞 광장은 사태의 추이를 알고자 하는 시민들로 가득 메워졌고, 항쟁지도부는 민주수호 범시민궐기대회를 통해 사태의 본질을 알리는 한편 시국을 성토했다(사진 제공: 5·18기념재단; 촬영: 나경택).

생들과 시민들은 충격 속에서 동요하기 시작했다.

시위진압에 나선 공수부대원들은 시위 가담 여부와 상관없이 젊은 사람들을 무조건 연행했다. 반항은커녕 항의할 기색만 보여도 사람들을 곤봉으로 폭행했다. 공수부대가 휘두른 곤봉에 맞아 학생과 시민의 머리가 터지고, 아스팔트에 핏물이 고였다. 공수부대원들은 민가에까지 난입해 젊은 남자들을 보이는 대로 폭행하고 연행했다.

나중에 확인된 것이지만 2군사령부의 계엄상황일지에는 5월 18일 하루 연행자가 대학생 114명, 전문대생 35명, 고교생 6명, 재수생 66명, 일반 시민 184명 등 405명이었고, 이 중 68명이 두부외상, 타박상, 자상(대검에 의한 부상) 등을 입었으며, 12명은 중태였다고 기록되어 있다. 그러나 실제 연행자와 부상자는 이보다 훨씬 많았다.

이는 시작에 지나지 않았다. 광주의 비극은 훨씬 참혹했다. 이후 중요한 사안만 시간대별로 살펴보자. 5월 19일, 시위 군중이 계엄군의 장갑차를 둘러싸자 계엄군이 발포해서 고등학생이 총상을 입었다. 이에 분노한 시민 수만 명이 '전두환 타도'를 외치기 시작했다. 5월 20일, 사실을 보도하지 않는 광주MBC 건물이 불에 타고, 광주역에서 계엄군이 시민을 향해 발포해, 두 명의 사망자가 발생했다.

5월 21일, 시위 군중은 수십만 명으로 늘어나 광주KBS와 광주세무서가 불에 탔다. 계엄군이 시위대를 향해 사격하자 시민들은 군용트럭과 장갑차를 몰고 인근 경찰서에서 획득한 무기로 무장하기 시작했다. 5월 22일, 계엄군이 광주시 외각으로 철수하고 시민수습대책위와 계엄군이 협상을 시작했다. 5월 23일, 시민수습대책위가 총기를 회수하는 사이 계엄군이 시민이 탄 버스에 총격을 가해 17명이 숨지고, 공수부대원이 부상당한 시민 두 명을 살해하는 사건이 발생했다.

분노한 주민들이 모여 시민 궐기대회를 열었다. 5월 24일부터 26일까지 시민들은 궐기대회를 열었고, 계엄군이 증원됐다. 5월 27일 새벽, 탱크를 앞세운 계엄군이 시내로 진입해 도청을 포위하고 시민군에게 집중사격을 가했다. 이날 새벽 5시 10분쯤 계엄군은 도청을 비롯한 시내 전역을 장악하고 진압작전을 끝냈다. 이로써 비극적인 광주의 10일이 마무리되었다.

1988년 제6공화국에서 이뤄진 국회 광주특위의 공식 발표에 따르면 광주민중항쟁 기간 시민 191명이 숨지고 852명이 부상당했다. 이후 공식적으로 사망자 207명, 부상자 2392명, 행방불명 910여 명으로 수정됐지만, 지금도 정확한 희생자 숫자는 아무도 모른다.

이후 5·18사태의 진상과 학살 책임자를 규명하려는 노력이 시작됐다. 1980년대 민주화운동은 5·18진상규명과 떼려야 뗄 수 없는 관계였다. 결국 노태우 정권은 1988년 국회 '광주특별위원회'를 구성하고 광주청문회를 열었다. 하지만 이것으로 광주의 혼을 위로할 수는 없었다.

결국 문민정부가 들어서서 전두환과 노태우, 두 책임자의 처벌이 이뤄지고 1995년 '5·18민주화운동에 관한 특별법'이 제정되면서 비로소 5·18광주민중항쟁은 수습 단계에 들어갔다. 1997년에는 5월 18일이 국가기념일로 지정됐다. 국민의 정부 시기인 2002년에는 '광주민주유공자 예우에 관한 법률'이 제정되고 묘역이 국립묘지로 승격(2006년 '국립5·18민주묘지'로 개칭)되었다. 이 과정에서 많은 증언과 기록이 모였다. 이 기록은 5·18광주민주화운동 자료총서로 묶여 2011년 5월 유네스코 세계기록유산으로 등재됐다.

많은 인권운동가, 정치학자, 역사학자들이 5·18광주민중항쟁을 재평가했다. 그들이 내린 결론은 '광주민주화운동은 1980년 5월 18일 광주에서 일어난 민중항쟁이며, 1979년 박정희 대통령이 시해된 후 권력 누수 기간에 불법적으로 집권을 획책하는 전두환 등 신군부

세력을 거부하고 민주화를 요구하며 일어난 시민봉기'였다.

시대적 흐름 속에서 5·18광주민중항쟁이 시작된 지점인 전남대 정문은 거의 변하지 않았지만, 항쟁이 마무리된 지점인 전남도청은 완전히 변했다. 원래 옛 전남도청 건물은 일제강점기인 1925년 건립돼 1930년부터 도청 청사로 사용되다가 2002년 등록문화재(제16호)로 지정됐다.

하지만 2005년 전남도청이 무안으로 옮겨가고 이 일대는 전면적으로 변신을 꾀하고 있다. 이곳에는 국립아시아문화전당(문화전당)이 들어섰고, 도청 건물을 리모델링하고 5·18민주광장과 경찰청 등 1980년 당시 역사적 건물과 현장을 아우르는 민주·인권·평화·예술의 장으로 만든 이곳에는 민주평화교류원, 아시아문화교류지원센터, 아시아문화정보원, 복합전시장, 아시아예술극장 등 여러 시설이 들어선다.

비단 문화전당이 아니더라도, 이미 광주에는 5·18광주민중항쟁을 기억할 수 있는 다양한 기념관과 '소프트웨어'가 있다. 정부와 자치단체(광주광역시)가 운영하는 것만 해도 5·18기념문화센터를 비롯해 5·18기념공원, 5·18자유공원, 국립 5·18민주묘역 등이 있다. 또 5·18 광주민중항쟁의 현장을 시간대별로 밟을 수 있는 '오월 인권길' 등 다양한 답사코스도 마련되어 있다. 사적 1호인 전남대 정문에서 옛 전남도청까지 5월 광주의 현장마다 기념탑이 있어 역사를 설명하고 있다.

민주의 함성으로 가득 찼던 옛 도청 앞과 금남로는 이제 서구적 패션과 커피 향을 느낄 수 있는 젊음과 낭만의 거리로 변했다. 한 택시

기사는 "요즘 젊은이들은 행사가 많은 5월에만 잠깐 생각할 뿐 광주민주화운동에 대해 모르고, 또 관심도 없다"라고 말했다.

문화전당 앞에 위치한 '5·18시계탑'도 복원됐다. 1980년 5·18 당시 광주 참상을 처음 보도한 독일 공영방송 NDR의 위르겐 힌츠페터 기자는 "이 시계탑이 모든 것을 알고 있다는 사실은 반드시 계속 전승돼야 합니다. 이 시계탑은 자유의 기념물이자 한국 민주주의의 시작을 상징하는 것이기 때문입니다"라고 말했다. 이 보도를 접한 신군부는 이 시계탑을 철거했는데, 광주시가 2015년 이 시계탑을 원래 자리에 복원했다.

이 시계탑에서는 매일 5시 18분 「님을 위한 행진곡」이 흘러나온다. 5·18광주민중항쟁과 「님을 위한 행진곡」은 떼려야 뗄 수 없는 관계다. 항쟁 마지막 날 도청에서 사망한 시민군 대변인 윤상원과 노동운동가 박기순(1979년 사망)의 영혼결혼식에 헌정된 노래이기 때문이다.

하지만 국가보훈처는 여전히 5·18민주화운동 기념식에서 「님을 위한 행진곡」을 제창하길 거부하고 있다. 그래서 2013년부터 2015년까지는 추도식을 정부와 유족이 따로 했다. 2016년에는 유족의 거센 항의로 박승춘 보훈처장이 행사장에서 쫓겨났다. 이런 상황에서 국가보훈처는 집단발포를 자행했던 공수부대(11공수특전여단)의 광주 시가행진을 진행(6.25기념식)하려고 했다. 5·18광주민중항쟁을 보는 박근혜 정부의 시각을 엿볼 수 있는 대목이다.

여의도광장

전 세계를 울린 혈육 찾기 생방송

"9시를 알려 드리겠습니다. 똔, 똔, 똔, 땡! …… (이어지는 9시 뉴스 타이틀
음악) 안녕하십니까? 오늘 전두환 대통령 각하께서는……."

1980년대 전두환 정권에서 그날 가장 중요한 TV 프로그램인 9시
뉴스는 이렇게 시작했다. 저녁 9시를 알리는 '땡' 하는 소리와 함께
'전두환'이 나온다고 해서 '땡전뉴스'라고 불렀다. 당시 두 개뿐이던
TV 채널 KBS와 MBC는 대통령 동정을 먼저 보도하기 위해 전용 편
집실까지 뒀다. "땡전뉴스는 목불인견의 수준이었다. 이 땡전뉴스는
심한 경우 총 뉴스시간 45분 가운데 30분을 차지하는 경우도 있었으
며 방송사끼리 누가 오래 대통령 동정을 다루느냐를 놓고 경쟁을 벌
이는 해프닝까지 벌어지곤 했다."[72]

신군부는 1980년 7월 31일, ≪창작과 비평≫, ≪씨알의 소리≫,
≪뿌리깊은 나무≫ 등 정권에 비판적인 172개 정기간행물의 등록을
취소했다. 신군부는 이어 11월 14일 방송과 통신, 신문을 통폐합하

고 언론인 강제 해직이라는 칼을 휘둘렀다. 방송 통합을 통해서만 언론인 200여 명이 해직됐고, 전국적으로 1900여 명의 해직 기자가 생겼다. 12월 31일 언론기본법을 만들어 계엄이 아니라 평시에도 언론을 검열할 수 있는 장치를 마련했다. 매일 언론사에 하달되는 그날의 '보도지침'은 바로 이 체제의 산물이었다.

신군부는 1980년 5월 31일 국가보위비상대책회의를 만들어 전권을 장악하고 최규하 대통령을 사퇴시켰다. 그리고 8월 27일 전두환은 스스로 대통령에 올랐다. 채 1년도 되지 않아 육군 소장이 대통령으로 바뀐 것이다. 5·16쿠데타 이후 국가재건최고회의를 만들어 정권을 장악한 것과 똑같은 전철을 밟았지만 '합법적인 권력 장악'은 박정희 소장보다 훨씬 빨랐다.

이렇게 신군부가 빠르게 권력을 장악할 수 있었던 것은 고도의 여론조작 덕분이었다. "신군부가 추진한 '음모와 공작'의 핵심은 여론조작이었다. 그래서 신군부는 박 정권 시절과 달리 언론이 단지 침묵해주거나 소극적으로 따라주는 것만으로 만족할 수 없었다. 신군부는 언론이 자기들의 집권을 적극 옹호하면서 지켜주는 '애완견이기도 하면서 보호견'이 되어주기를 원했던 것이다."[73]

이 모든 일은 보안사 언론대책반이 만든 'K공작'(K는 king을 의미)에 의해 주도면밀하게 진행됐다. 1996년 공개된 K공작 문건에 따르면, 회유 대상 언론인과 포섭 대상 지식인 등을 면밀하게 분류해 공작을 추진한 것으로 드러났다.

신군부는 이어 12월 1일 컬러 TV 방송을 통해 온 국민의 시선을 TV 수상기 앞으로 끌어 모았다. 흑백화면밖에 몰랐던 국민들은 총

천연색 TV 앞에서 떠날 줄을 몰랐다. 신군부는 그 컬러 TV 수상기 앞에 모인 국민을 향해 매일 '땡전뉴스'를 쏟아부었다. 보통 사람들은 컬러 TV에서 나오는 이미자와 조용필에 환호했고, 미스코리아 대회와 프로야구에 열광했다.

이러한 상황에서 '의외'의 프로그램이 등장했다. 1983년 6월 30일 밤 10시 15분, KBS는 〈이산가족을 찾습니다〉라는 프로그램을 방영했다. 이 프로그램은 이산가족이 자신의 신상명세를 적은 메모판을 들고 있으면 아나운서가 그 내용을 소개하는 방식이었다. 이것을 본 당사자나 주변 사람이 방송사로 연락해 스튜디오에서 가족과 상봉할 수 있게 했다. 상봉 가족이 지방에 있으면 지역 KBS 스튜디오에 나와 화면 상봉도 이뤄졌다.

이 프로그램은 자세히 얼굴을 보여주며 사연을 말하고 이를 전국적 네트워크가 확인하는, 당시 컬러 TV가 할 수 있는 최대한의 기능을 살린 프로그램이었다. 여기서 의외의 '대박'이 났다. 혈육을 찾는 생생한 순간은 대본 없는 감동의 드라마 그 자체였기 때문이다. 당시 첫 상봉 분위기는 이렇게 기록되고 있다.

만반의 준비를 갖추고 첫 방송을 시작한 후 시간이 흘러가도 상봉의 극적 장면은 터지지 않았다. …… 그런 긴장된 순간이 이어지던 어느 순간, 별안간 중앙홀 바깥이 떠들썩하더니 5~6명의 중년 남녀들이 누군가의 이름을 외치며 뛰어들었다. …… 포옹, 통곡, 서로 얼싸안고 다시 이름을 부르며 만남의 기쁨으로 눈물을 쏟는 모습. …… 40년 가까운 세월을 생사조차 모르던 혈육을 다시 만난 그 벅찬 반가움과 헤어져 살던 서러움이

한데 뒤엉켜 서로 부둥키고 울부짖는 감동적인 장면. …… 그것은 어느 드라마의 극적 장면보다도 진했다. 화면을 지켜보던 모든 시청자에게 벅찬 감동을 안겨준 것은 말할 것도 없었다. 제작진도 울었고 시청자도 흐느꼈다.[74]

이산가족 찾기 생방송이 나간 다음 날인 7월 1일, KBS 사옥에는 이 프로그램에 출연하려는 이산가족으로 장사진을 이뤘다. 한국방송협회 자료에 따르면 2200건이던 출연 신청이 이틀 만에 1만 4780건으로 늘었고, 7월 12일에는 10만 건이 넘었다. KBS는 긴급하게 편성을 조정했다. 방송시간을 대형 편성으로 바꿔 7월 1일에는 8시간 45분, 2일에는 11시간, 3일에는 9시간 50분, 4일에는 12시간 등 거의 종일 방송을 편성했다.

1980년대를 관통하며 처절한 현실을 묘사한 시인 황지우는 「마침내, 그 40대 남자도」라는 시에서 다음과 같이 썼다.

#1. 마침내, 그 40대 남자도 정수가아아~~ 목 놓아 울어 버린다. #2. 부산 스튜디오의 그 40대 여자는 카메라 앞에서 까무라쳐 버렸다. #3. 서울 스튜디오의 그 40대 남자는, 마치 미아가 된 열 살짜리 아이가 길바닥에서 울 듯, 이젠 얼굴을 들고 입을 벌린 채 엉엉 운다. 정숙이를 부르며. …… #12. 화면은 이제 춘천방송국으로 가 있다. …… 아버지가 빨갱이에게 총살당했다는 사람, 일본명이 가네다 마찌꼬였다는 사람, 내려오다 군산서 쌀장수에게 수양딸을 줬다는 사람, 대구 고아원에 맡겨졌다는 사람, 부산서 행상했다는 사람. #13. 엄마아 왜 날 버렸어요? 왜 날 버려! #14. 내가

죽일 년이다. 셋째야 미안하다. 미안하다. #15. 아냐, 이모는 널 버린 게 아니었어. 나중에 그곳에 널 찾으러 갔더니 네가 없더라구. #16. 누나야 너 살아 있었구나! #17. 언니야 왜 이렇게 늙어버렸냐, 응? 그 이쁜 얼굴이, 응? #18. 얼마나 고생했니?[75]

이산가족 찾기 생방송에서 재회의 장면을 그대로 옮겨놓은 말들이 시가 되었다. 달리 시인의 수식어와 기교가 필요치 않았기 때문이리라. 이 재회 장면 하나하나는 국민의 가슴을 후벼 파고 눈물을 쥐어짰다.

여기에 이산가족 찾기의 주제가인 「누가 이 사람을 모르시나요」도 빼놓을 수 없다. 애잔한 곡조에 "얌전한 몸매에 빛나는 눈…… 나하고 강가에서 맹세를 하던, 누가 이 사람을 모르시나요"라는 노랫말은 이산가족의 심금을 울렸다. 이 노래는 1962년 KBS 라디오 연속극 〈남과 북〉의 주제가(가수 곽순옥)로, 연속극은 분단과 사랑을 다루었다.

이 감동적인 눈물의 현장을 잡기 위해 전 세계의 기자들이 몰려왔다. AP, UPI, 로이터, AFP 등 세계 4대 통신과 각국의 신문사, 방송사들이 이 현장을 세계로 중계했다(이 프로그램은 세계언론인대회가 뽑은 '1983년 가장 인도적인 프로그램'으로 선정되었다).

KBS가 여의도에 몰려든 이산가족을 모두를 수용할 수는 없었다. 출연하지 못한 이산가족들은 아예 여의도광장에 '만남의 광장'을 차려놓고 스스로 이산가족 찾기에 나섰다. 헤어진 부모나 동생의 이름과 사연을 적은 종이판이 여의도광장을 메웠다. 마치 요새 진도 팽

공개홀에 들어가지 못한 이들이 여의도광장에서 사연을 담은 종이를 붙이고 있다.

목항에 세월호 리본이 달리듯, 여의도광장 일대는 하얀 종이로 펄럭였다. 사연을 종이판에 붙이러 온 사람들과 이를 보러 온 사람들로 여의도광장에는 인파가 넘쳐났다.

생방송은 11월 14일까지 138일, 장장 5개월간 계속됐다. 이 기간에 5만 3536건의 이산가족 사연이 소개되고 1만 189건의 상봉이 이뤄졌다. 이는 단일 주제 최장 기간 생방송 기록으로 기네스북에 올랐고, 최고 시청률은 78%를 기록했다. 세계적으로 전무후무한 방송

기록이다. 이 방송을 "텔레비전의 특성과 방송 네트워크의 위력을 유감없이 발휘한 한국 방송사의 이정표적인 프로그램", "한국의 분단 상황을 배경으로 가장 성공적으로 과시한 세계 방송사에 남을 프로그램"이라고 극찬하는 평가가 쏟아졌다.[76]

당시 KBS는 땡전뉴스를 방영한다는 오명을 들었지만, 이 방송을 통해 그나마 공영방송의 체면을 세웠다. 이 프로그램이 지닌 진정한 의미는 단순한 TV 프로그램의 차원을 넘어 전후 최초로 남북 관계에서 이산가족 문제를 제기했다는 점이다. 1972년 7·4남북공동성명을 비롯해 그동안의 남북협상은 남북한 정치권력과 군사적 필요에 의해 추진됐다. 대구가톨릭대학교 교수를 지낸 역사학자 최상천은 남한의 박정희와 북한의 김일성이 분단 상황을 서로의 통치수단으로 이용했다고 비판했다.[77]

그런데 이 프로그램 이후 남북협상에서 이산가족 문제가 주요 의제로 자리 잡게 됐다. 이후 1985년 5월 27일부터 시작된 남북적십자회담에서 이산가족 고향 방문이 합의된 것도 이런 맥락에서 비롯됐다. 1985년 9월 21에서 22일까지 남한 워커힐호텔과 북한 평양 고려호텔에서 이산가족 상봉이 이뤄졌다. 비록 남북한 100명도 안 되는 이산가족이 상봉했지만 전후 최초로 이산가족이 만나는 역사적 순간이었다.

이후 6·15남북공동선언이 발표된 2000년부터 본격적인 남북한 이산가족 상봉이 시작돼 지금까지 모두 19차례 대면상봉으로 약 3만 명이 가족을 만났다.

하지만 2014년 2월 20일 19차 상봉 이후 이산가족 상봉은 중단됐다. 대한적십자사 이산가족상봉 신청자 12만 9000여 명 중 이미 절반 정도는 세상을 떠났다. 남은 6만 7000여 명도 대부분 80대 이상 노인이다. 현재 차가운 남북관계로 보아 언제 이산가족 상봉이 재개될지 알 수 없다.

1983년 이산가족 생방송을 통해 여의도는 이산가족의 한을 응축한 상징적 장소가 됐다. 그때 넓었던 여의도 5·16광장은 거의 10분의 1로 축소돼 여의도공원광장(문화의 마당)으로 남았다. 하지만 공원 어디에도 그곳이 이산가족의 한이 응축됐던 역사의 장이라는 것은 기록되지 않았다. 서울시 공원안내도는 물론, 백과사전에도 이곳이 전후 최초로 이산가족 상봉의 계기가 된 현장이라는 기록은 없다.

국책연구기관인 한국학 중앙연구원이 발행한 『한국민족문화대백과사전』에는 "5·16광장으로 국군의 날 행사와 종교, 정치집회를 하던 곳"이라는 설명만 있을 뿐이다. 한민족의 문화라는 관점에서 이산가족의 한과 상봉이 국군의 날 행사나 종교집회보다 가치가 없다는 말인가? 참 아쉬운 일이다.

그래서일까? 32년 전 그 넓던 광장을 가득 채웠던 인파를 요새는 여의도에서 찾아볼 수 없다. 32년 전 장장 138일 동안 그렇게 많은 사람이 혈육을 만나 감동의 눈물을 흘렸던 그 현장은 완전히 잊혔다. 이는 평화와 화해를 주장하는 정치세력과 통일단체는 해산시키고 옥죄면서 '대박'과 '응징'을 외치는 보수세력만 득세시킨 결과는 아닐까?

남영동 대공분실과 연세대

박종철·이한열, 6·10항쟁 불씨가 되다

1976년, 고등학생이던 필자는 서울역에서 학교가 있는 용산역까지 전철을 타고 통학했다. 그 중간에 위치한 남영역 앞에는 한 건물이 신축되고 있었다. 검은 벽돌로 창문도 좁게 짓는 이 건물은 마치 전쟁터의 진지를 쌓는다는 느낌을 주었다. 물론 이 건물이 어떤 용도이며, 누구의 소유인지도 몰랐다. 이 건물의 정체가 드러난 것은 한참 후의 일이다.

1987년 1월 15일 한 신문에 '경찰에서 조사받던 대학생 쇼크사'라는 제목으로 "경찰은 박 군의 사인을 쇼크사라고 검찰에 보고했다. 그러나 검찰은 박 군이 수사기관의 가혹행위로 인해 숨졌을 가능성에 대해 수사 중이다"라는 2단짜리 기사가 실렸다.[78]

이 기사는 제5공화국의 보도지침을 뚫고 신문에 실렸다. 당시 서울대학교 언어학과 3학년에 재학 중이던 박종철이 남영동 치안본부 대공분실에 연행된 것은 1월 13일 밤. 수배된 대학 선배의 소재를 대라며 혹독한 물고문이 계속됐다. 경찰은 "책상을 '탁' 치니 '억' 하고 죽었다"라고 말했다. 최근 발간된 박종철의 부친 박정기 씨의 회고록에서는 이 과정을 이렇게 기록하고 있다.

부검을 마친 후 황적준은 안상수(담당 검사)에게 말했다. '질식사입니다. 물고문 같습니다⋯⋯', '온몸에 피멍자국이 많아, 두피에도 피멍이 있고⋯⋯', 경찰은 허위보고서 작성을 요구했다. ⋯⋯ 황적준은 16일 하루 내내 고민하다 그날 밤 잠자는 아내와 아이들의 모습을 바라보며 '정의로운 아빠가 되겠다'는 결심을 한다.[79]

이곳은 고문기술자 이근안이 민주화운동청년연합 의장 김근태(훗날 국회의원이 됨)를 고문한 장소다. 김근태는 이곳에서 경험한 일을 『남영동』이라는 책에 남겼고, 이를 정지영 감독이 〈남영동 1985〉로 영화화했다. 하지만 1948년 10월 치안국 특수정보과 중앙분실로 시작된 이곳에서 김근태만 고문받았을까? 조작된 간첩사건의 상당수는 이곳에서 고문이 이루어진 결과였을 것이다.

이 건물은 유명한 건축가 김수근의 '작품'이라고 한다. 하지만 필자는 이 건물이 '작품'이라는 것에 동의하지 못한다. 이것은 정교하게 설계된 '흉기'다. 검은 벽돌 건물에 붙어 있는 육중한 철문은 보는 순간부터 위협적이다. 조사실 5층 창문을 매우 좁게 낸 것은 투신하지 못 하게 하려는 의도다. 1973년 남산 중앙정보부 조사실에서 혹독한 고문을 견디다 못해 창문으로 투신자살한(중정의 공식발표) 서울대학교 최종길 교수 사례를 염두에 뒀을 것이다.

박종철이 숨진 509호 조사실 내부 모습.

　건물 뒤 입구와 역방향으로 설치된 5층 조사실까지, 원형 계단은
철저하게 피의자가 공간지각 능력을 상실하도록 만든다. 날카로운
금속성 울림을 들으며 철제계단을 오를 때, 연행당한 사람은 이미 절
반쯤 의지를 상실했을 것이다.

　5층 조사실에서 보면 복도 출입구와 14개 방 출입구는 크기와 모
양이 똑같다. 한 번 들어오면 어디가 나가는 곳인지 알 수 없는 미로
다. 복도 끝에서 보면 일제가 지은 서대문형무소 감방 복도를 그대
로 빼다 박았다. 밖에 설치된 전기 스위치는 서대문형무소 감방마다
설치된 패통(용무가 있을 때에 담당 교도관을 부를 수 있도록 벽에 마련한 장치) 모습

그대로다. 실내는 철제 방음시설로 둘러져 있다. 인권에 무지하고 승진의 공명심에 불탄 경찰들은 여기서 폭행과 전기고문, 물고문을 일삼았을 것이다.

남영동 대공분실은 건물 외형은 물론, 입구에서부터 실내까지 정교하게 피의자를 시각적·심리적으로 위축시키기 위해 설계됐다. 폴란드에 세워진 아우슈비츠 수용소가 유태인을 효율적으로 '정리'하기 위해 최적화된 시설이라는 점과 비슷하다. 천재 건축가라는 김수근이 이 건물의 용도를 몰랐을까? 그런 점에서 이 건물은 작품이 아니라 흉기다.

이곳은 2005년 경찰청 인권센터로 바뀌어 일반에 공개되고 있다. 아우슈비츠를 보존하는 것처럼, 이곳을 보존하기로 결정한 것도 잘한 일이다. 이곳을 관리하는 한 직원은 "버스를 대절해 단체로 관람하는 대학생들과 고등학생들이 간혹 있고, 개인적으로 관람하는 사람은 많지 않다"라고 말했다. 박종철기념사업회는 단체 탐방객이 오면 안내를 맡는다. 김학규 사무국장은 "전시관 운영주체가 경찰이기 때문에 휴일에 개방을 하지 못해 일반 시민들이 편리하게 찾지 못하고 있다"라면서, "단체 관람일 경우 경찰의 협조를 얻어 개방할 수 있다"라고 말했다.

'광주의 피'를 통해 집권한 전두환은 과거 유신체제를 능가했다. 대학생 시위자는 철저하게 학원에서 내쫓았다. 1983년까지 3년 동안 대학생 1400여 명이 제적당했다. 단순 시위가담자도 '강제징집'으로 군대에 끌려갔다. 1983년 5월 18일 가택 연금 중인 김영삼은 '구속 인사 석방과 제적 학생 복교, 언론 자유 보장' 등을 요구하면서 단식에 돌입했다.

그리고 이듬해 5월 18일 범민주세력을 망라한 정치결사체인 민주화추진협의회(민추협)가 만들어졌다. 이들이 만든 신민당은 창당 한 달 만인 1985년 2·12총선에서 돌풍을 일으키며 제1야당으로 떠올랐다. 학생 및 재야 노동계도 결집하며 힘을 키워 1985년 3월 29일 민주통일민중운동연합(민통련)으로 통합했다.

1986년 2월 12일, 신민당은 직선제 개헌을 위한 1000만 서명운동에 돌입했다. 이는 체육관 선거를 통해 정권을 재창출하려던 신군부에 위협이 되는 움직임이었다. 이에 전두환은 야만적으로 학원 및 재야인사를 탄압했다. 1986년 10월 28일 서울 건국대학교에서 열린 학생집회에서 학생 1525명을 연행하고 1259명을 구속했다. 정부 수립 이후 단일 사건으로는 최대 구속 사건이다.

이런 상황에서 1987년 1월 14일 이곳 남영동 대공분실 509호실에서 박종철이 죽었다. 이 사건은 신군부세력에 치명타로 작용했다. 민주세력은 '고문 추방' 이슈를 추가했다. 3월 3일 박종철 사십구재에 '고문 추방 국민 대행진'이 열렸다. 5월 18일 천주교정의구현사제단은 박종철 고문치사 사건의 축소·은폐 사실을 폭로했다. 1987년 6월 10일 서울 잠실 체육관에서는 민정당 노태우 대표가 차기 대통령 후보로 지명되는 전당대회가 예정되어 있었다. 신민당을 포함한 모든 민주세력이 망라된 국민운동본부는 '박종철 고문살인 및 호헌철폐 규탄 시민대회', 이른바 6·10대회로 맞불을 놓을 계획을 세웠다.

6월 9일 오후 2시 연세대학교 앞에서 '구출학우 환영 및 6·10대회 출정을 위한 연세인 결의대회'가 열렸다. 집회를 마치고 1000명의 학생들이 교문 밖으로 진출하려 했다. 오후 5시, 전투경찰이 발사한 최루탄이 직격으로 날아가 시위대 선두에 있던 학생 머리에 맞고 터졌다. 학생의 머리는 흐르는 피와 최루탄 가루로 범벅이 됐다. 그는 경영학과 2학년 이한열이었다. 박종철 고문치사 사건에 이어 최루탄에 맞아 이한열이 의식불명 상태에 빠지자 국민의 분노는 더욱 커졌다. 시위가 전국적으로 번졌다.

경찰은 무차별 연행으로 맞섰지만 분노한 시민을 막을 수는 없었다. 경찰의 최루탄이 다 떨어졌다. 6월 19일 청와대에서 군 최고회의가 열렸다. 5·18 광주의 비극이 재연될 수 있던 순간이었다. 하지만 상황이 극적으로 반전되었다. 6월 29일 민정당 대통령 후보 노태우는 "대통령 직선제 개헌을 수용한다"라는, 이른바 '6·29선언'을 발표했다. 신군부세력의 '항복선언'이었다.

7월 5일 새벽 2시 5분 이한열은 숨을 거뒀다. 그의 장례식에는 8만여 명의 조문객이 찾았다. 필자는 당시 그 현장을 취재했다. 문익환 목사의 절규하는 추도사와 무용가 이애주가 연세대학교 정문에서 긴 삼베 가운데를 가르다 쓰러지는 '바람맞이 춤'을 선보였던 모습이 생생하다. 이 춤에 대해 통일운동가 백기완은 "저 기가 막힌 울부짖음을 보라. 여기서 우리는 춤이란 한낱 표현예술이 아니라 역사를 이끄는 힘의 모든 것이라는 것을 뼈저리게 느낀다"라고 평했다.[80]

수백 개의 만장을 앞세운 이한열 운구행렬은 서대문을 거쳐 시청 앞으로 향했고, 100만 명이 넘는 시민이 그를 추도했다. 시청 앞 노제 때, 서울시청 옥상에는 정상적으로 게양된 태극기가 펄럭였다. 시청 앞 광장에 모인 수만 명의 시민들은 "조기, 조기"를 외쳤다. 일

연세대학교에서 열린 이한열 장례식에 모인 군중이 장례 행렬을 따르고 있다.

부 흥분한 시민들은 이를 조기로 고쳐 달기 위해 서울시청사 옥상으로 오르기 시작했다. 결국 서울시청 직원이 나와 태극기를 조기로 고쳐 달았다. 이한열은 고향 광주로 내려가 망월동 묘지에 묻혔다. 박종철이 경찰의 독촉으로 서둘러 화장되어 임진강 샛강에 뿌려진 것과는 달랐다.

　이한열이 숨지고 1년이 지난 1988년 9월 14일 연세대학교 총학생회는 학생회관 남쪽 작은 동산(한열동산)에 추모비를 세웠다. 추모비에는 "여기 통일 염원 43년 6월 9일 본교 정문에서 민주화를 부르짖다 최루탄에 쓰러진 이한열 님을 추모하고자 비를 세운다"라고 쓰였다. 그러나 인조 대리석으로 만들어진 추모비는 27년이라는 세월을 견디지 못했다.

2015년 6월 4일 연세대학교에는 통돌 모양의 기념비가 새로 세워졌다. 길이 약 4.5미터, 높이 약 1.4미터의 육중한 보령산 검은 돌에 '198769757922'라고 큼직하게 숫자를 썼다. 이 숫자는 이한열이 최루탄에 맞은 1987년 6월 9일과 숨진 7월 5일, 7월 9일 장례식, 22세라는 의미다. 그 옆에 납작한 통돌에는 현재 연·월·일·시간을 표시하는 LED 디지털시계가 있다. 현대적 감각이 가미되고 과거와 현재가 동시에 교차하는 느낌을 준다.

2015년 여름, 연세대학교에서는 수십 년 된 백양나무를 베어내고 지하 할인매장과 쇼핑몰을 짓는 '백양로 재창조 프로젝트'가 한창이었다. 거기다 세브란스병원을 찾는 사람들까지 더해져 시장통을 방불케 했다. 철저히 자본만 넘쳐나는 느낌이다. 이한열이 꿈꿨던 세상은 이런 곳이 아니었을 것이다.

1987년 6월항쟁은 1월 박종철에서 시작해 6월 이한열로 끝났다. 그러나 6월항쟁은 절반의 승리, 아니 절반의 패배였다. 민주세력은 대통령 직선제 개헌을 이뤄냈지만, 양 김 씨가 분열해 노태우가 대통령에 당선되었다. 젊은이의 순교로 쟁취한 민주 승리를 기성 정치인의 분열로 신군부에 헌납하고 만 것이다.

6·10항쟁의 결과물인 '1987년 체제'에 대한 이해 다툼은 지금도 계속되고 있다. 기성 정치인은 1987년 12월 양 김 씨가 그랬던 것처럼 자신의 정략적 이득만 앞세운다. 내각제 개헌 주장이 그것이다.

그러나 '1987년 체제'의 결과는 권력구조에만 있지 않다. 양 김 씨의 분열은 시민세력과 노동세력, 대학 운동권 등 민주세력의 총체적인 분열로 이어졌다. 분열된 민주세력의 한쪽은 1992년 대선에서 '신군부 동지'와 손을 잡았고, 다른 한쪽은 1997년 대선에서 '박정희 후예'와 연합했다. 진정한 6·10항쟁의 승리, 독자적 정권 수립은 2002년 대선에서 겨우 이뤄냈으나 5년밖에 지키지 못했다. 그리고 역사는 곧 반동의 시대로 접어들었다. 6·10항쟁의 결과물인 '1987년 체제'에서 진정으로 극복해야 할 과제는 바로 이것, 민주세력의 분열이다.

잠실종합운동장

88서울올림픽, 독재 합리화와 동서 화해의 양면성

최근 관심을 끄는 한 여론조사 결과가 발표됐다. 대한민국 역사박물관이 광복 70주년을 맞아 '국민들이 생각하는 역사적 사건'을 조사(복수응답 가능)한 결과, 한국전쟁이 1위(72.2%)에 올랐다. 관심을 끈 것은 2위(64.1%)가 바로 '서울올림픽 개최'라는 것이다. 3위(62.7%)인 8·15광복보다 88서울올림픽을 선택한 사람이 많았다(노무현 전 대통령 사망과 한일월드컵 대회 개최는 나란히 62.6%를 얻어 공동 4위를 차지했다).

88서울올림픽을 중요한 역사적 사건으로 꼽은 계층은 주로 60대 이상이었으며, 여성이 많았다. 이는 지금 60대들이 인생에서 가장 활발하게 활동했던 30대 중·후반을 가장 인상 깊게 기억하고 있기 때문으로 해석된다. 보통 '왕년에' '좋았던 시절'로는 인생의 절정기인 30대 또는 40대를 연상하는 경향이 있다. 여성이 올림픽을 오래 기억하는 것은 전쟁이나, 광복, 노무현 대통령 사망과 같은 '불행'보다 축제나 '즐거움'을 더 오래 기억하는 경향 때문으로 풀이된다.

아무튼 1988년에 열린 서울올림픽이 광복 70년사를 돌아볼 때 매우 중요한 행사였다는 것은 분명하다. 사실 제6공화국 노태우 정부에서 치러진 서울올림픽에 대해 많은 사람은 '정통성 없는 신군부의 스포츠 정치'라고 인식하고 있다. 강준만 전북대 교수 역시 1980년대 제5공화국이 1980년 광주학살(광주민중항쟁)에서 시작해 1988년 서울올림픽에서 마무리된 것으로 기록하고 있다. 강준만 교수는 다음과 같이 평가했다.

서울올림픽은 1988년 9월에 개최되었지만, 올림픽의 서울 유치가 확정된 건 7년 전인 1981년 9월이었다. …… 아시안게임과 더불어 서울올림픽은 5공 정권이 휘두를 수 있는 '전가의 보도'였다. …… 5공은 그런 의미에서 동서고금을 막론하고 그 유례를 찾기 어려운 '스포츠공화국'이었다.[81]

실제로 신군부는 영화, 성, 스포츠 등 이른바 3S를 이용해 권력의 취약한 정당성을 감추려 했다. 컬러 TV가 도입되고, 에로영화가 봇물 터지듯 넘쳐나고, 프로야구와 올림픽 등 스포츠 경기가 연이어 열렸기 때문이다. 신군부가 스포츠 정치를 이용한 것은 나치가 베를린 올림픽을 정치적으로 활용한 것과 같은 맥락이다.

하지만 엄밀히 말해 서울올림픽은 전두환의 5공 이전 박정희 정권 때부터 시작됐다. 1976년 9월 22일 박정희 대통령은 서울 잠실지구에 10만 명을 수용할 수 있는 대운동장과 실내체육관 2개가 포함된 종합체육시설을 건설하라고 구자춘 서울시장에게 지시한다. 당시 청와대는 이에 대해 "국민의 사기를 진작하고 체육 진흥의 본산으로

발전시켜 나가라는 박 대통령의 용단에 따른 것"이라고 설명했다.[82]

처음에는 아시안게임 유치를 목적으로 했지만, 박종규 청와대 경호실장을 1979년 2월 대한체육회장으로 임명하면서 정부는 본격적으로 올림픽 유치를 추진했다. 1979년 9월 19일 국민체육심의위원회가 서울올림픽 유치를 결의하고, 9월 21일 정부가 이를 정식 승인했다. 그리고 10월 8일 서울시장이 올림픽 유치 계획을 공식 발표했다. 그리고 곧 10·26이 터졌으니 엄밀히 보면 서울올림픽은 박정희 정권의 '마지막 프로젝트'라고 할 수 있다.

당시 청와대가 언론에 공개한 잠실종합운동장 건설 계획은 그대로 이행됐다. 제1주경기장을 비롯해 야구장, 실내체육관 등이 일제히 착공됐다. 그중 가장 먼저 준공된 건물이 실내체육관이다. 1979년 4월 18일에 박정희 대통령은 딸 박근혜 양과 함께 실내체육관 준공 테이프를 자르고 체육관 정문 앞에 50년생 주목 한 그루를 기념으로 심었다.[83]

그러나 당시에 심었다는 50년생 주목은 현재는 사라지고 없다. 체육관 관리소 관계자는 "대통령 기념식수가 있었다는 얘기는 들어본 적이 없고, 현재 관리하는 것도 없다"라고 말했다. 필자가 "대통령의 기념식수는 특별히 관리하지 않느냐"라고 질문하자 이 관계자는 "당연히 그렇다"라고 말했다. 1979년이면 10·26사태가 일어난 바로 그해다. 아마 정권이 바뀌고 세상이 바뀌면서 관리하던 공무원도 이 나무에 대한 관심이 사라졌고, 아마 나무는 말라죽었으리라. 권력의 허무함을 보여주는 듯하다.

올림픽 유치 계획은 10·26, 12·12라는 국가적 위기에도 흔들림

없이 추진되었다. 물론 전두환 정권이나 박정희 정권 모두 올림픽을 유치하려 한 의도는 비슷했을 것이다. 이후 1980년 3월 7일 문교부(당시 스포츠는 문교부 소관이었다)에서 올림픽 유치활동을 본격적으로 시작해, 12월 2일 서울시를 국제올림픽위원회IOC에 올림픽 유치 후보도시로 신청했다. 1981년 IOC에 세부 계획을 제출하고 조사단이 서울을 방문하는 등 올림픽 유치 활동을 거쳐 1981년 9월 30일 독일의 바덴바덴에서 열린 제84차 국제올림픽위원회 총회에서 1988년 하계 올림픽의 개최지로 서울이 선정되었다. 당시 경합 지역은 일본 나고야였는데, IOC 위원의 비밀투표 결과 52대 27로 서울이 개최권을 얻었다.

서울올림픽은 각종 시설과 준비 및 운영에 모두 2조 3826억 원을 투입했다. 이 중 대회 직접사업비가 1조 1084억 원이었고, 여건조성 사업비가 1조 2742억 원이었다. 이 비용에는 체육시설 투자, 올림픽 대로 건설 및 한강 종합개발, 김포공항 확장 공사, 가로 정비 등 사회간접자본 투자도 포함돼 있었다.

그렇게 해서 1984년 9월 29일 서울올림픽 개회식과 폐회식이 열릴 올림픽 주경기장이 건설됐다. 주경기장은 필드 크기 가로 67미터 세로 105미터, 좌석 6만 9000여 석, 수용 인원 10만 명 규모로 남영동 대공분실을 설계한 건축가 김수근이 설계했다. 주경기장 스탠드 위에 완만한 곡선 지붕을 씌워 한국적 기와지붕의 미를 살렸다. 이 주경기장은 호돌이 마스코트와 함께 서울올림픽의 한국적 정서를 가장 잘 상징하는 조형물로 평가받았다.

요즘에는 올림픽 주경기장에 걸려 있는 커다란 오륜마크가 그곳이 올림픽이 열린 곳임을 알 수 있게 해준다. 그러나 주경기장에 정면에는 서울이랜드FC의 프로축구 경기를 알리는 대형 현수막이 걸려 있다. 아마추어 스포츠인 올림픽과 프로 스포츠인 프로축구가 절묘하게 '동거'하는 셈이다.

1988년 9월 17일부터 10월 2일까지 16일간 전 세계에서 159개국 1만 3304명의 선수단(선수 8391명)이 참가한 가운데 서울올림픽이 열렸다. 정식종목 23개와 시범종목 2개, 시범세부종목 1개, 전시종목 2개, 전시세부종목 1개(장애인 휠체어 경기) 등의 경기가 치러졌다.

최종 결과 소련이 금메달 55개, 은메달 31개, 동메달 46개를 획득했고, 미국이 금메달 37개, 동독이 금메달 36개를 얻었다. 개최국인 한국은 금메달 12개로 종합순위 4위를 차지했다. 사실 태권도와 복싱 등 일부 종목에서 편파판정 시비가 있었지만, 전체적으로 볼 때 대회는 성공적이었다. 서울올림픽에서 33개의 세계신기록과 5개의 세계타이기록, 227개의 올림픽신기록과 42개의 올림픽타이기록이 수립됐다. 이는 과거 올림픽과 비교했을 때 큰 성과다.

전두환·노태우의 신군부는 88서울올림픽을 취약한 정권의 정당성을 확보하기 위한 '상징' 혹은 국민을 통합하기 위한 '동원기제'로 활용했다. 스포츠를 정권의 미화 수단(미란다)과 합리화 수단(크레덴다)으로 활용한 것이다. 서울올림픽은 박정희 정권에서 시작했지만, 최대 수혜자는 신군부, 그중 노태우 대통령이라고 할 수 있다.

노태우 대통령은 5공 시절 올림픽조직위원장을 맡으며 대권을 잡았고, 이후 유엔총회 본회의에 초대돼 남북정상회담을 제안하는 등 정국의 주도권을 잡았다. 지금도 올림픽 주경기장 앞 '올림픽 스타

12년 만에 동서가 한자리에 모인 서울올림픽 개막식(사진 제공: 서울올림픽 기념관).

거리'에는 거대한 옥돌에 "노태우 대한민국 대통령이 1988년 9월 17
일 12시11분 이곳에서 제24회 올림픽 대회의 개최를 선언한 때로부
터⋯⋯"라는 글귀로 시작하는 기념비가 서 있다.

　여러 정치적 논란이 일어났지만 1988년 서울올림픽을 긍정적으로
평가할 수 있는 대목도 많다. 1980년 모스크바 올림픽, 1984년 로스
앤젤레스 올림픽은 각각 서방권과 동구권이 불참한 반쪽 올림픽이
었다. 그러나 서울올림픽은 미국과 소련이 모두 참가하면서 동서 해

빙의 계기가 됐다. 그것도 냉전의 최첨단 분단국가에서 동서 해빙의 장을 마련했다는 것에 큰 의미를 부여해도 손색이 없다.

우리나라 입장에서 서울올림픽에 출전한 160개국 중 당시 한국과 수교를 맺지 않고 북한과 단독수교를 맺고 있던 국가가 25개국이나 됐다. 그러나 나중에 이들 미수교국과 대부분 수교가 이뤄지는 등 외교적으로도 성과를 거뒀다. 이는 북방외교를 통한 남북 평화 정착과 남북 화해협력으로 이어졌다. 노태우 군사정권에서 남북교류가 활발했다는 것은 매우 역설적이다. 물론 서울올림픽은 한국 상품과 문화를 세계에 알리는 계기가 됐고, 이는 한국 경제 도약과 의식의 세계화에 중요한 요인으로 작용했다.

88서울올림픽이 열렸던 잠실종합운동장은 현재는 낡고 썰렁한 상태다. 주경기장에서 2014년에는 14일간 네 경기만 열렸고, 2013년에는 25일간 아홉 건의 경기만 열렸을 뿐이다. 월드컵경기장 등 더 좋은 체육시설이 생겼기 때문일 것이다. 이곳 관리자는 "건물이 오래돼 관리하기가 어렵다"라고 말했다. 오히려 공연이나 행사 같은 체육 외 행사장으로 더 많이 쓰이고 있다. 그나마 종합운동장 입구에 있는 야구장이 두산 베어스와 LG 트윈스의 홈구장으로 활용되면서 경기장 1층 상가는 '치킨집'과 '족발집' 등이 성업 중이다.

최근 서울시는 '잠실운동장 지구개발계획'을 세우고 이곳을 제2의 무역센터(코엑스)로 재개발하는 안을 검토하기 시작했다. 이미 서울시는 현대자동차그룹에 매각한 한국전력 부지와 함께 이곳을 '국제교류 복합지구'로 개발하겠다고 밝혔다. 서울시의 계획은 잠실야구장을 허물고 그 자리에 전시·문화·숙박 기능을 갖춘 시설을 건립하겠다는 것이다. 정부도 현재 삼성동 일대 코엑스가 늘어나는 수요를 감당하지 못해 제2의 코엑스를 건립할 필요성에 공감하고 있다.

그렇다면 이곳 잠실에서 시작된 서울올림픽은 다시 역사의 뒤안길로 접어드는 셈이다. 서울올림픽 기념관은 이미 송파구 올림픽회관 안에 있다. 이곳에서는 세계 올림픽 역사와 서울올림픽의 각종 기념품과 영상을 볼 수 있으며 올림픽에 관련된 문헌자료도 보관하고 있다. 하루에 300명에서 400명, 방학 때는 500명에서 600명이 이곳을 찾는다.

여의도 옛 평민당사
꺼져가던 지방자치에 불 지핀 단식투쟁

대통령선거가 치러지기 한참 전부터 여론조사기관은 차기 대권주자 선호도를 계속 조사하고 있다. 그 결과를 보면 서울시장과 경기지사, 충남지사 등 광역자치단체장이 10위권 안에 드는 경우가 많다. 이명박 전 대통령이 서울시장 경력을 배경으로 대통령이 된 이후로 서울시장이나 경기지사 등 광역자치단체장, 특히 수도권 광역자치단체장은 본인이 원하든 원치 않든 차기 대권주자의 반열에 오르게 된다.

광역자치단체장은 직접 행정 경험을 쌓았다는 점에서 정치적으로 중요한 인물로 꼽힌다. 그래서 광역자치단체장은 웬만한 초선, 재선 국회의원 경력으로는 되기 어렵다. 2016년 현재 기초자치단체장을 맡고 있는 안상수 창원시장은 4선 의원에 집권당 대표 경력을 지닌 인물이다.

그동안 정치인이 되기 위해서는 해당 분야에서 실력을 인정받거나 유명하거나 재야 또는 학생운동권에서 민주화에 큰 역할을 한 경력이 있어야 했다. 아니면 유력 정치인에게 잘 보여 공천을 받거나, 정치자금을 제공하고 비례대표로 국회의원직을 얻는 방법밖에 없었다. 이는 여야 모두 마찬가지였다. 이와 무관하게 혜성같이 나타나는 정치인도 있었지만, 이들도 곧 권력자나 '3김'의 영향력 아래 흡수되고 말았다.

하지만 이제는 지방정부 중에서도 기초인 시·군의원에서 시작해 광역의원, 기초단체장, 광역단체장으로 이어지는 '정치 엘리트 충원'의 새로운 루트가 생겨났다. 본인만 열심히 하면 '개천에서 용이 날' 수도 있는 시대가 된 것이다.

주민들은 과거 권위적으로 군림하는 공무원들의 등쌀에 시달리던 시대를 지나 이제 '행정서비스'를 향유하는 시대에 살고 있다. 지역마다 차이가 있지만 동사무소는 서비스 기관으로 바뀌었고, 군청이나 시청에 가도 거드름을 피우며 시민에게 군림하는 공무원은 찾아보기 어렵다. 이것이 바로 지방자치의 결과다.

근대 민주주의는 지방자치와 한 몸으로 발전했다. 일부 연구가들은 우리나라에서 지방자치가 시작된 시기를 일제강점기까지 소급하기도 한다. 일제강점기인 1920년 7월 도에는 평의회, 부와 면에는 협의회를 구성했고, 1930년 12월에는 부와 읍 협의회에 의결권을 부여하고 관선 면 협의회를 민선으로 바꾸는 등 지방자치가 시행됐다는 것이다.[84]

이런 배경에서 보면 1948년 제정된 우리나라 제헌헌법에 지방자치가 명문화된 것은 당연했다. 이듬해인 1949년 7월 지방자치법까지 제정·공포됐다. 하지만 이승만 대통령은 헌법과 법률에 명시된 지방자치제를 정치가 불안정하다는 이유로 실시하지 않았다. 그런데 1952년 4월 25일 한국전쟁 중에 돌연 지방의회 선거를 실시했다. 이는 매우 정략적인 선택이었다. 당시 이승만 재집권에 반대하는 국회를 무력화하기 위해 지방의회를 구성한 것이다.

1952년 4월 25일 제1회 시·읍·면 의회 선거가 치러지고, 5월 5일 시·읍·면 의회가 구성되는 등 매우 선진적(세부적)으로 지방의회를 구성한 셈이다. 그리고 5월 10일 전투 중인 서울·경기·강원을 제외하고 도의원 선거를 치러 5월 29일 도의회를 구성했다. 전쟁 중 태어난 읍·면·도 의원은 이승만 재집권에 동원됐다. "발췌개헌안이 통과된 지 한 달 후인 8월 5일 정·부통령 선거가 실시됐다. 그러나 뜻밖에도 이승만은 대통령 후보에 나서지 않겠다고 선언했다. 그러자 기다렸다는 듯이 민중자결단, 지방의회 의원 등에 의한 민의 동원으로 350만 명이 이승만의 재출마를 탄원하는 관제 민의를 동원했다. 대단한 사전 선거운동이었다."[85]

이렇듯 우리의 지방자치는 풀뿌리 민주주의라는 본래 의미가 아니라 독재자의 장기집권에 동원되는 용도로 출발했다. 지방의원의 도움으로 재집권에 성공한 이승만은 곧 지방자치에 회의를 느낀다. 주민이 선출한 지방의회가 자신이 임명한 단체장을 불신임하고 지방의원들의 청탁과 이권 개입이 빈발했기 때문이다.

진정한 의미의 지방자치는 4·19혁명 이후 도입됐다. 1960년 11월 1일 전면적으로 지방자치법이 개정되고, 12월 12일 제3대 도의원 및 도지사(서울시장), 시장, 읍·면장 선거가 실시됐다. 전문가들은 이것을 명실상부한 최초의 지방분권화로 꼽는다. 그러나 5·16쿠데타가 일어나자마자 쿠데타 세력은 지방의회를 일시에 모두 해산했다. 그리고 임시조치법으로 자치단체장을 임명제로 바꾸고 지방의회는 해산됐다. 지방자치를 폐지한 것이다.

1962년 제정된 헌법은 "지방의회 구성 시기는 법률로 정한다"라고 명시했다. 그리고 지방자치법을 정하지 않았다. 지방자치제는 헌법에만 남아 있을 뿐 사실상은 폐기된 것이다. 1972년 유신헌법은 아예 "지방의회 구성을 조국의 통일 때까지 유예한다"라고 규정했다. 전두환 정권의 1980년 헌법에는 "지방자치단체 재정자립도를 감안해 순차적으로 하되 그 구성 시기는 법률로 정한다"라고 명시했다. 이때도 지방자치법을 제정하지 않아 지방자치는 실시되지 않았다.

지방자치가 사라진 30여 년간 우리나라에는 중앙집권적 관치시대가 계속됐다. 정치권은 물론 행정가들도 강력한 중앙집권적 지도체제를 '지고의 선'으로 여겼고 지방분권을 혼돈의 원인으로 인식했다. 지방행정을 전공하거나 지방자치를 경험했던 60대에서 70대 노인들이나 지방자치를 알았지, 대부분 국민은 지방자치가 뭔지도 몰랐다.

본격적인 지방자치는 1987년 '6·10항쟁'으로 이뤄진 직선제 개헌에서 토대가 마련되기 시작했다. 1987년 헌법에 지방의회의 구성에 관한 유예 규정이 철폐된 것이다. 이는 풀뿌리 민주주의에 대한 열망 때문이었다. 1987년 13대 대통령 선거에서 노태우를 비롯한 김영삼, 김대중 등 여야 후보는 지방자치제 전면 실시를 공약으로 내세웠다. 하지만 대통령에 당선된 노태우는 지방의회만 구성하고 자치단체장 선출을 미루기로 결정했다.

13대 총선에서 여소야대가 실현되자 야 3당은 1989년 12월 31일

지방의회 및 단체장 선거 법안을 통과시켰다. 국민들은 이제 지방자치가 실시되는가 싶었다. 그러나 1990년 1월 22일 전격적인 3당 합당으로 지방자치 실시는 또다시 미뤄졌다. 218석의 거대 여당이 된 노태우 정부는 법에 명시된 지방자치를 연기하겠다고 선언했다. 이에 맞서는 유일 야당 평화민주당(이하 '평민당')은 70석뿐이었다.

바로 이 순간, 10월 8일 김대중(이하 'DJ') 평민당 총재가 '지자제 전면실시', '내각제 포기', '민생문제 해결', '군의 정치개입근절 및 보안사 해체' 등 4개 항을 요구하며 단식투쟁에 돌입한다. DJ는 서울 여의도 대하빌딩에 있는 평민당사 9층 총재실에 자리를 깔고 단식에 돌입했다. DJ가 단식을 강행한 것은 그때가 처음이자 마지막이었다. 평민당 소속 의원들의 동조 단식도 이어졌고, 정국은 급격히 얼어붙었다.

단식 중 당시 김영삼 민주자유당 대표최고위원이 병실을 찾아왔다. 그때 DJ는 "나와 김 대표가 민주화를 위해 싸웠는데 민주화라는 것이 무엇이오. 바로 의회정치와 지자제가 핵심 아닙니까. 여당으로 가서 다수 의석을 가지고 있다고 해서 어찌 이를 외면하려 하시오"라고 말했다.[86]

단식 8일째인 15일, DJ는 "더 이상 밀폐된 공간에서 단식할 경우 회복 불능의 상태에 빠질 수 있다"라는 의료진의 경고를 받아들여 신촌 세브란스병원으로 거처를 옮겼다. DJ는 세브란스병원에서도 단식을 계속해 13일 만인 20일에 단식을 끝냈다. DJ의 단식이 단초가 돼 정치권은 "1991년 6월 30일 이내 기초 및 광역 지방의회를 구성하고, 1992년 6월 30일 이내 기초 및 광역 지방자치단체장 선거를

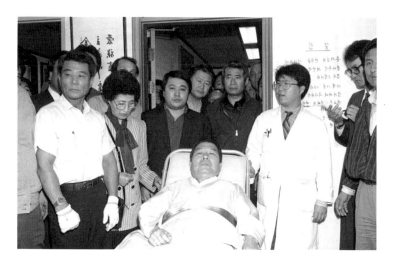

1990년 10월 15일 단식 8일째에 김대중 평민당 총재가 의료진과 함께 평민당사를 나와 병원으로 이송되고 있다. 김 총재는 병원에서 단식을 계속했다.

실시한다"라고 합의했다.

　DJ의 단식은 꺼져가는 지방자치를 되살리는 불씨가 됐다. DJ는 자신의 자서전에서 밝혔듯이 스스로 별명을 '미스터 지방자치'라고 할 정도로 지방자치에 애착을 가졌다. DJ는 1971년 7대 대통령선거 후보 때부터 '집권 1년 내에 지방자치제의 실시'를 선거 공약으로 내세웠다. DJ는 "제1차로 시·도 및 시·군 의회의 구성, 제2차로 자치단체장의 선출, 단 서울특별시, 부산직할시 및 각 도의 수장은 임명제를 계속 유지함으로써 중앙과 지방 간의 조화와 안정을 유지하겠다"라는 합리적 실천 방안을 제시했다.[87]

　1995년 6월 27일 드디어 지방자치단체장 선거가 실시됐다. 지방자치가 실종된 지 34년 만의 일이었다. 평민당이 신민당을 거쳐 3당 합당에 합류하지 않은 노무현·이기택 등을 영입해 통합민주당으로 당명을 바꾸고 김종필이 1995년 2월 충청권 의원들과 탈당하여 자유민주연합을 창당한 정치 지형 위에서 선거를 치른 결과 서울시장에 야당 후보(조순)가 당선되는 등 여소야대가 실현됐다.

일단 도입된 지방자치제도는 비약적으로 발전했다. 특히 노무현 정부는 수도(행정 분야)를 지방으로 이전하는 등 강력한 지방분권 정책을 시행했고, 2004년 7월 주민투표, 그리고 2007년 7월 지방자치의 꽃이라 할 수 있는 주민소환제까지 도입했다. 제도적 측면에서 우리의 지방자치는 선진국 수준이다. 그러나 제도와 함께 갖춰져야 할 예산이 뒤따르지 못해 지방정부는 중앙정부의 영향력 아래에 있다. '반쪽 자치'라는 말이 나오는 것도 이 때문이다. 정치에 예속된 자치, 지방 토호의 자치가 아니라 명실상부한 풀뿌리 주민 자치까지는 아직 갈 길이 멀다는 평가도 많다.

25년 전 꺼져가는 지방자치의 불씨를 살린 여의도 대하빌딩 주변은 예전 모습 그대로다. 하지만 대하빌딩 9층에 위치했던 평민당 총재실은 이제 그 흔적조차 남지 않았다. 이 빌딩 소유주인 김영도 하남산업 회장은 DJ에게 당사를 제공하고 전국구 국회의원이 됐다. 과거 돈이 없던 시절 당 운영에 도움을 준 사람에게 전국구 의원 자리를 주는 것은 일반적인 관행이었다. 새누리당 당대표를 지낸 김무성 의원은 YS가 어렵게 통일민주당을 이끌 당시 중림동 당사를 마련해주고 주요 당직을 얻으며 정치에 입문했다.

과거에도 그랬지만 지금도 이 일대는 정치 1번지다. 이곳은 현재 새누리당이 있는 한양빌딩과 바로 길 하나를 사이에 두고 있고, 바로 인근에 정의당사도 있다. 사실 이곳 대하빌딩은 정치권에서 '명당'으로 꼽힌다. 1995년 첫 지방자치 선거에서 조순 서울시장을 만들어낸 곳이고, 1997년 DJ가 바로 이 빌딩에서 정권교체를 이뤄냈다. 2007년 이명박 후보의 외곽조직도 이곳에 입주해 있었고, 2012년 대선 때 박근혜 후보가 이 빌딩 2층과 7층을 사용해 대권을 잡았다.

하지만 '용의 기운'이 쇠한 것인가? 이 빌딩 관리인은 "과거 정치인 사무실로 인기가 있었다는 신문기사를 본 적이 있다"라고 하면서, "하지만 지금 건물에 입주한 정치인은 아무도 없다"라고 말했다.

2015년 공교롭게 대하빌딩 9층에는 '경상남도 서울본부'가 입주해 있다. 이곳은 경상남도(2016년 현재 도지사 홍준표)의 서울사무실로, 경남 도청 공무원이 상주해 국회 및 정부 관련 업무를 처리한다. 경상남도 서울본부 구경호 주무관은 "올 1월 이곳으로 사무실을 정했다"면서, "이곳이 과거 평민당사가 있었던 곳인지는 몰랐다"라고 말했다.

과거 평민당사 시절 이곳에는 '전라도 사투리'가 넘치며 호남사람들이 득실거렸다. 그런데 25년이 지난 지금 이곳 9층은 시끄러운 '경상도 사투리'가 넘치는 곳이 됐다. 기막힌 역사의 반전이다. 게다가 홍준표 경남지사는 2015년 중·고등학생들에게 제공하던 무상급식을 중단해 주목을 받았다. 그리고 경남 지역에서는 홍 지사를 해임하려는 주민소환 운동이 벌어지고 있다. 이래저래 여의도 대하빌딩은 '지방자치제도', 그리고 '단식'과 인연이 깊은 곳 같다.

상도동 김영삼 전 대통령 사저

군정을 종식시키고 문민시대를 열다

1992년 12월 20일 서울 동작구 상도동, 꽹과리 소리와 장구 소리가 아직 동이 트지 않은 적막한 새벽을 깨웠다. 상도동 마을 주민들이 김영삼 대통령 당선을 축하하러 온 것이다. YS는 주민들에게 둘러싸여 집 아래 마을 놀이터까지 내려왔다. 그리고 "우리의 대통령 김영삼 만세"라고 적어 급히 만든 피켓을 든 주민들과 축하 잔치를 벌였다. 당시 현장에 있던 필자가 '현직이 아닌 대통령 당선자 신분이지만 저렇게 경찰이 경호를 하지 않아도 되는가'라는 의문이 들 정도로 격의 없는 분위기였다.

그로부터 23년이 지난 2015년 가을, 마을 잔치가 벌어졌던 상도동 그 놀이터에는 경찰 캠프가 들어서 있다. 그리고 상도동 골목이 시작되는 곳과 끝나는 곳에도 경찰 초소가 있다. 이곳을 경비하던 경찰은 "사진촬영을 할 수 없다"라며 필자를 제지했다. 아마 집에서 머물던 YS의 건강이 매우 좋지 않았기 때문일 것이다.

김영삼 전 대통령은 상도동 사저에서 가택연금과 단식 등 정치적으로 중요한 일을 겪었다. 그런 점에서 이곳은 문민시대를 연 현대사의 현장이다.

서울시 동작구 상도동, 요즘 도로명 주소로는 매봉로 2가길 11, 흰색 바탕의 문패에는 한자 이름 '金泳三'이 선명하다. 이곳은 한국 정치사에서 매우 중요한 장소다. 우리 현대사에서 YS의 '상도동'은 김대중 전 대통령의 자택이 위치했던 '동교동'과 함께, 단순한 지명이 아니라 하나의 정치세력을 나타내는 고유명사로 정착됐다. 무엇보다 '군정을 종식시키고 문민화의 시대'를 연 현장이 바로 이곳이다. 군인이 정치를 농락한 우리의 후진적 현대사를 마감하고 문민시대를 열었다는 그 한 가지 사실만으로도 이곳의 정치적·역사적 의미는 충분하다.

과거 상도동 YS 사저 주변에는 단층건물밖에 없어서 2층인 YS 사저는 특히 높아 보였다. 이제 주변 단독주택은 모두 5층 정도 높이의 빌라로 바뀌었지만, YS 사저는 그대로여서 오히려 왜소하게 느껴질 정도다. 좁은 앞마당의 향나무만 담장을 넘어 훌쩍 컸다는 생각이 든다. 격정의 현대사를 살았던 거산巨山(김영삼의 호)은 이곳에서 마지막으로 힘겨운 투병생활을 했다.

야당인 새정치민주연합이 2015년 9월 18일 창당 60주년 선포식 때 YS를 초청하는 등 상도동계까지 '야당 60년사 족보'에 아우르기로 했다고 한다. 사실 YS는 1955년 신익희, 조병옥 등 야당 세력이 만든 민주당 창당발기인 33인에 포함될 정도로 야당 생활을 오래 한 정치인이다. 특히 1970년대와 1980년대 유신과 군사독재 정권 때 민주화운동의 최전선에 섰던 빼놓을 수 없는 야당 지도자다.

YS의 정치적 후배인 상도동계가 만든 김영삼민주센터도 '한국야당사 60년 구술 프로젝트'를 주요 사업으로 꼽고 있다. YS의 상도동계가 '한국야당사 60'년을 기획하고 있다는 이야기는 그들 스스로가 자신의 뿌리와 줄기가 야당이라고 자부한다는 뜻이다.

사실 상도동은 DJ의 동교동과 함께 우리나라 야당의 한 줄기이며, 민주화운동 추동 세력의 본산으로 꼽혔다. 굳이 구별한다면 YS는 민주당 구파고 DJ는 민주당 신파로, 출신 계보만 조금 다르다.

YS는 1954년 5월 제3대 국회에 여당인 자유당 소속으로 국회의원이 됐지만, 1년도 안 된 1955년 4월에 이승만의 3선 개헌(사사오입 개헌)

에 반대하며 자유당을 탈당해 야당인 민주당의 창당발기인으로서 야당 생활을 시작했다. 이후 1958년 4대 총선에서 야당으로 출마했으나 자유당의 극심한 부정선거에 막혀 낙선했다. 4·19학생혁명 이후 치러진 5대 총선에서 YS는 민주당 소속으로 당선되어 여당 의원이 됐지만, 민주당 구파였기 때문에 탈당해 신민당에 합류했다.

따라서 YS의 여당 생활은 4개월 정도밖에 되지 않았다. DJ가 민주당 신파로 대변인 등 여당 주요 당직을 맡은 것과 대비된다. 그리고 5·16쿠데타를 계기로 두 사람은 다시 야당 소속이 됐다. 이들은 민주당, 민중당 등 분열된 야당을 거쳐 1967년 통합 야당 신민당에서 다시 만났다. YS는 1968년 '향토예비군 폐지'를 주장해 공화당으로부터 좌파라는 비난을 받을 정도로 당시 진보적 정치인이었다.

YS는 1969년 11월 8일 지지부진한 야당에서 '40대 기수론'을 들고 나왔다. 그리고 1971년 야당 대통령선거 경선에 나섰다. YS는 1차 투표에서 1위를 차지했으나 과반에 못 미쳐 2차 투표에서 DJ에게 역전패하고 말았다. 하지만 YS는 묵묵히 DJ 선거를 도왔고, 유신 반대 투쟁을 함께했다. 1980년 신군부에 의해 외유와 정치활동이 중지됐을 때도 두 사람은 민주화 동지로서 일관되게 투쟁했다. DJ가 사형 선고를 받았다가 미국의 도움으로 석방돼 미국에서 망명 생활을 할 때 YS는 가택연금을 당해 바로 이 상도동에서 갇혀 지냈다. 행동의 제약은 아마 YS가 더 심했을 것이다.

YS는 1983년 5월 18일 광주 민중항쟁 4주년을 맞아 단식투쟁에 돌입했다. 민주화 5개 항을 내건 상도동 단식은 5월 25일 서울대병원으로 이어져 6월 9일까지 계속됐다. YS는 의사의 권유로 단식을

1983년 5월 경찰이 상도동 김영삼 전 신민당 총재 자택으로 통하는 통로를 차단한 모습. 당시 YS는 민주화 5개항을 내걸고 단식투쟁을 진행하고 있었다.

끝내며 "나의 투쟁은 끝난 것이 아니라, 이제 겨우 시작을 알렸을 뿐이다"라고 일갈했다.

결국 그는 상도동 단식을 통해 가택연금 해제라는 성과를 얻어냈다. 그리고 민주산악회를 조직해 세력을 늘리다가 1984년 민주화추진협의회을 만들어 신민당 돌풍을 일으켰다. 정통 야당을 복원시킨 YS는 1987년 6·10항쟁을 통해 직선제 개헌을 이뤄냈다. 사실 이 시기 상도동은 거의 유일한 민주화투쟁의 거점이었다. DJ는 미국에서 망명 중이었기 때문이다.

어떻든 YS는 군정을 종식시키고 문민정부를 탄생시켰다. 상도동

세력이 만든 '김영삼민주센터'도 YS의 업적 가운데 '문민시대 개막'을 단연 첫 번째로 꼽고 있다. 이 센터는 문민정부의 업적으로 '군사정권을 실질적으로 종식하고, 금융실명제 및 부동산실명제 실시, 공직자 재산공개제도 도입, 지방자치제 전면 시행, 군사독재 시대의 역사적 청산, 경제협력개발기구(OECD) 가입, 군 평시작전통제권 회수, 분단 이후 최초로 남북정상회담 합의와 추진, 북핵문제 해결을 위한 경수로 지원' 등을 나열하고 있다. 사실 나열된 것 하나하나가 매우 중요하고 의미 있는 사안이다.

하지만 그동안 YS에 대한 역사적 평가는 우호적이지 않았고 어떤 점에서는 야박하기까지 했다. 그렇게 부정적으로 평가받은 요인은 3당 합당을 추진하고 IMF 경제위기를 초래한 장본인이라는 점일 것이다. 정치컨설팅 회사 '폴컴'의 대표 윤경주는 이를 '3당 합당 콤플렉스'라고 표현했다. 그는 "한국 정치를 근본적으로 왜곡시킨 3당 합당을 통해 집권한 것이 민주세력임을 자부하는 그에게 집권 내내 콤플렉스로 작용했다"라고 지적했다. 김호진 고려대학교 명예교수는 『한국의 대통령과 리더십』이라는 책에서 "1990년 3당 합당 등의 승부사적 기질은 외아들 특유의 소영웅주의적 충동성"에서 나왔다고 평가했다.[88]

그러나 따지고 보면 한국 정치의 가장 큰 왜곡은 3당 합당보다는 1987년에 일어난 양 김의 분열이었다. 1987년 대선에서 YS는 DJ의 양보를 기대했다. 1971년 자신이 패배를 인정하고 그를 도왔던 것에 대한 보답을 기대했고, 여론조사에서도 앞섰기 때문이다. 하지만 DJ는 어설픈 '4자 필승론'으로 독자적으로 출마했다. 물론 노태우의 분열공작도 작용했다. 결국 YS는 DJ보다 23만 표를 더 얻었지만 정권을 신군부세력에 헌납하고 말았다.

YS는 1990년 1월 22일 3당 합당과 1992년 대선 승리를 거쳐 1995년 11월 16일 '역사바로세우기'를 앞세워 5·18특별법을 제정하며 신군부세력과 결별하기 전까지 5년을 제외하면 민주화 세력의 길을 걸었다. YS는 DJ와 달리 끝까지 박정희 정권과 화해하지 않고 박근혜 정부에도 비판을 서슴지 않았다. YS의 '정치적 분신'이라고 할 수 있는 아들 김현철 씨가 2012년 대선에서 사실상 문재인 후보를 지지했던 것도 같은 맥락이다. 45년 정치 역정에서 YS가 반민주세력과 동거해 여당 생활을 한 것은 5년 정도에 지나지 않는다.

이는 사실 DJ와 엇비슷하다. DJ도 1996년 중순부터 쿠데타 세력인 김종필과 정책 공조를 하다가 1997년 대선에서 DJP연합으로 정권을 잡았다. '반민주 세력과의 동침'인 DJP연대는 2001년 9월까지 계속됐다. DJ도 YS와 마찬가지 선택을 했는데 유독 YS에게만 3당합당의 '굴레'를 씌워 비난하는 것은 공평하지 못하다. YS의 상도동 후배들이 선배의 민주화 정신을 잃고 변신하고 변절한 것도 YS의 평가에 영향을 주었을 것이다.

결국 YS는 2015년 11월 22일 88세의 일기로 세상을 떠났다. 그가 서거했을 때 많은 사람은 그를 '진정한 민주화 기수'라고 추모했다. 이제 YS는 정치학자와 역사학자가 역사적으로 평결을 내려야 할 장으로 넘어갔다.

2010년 설립된 김영삼민주센터 김수한 이사장(전 국회의장)은 "김영삼 전 대통령의 줄기찬 민주화운동 과정과 문민정부의 역사적 업적,

자료 일체를 수집·정리하기 위해 설립했다"라고 센터의 설립 취지를 밝혔다. 사료와 증언을 모아 YS의 역사적 평가에 본격 대비하겠다는 의지로 읽힌다.

이들은 상도동 사저에서 조금 떨어진 상도동 로터리에 지하 4층, 지상 8층의 '김영삼기념도서관'도 건립했다. 이 도서관은 공연장과 전시관, 연구공간, 집무실 등을 갖추고 2015년 9월에 준공됐다. 김영삼민주센터 김정렬 사무국장은 "건물은 거의 됐는데 도서관 세 개 층에 전시물, 즉 아카이브를 채우는 데 시간이 많이 걸렸다"라고 말했다. 기념도서관 운영은 대학에 의뢰하는 것으로 내부 의견이 모아지고 있다고 밝혔다.

이미 정치학자들은 양 김 시대를 다양하게 연구하고 있다. 그 가운데 대표적인 것이 '87년 체제' 논쟁이다. 그런데 연구자들은 87년 체제를 제왕적 대통령 중심제 극복이라는 측면만 바라본다. 87년 체제의 본질적 문제인 민주세력의 분열은 외면하는 분위기다. 1987년의 단일화 실패는 노태우의 '분할 전략'도 하나의 원인으로 작용했지만, 누가 뭐라 해도 YS와 DJ의 '권력욕' 때문에 일어난 일이다. 당시에는 두 사람이 분열해서는 안 된다며 삭발까지 한 박찬종 등 몇몇 정치인을 '이단아'로 취급했다.

그 결과는 정권을 신군부의 연장세력에게 '헌납'한 것만으로 끝나지 않았다. 1987년 단일화 실패는 정치권은 물론 학생운동권, 노동계, 재야 민주세력까지 철저하게 양분시켰다. 이렇게 대권 욕심에 따라 정치적 이합집산이 이뤄지다 보니 원칙이나 신념, 명분 등 정치 고유의 가치는 사라지고, '정치는 생물'이라는 정체 모를 논리로 변절과 야합이 합리화됐다.

　1987년 체제가 남긴 유산은 지금도 고스란히 전해지고 있다. 노동·통일운동가 출신 김문수와 역시 학생 통일운동가 김부겸이 당을 달리해 한 지역구에서 싸워야 하는 현실이 이를 상징적으로 웅변한다. 손학규는 YS에게 갔다가 다시 DJ에게로 오는 혼란을 겪어야 했다. YS의 측근 김덕룡은 지난 대선에서 야당 후보를 지지했다. 사실 지금 여야 대표인 김무성과 문재인을 정치로 끌어들인 선배도 따지고 보면 YS다. 결국 87년 체제는 원칙과 노선, 태생에 따른 정당의 역사성 회복을 통해 극복될 수 있지 않을까? 그것은 이곳 상도동을 동교동과 같은 눈높이에서 바라보는 일에서부터 시작될 것이다.

세종로 정부서울청사에서 남대문시장까지

경제주권을 잃은 무능한 관료, 금 모아 국난을 극복한 민초

2015년 세계경제를 뒤흔든 유럽발 경제위기의 진앙지는 그리스였다. 그리스는 2010년과 2012년 두 번이나 국제통화기금IMF으로부터 거액의 자금지원을 받고 긴축재정과 자산 매각을 약속했으나 이를 이행하지 못했고, 결국 IMF 구제 프로그램이 종료됐지만 부채를 상환하지 못했다. 혹독한 IMF의 요구조건에 맞서겠다며 정권을 잡은 급진좌파연합 시리자의 알렉시스 치프라스 총리는 젊음, 그리고 국민투표에서 61%를 얻은 긴축 반대 여론을 무기로 유럽연합EU과 벼랑 끝 3차 협상에 나섰다.

하지만 EU는 냉정하게 긴축재정과 국유자산 매각이 없으면 그리스에 추가 재정지원이 불가하다는 입장을 고수했다. 우여곡절 끝에 그리스는 3차 금융지원을 얻어냈지만 실질적으로 연금 삭감, 실업 등 혹독한 경제 상황이 이어졌다. 그리스 국민의 입장에서는 달라진 것이 없었고, 이는 결국 치프라스 총리의 사퇴로 이어졌다(하지만 그는

우리나라에서도 그리스 사태의 진전을 바라보며 남의 일 같지 않다고 느낀 사람이 많았다. 우리도 국가부도 탓에 혹독한 IMF 구제금융 기간(1997년 12월 3일~2001년 8월 23일)을 거쳤기 때문이다. 우리는 이전에도 세 번이나 IMF 구제금융을 받은 적이 있지만 국민이 알지 못할 정도로 후유증 없이 지나갔다.

하지만 1997년 12월은 달랐다. 1997년 12월 'IMF 체제'는 대한제국이 외교권을 박탈당한 을사늑약에 비견되며 경제주권을 빼앗긴 '경제국치' 또는 '환란換亂'으로 평가받는다. 실제로 당시 언론은 1면에 "'경제 신탁통치' 12월 3일을 잊지 맙시다"라는 제목을 기사를 싣기도 했다.[89]

한국에서는 대통령 선거 직전이던 당시에 IMF 미셸 캉드쉬 총재는 각 당 대통령 후보에게 IMF와 협의한 내용을 이행할 것을 다짐하는 각서를 쓰라고 요구했다. 경제위기를 초래한 여당 이회창 후보가 각서에 서명했다. 김대중 후보 측은 '주권국가의 자존심을 짓밟는 처사'라고 불만을 토로했지만 결국 서명했다. 이인제 후보는 직접 서명을 않고 전화로 당대표의 직인을 찍어주는 것에 동의하는 방법으로 각서에 서명했다.

일단 김영삼 대통령의 문민정부 시기로 되돌아가 보자. YS의 박재윤 경제수석은 '신경제'라는 용어를 도입했다. 문민정부는 재정·세제·금융·행정규제·의식 등 경제 분야 다섯 가지를 모두 뜯어 고치겠다는 의욕으로 넘쳤다. 금융실명제를 실시(1993년 8월 13일)하는 등 개혁을 시도했지만, 관료와 재벌의 저항은 집요했다. YS 정부는 신경제정책이 표류하자, 이번에는 '국제화·세계화'를 들고 나왔다. 1995년에는 경제협력개발기구OECD에 가입했다.

하지만 경제는 내리막길을 걷고 있었다. 경상수지는 1994년 45억 달러 적자에서 1996년에는 무려 237억 달러 적자로 크게 악화됐다. 경제성장률도 1995년 8.9%에서 1997년 5.5%로 가라앉았다. 5%대 성장률은 지금 기준으로 보면 높지만 당시로서는 최악의 성장률이었다. OECD 가입으로 수입자유화율은 99.9%에 이르렀다.

이러한 급속한 개방에 비해 국내 기업과 제도는 개혁되지 않았다. 외채는 아예 정확한 집계조차 되지 않았다. IMF 이후 정확한 한국의 채무상태를 알기 위해 세계은행에서 조사한 바에 따르면, 한국의 총 대외지불부담은 1997년 말 기준 1530억 달러에 달했다. 이는 미국 다음으로 많았다.[90]

급기야 재벌은 망하지 않는다는 '대마불사'의 신화가 깨지기 시작했다. 1997년 1월 한보그룹이 부도가 난 데 이어 3월 20일 삼미그룹, 7월 15일 수만 개 하청업체가 딸려 있던 기아그룹도 각각 부도가 났다. 한 해에만 무려 12개 재벌이 무너졌다. 재벌그룹이 이럴진대, 중소기업은 말할 것도 없었다. 1993년부터 1997년 6월 사이 무려 5만 3000여 개 중소기업이 도산했다. 그런데도 언론 대부분은 '우리 경제는 펀더멘털이 좋아 경제위기는 없다'고 보도했다.

1997년 11월 14일 강경식 경제부총리는 청와대에 "미국 등 우방으로부터 돈을 빌려보겠으나 여의치 않으면 IMF로 가야 한다"라고 보고했다. YS는 11월 19일 강 부총리와 김인호 경제수석을 경질하고, 임창렬 재정경제부 장관을 경제부총리로 임명해 마지막 반전을

1997년 12월 3일 세종로 정부서울청사에서 미셸 캉드쉬 IMF 총재가 임창렬 재경부 장관과 구제금융 합의서에 서명하고 있다.

꾀하지만, 결국 21일 IMF에 구제금융을 신청하기로 공식 발표했다. 1997년 12월 3일 캉드쉬 IMF 총재가 세종로 정부서울청사에서 임창렬 재경부 장관과 공식적인 구제금융 합의서에 서명했다. 이것이 바로 IMF 체제의 시작이다. 하지만 서명식에 참석한 우리 경제 관료들은 비통함을 보이기는커녕 일부는 웃기까지 했다.

서울 정동길에는 을사늑약이 체결된 중명전이 보전돼 있다. 이 중명전에서 이완용 등 을사오적이 일본 특사인 이토 히로부미 앞에서 나라의 외교권을 넘겨주는 을사늑약에 찬성했다. 이에 장지연은 "오호라, 개돼지 새끼만도 못한 소위 우리 정부 대신이라는 작자들이 이익을 추구하고, 위협에 겁을 먹어 나라를 파는 도적이 되었으니, 사천 년 강토와 오백 년 종사를 남에게 바치고 이천만 국민을 남의 노예로 만들었으니……"라고 통곡하며 관료들을 비난했다.[91] 심지어 이한응, 민영환, 조병세 등은 을사늑약 체결에 반대해 자결했고, 최익현, 신돌석, 유인석 등은 의병을 일으켰다.

그로부터 92년이 지난 1997년 12월 우리는 경제주권을 IMF에 넘겨줬다. 92년 전 선배 관료들이 국제정세를 몰랐거나 대비를 소홀히 한 것이라면, 후배들은 나라의 경제, 특히 외환을 잘못 관리한 것이다. 92년의 시차를 두고 나라의 지도자와 관료가 무능했기 때문에 빚어진 일이다. 환란 이후 YS는 여당에서도 뭇매를 맞는 수모를 당하다 9%의 지지율을 기록하고 쓸쓸하게 청와대를 떠났다. 강경식 경제부총리와 김인호 청와대 경제수석도 사법처리됐다.

하지만 그것으로 끝이었다. 경제주권을 넘겨준 현장인 정부서울청사는 과거의 치욕을 '모른 척'하며 꿋꿋하게 서 있다. 이곳에 있던 총리실을 비롯해 과천청사의 경제부처도 2012년 세종시로 이전했다. 경제주권을 상실했던 현장인 정부서울청사 12층에서는 매주 총리가 주재하는 국무회의가 열렸다. 국무회의실에는 역대 총리의 초상화가 고급스러운 액자에 끼워져 걸려 있다. 최소한 국무회의실 역대 총리 초상화 아래 "이곳이 우리 공무원들의 잘못으로 경제주권을 IMF에 넘겨준 치욕의 자리입니다. 우리 모두 역사의 죄인 심경으로 최선을 다해 국민에게 봉사합시다"라는 경구 하나 정도는 남겨 놓는 것이 국민에 대한 최소한의 도리 아니었을까?

이 IMF체제에서 서민은 참혹한 삶을 살아야 했다. 실업자가 200

만 명에 이르렀고, 부모가 버린 자녀들도 3000명을 넘어섰다. 수업료를 내지 못한 초등학생이 여섯 배나 급증했다. 부도 난 중소기업의 사장은 빚쟁이를 피해 고시원과 절로 도주했다. 가정은 해체되고 자살자는 급증했다. IMF는 우리 국민에게 '가정의 해체와 파탄', '다시 기억하고 싶지 않은 악몽'으로 기억된다.

을사늑약에 분노해 의병을 일으킨 주체가 민중(서민)이듯 지도자와 관료의 무능과 재벌의 탐욕으로 빼앗긴 경제주권을 다시 찾는 데 불씨를 지핀 이도 바로 서민이었다. 1998년 1월 9일 서울 주택은행 남대문지점에서 시작된 '금 모으기 운동'이 그것이다. 남대문시장 상인들이 집 안 장롱에 있던 금을 모아 팔아 달러를 들여오자는 운동을 벌인 것이다. 여기서 시작된 금 모으기 열풍은 전국으로 번졌다. 이를 사람들은 일제강점기인 1907년 벌어졌던 국채보상운동에 빗대어 '제2의 국채보상운동'으로 불렀다.

이 금 모으기 운동의 시작이 '김대중 대통령의 아이디어'라는 주장이 있다.[92] 하지만 남대문시장 상인들의 새마을부녀회가 '장롱 속 애국가락지 모으기 운동'을 시작한 것에서 비롯됐다는 주장이 더 설득력 있다.[93]

물론 금 모으기 행사는 국가 재정이라는 관점에서 보면 바람직하지 않은 행위였다. 국제적으로 금값이 하락하던 상황에서 국부를 헐값에 해외에 유출한 일이었기 때문이다. 또 금 모으기 행사는 정치적으로 이용된 측면도 있었다. 금 모으기 운동에 관한 연구로 석사학위를 받은 백은진은 "재경부의 경우에는 금 판매대금의 유입으로 인한 외환보유액 획득이라는 가시적 경제성과와 정치적 책임론을

1998년 1월 시민들이 금 모으기 행사에 동참할 것을 호소하는 유인물을 나눠주고 있다.

무마하고 국민의 신임을 얻기 위해 적극적으로 참여했다"라면서, "하지만 한국은행은 환차손 발생과 통화관리의 어려움을 예상해 소극적인 태도를 취했다"라고 분석했다.[94]

정치적·재정적 이해득실이라는 문제는 있었지만, 금 모으기 행사는 국민이 단결해 국난을 극복하는 한국인의 저력을 세계에 알린 운동이었다. 당시 세계는 우리의 금 모으기 운동에 주목했고, 2015년 그리스 사태 때 한국의 금 모으기 사례가 언급되기도 했다. 2001년 8월 23일 우리가 IMF로부터 받은 구제금융 195억 달러를 조기에 상환하고 IMF 관리 체제에서 벗어난 요인 가운데 바로 이 서민들이 나섰던 금 모으기 운동도 있었음을 부인하기는 어렵다.

금 모으기 운동이 처음 벌어진 주택은행 남대문 지점은 국민은행 숭례문 지점으로 바뀌어 있다. 주택은행이 국민은행에 합병된 것도 IMF 때문일 것이다. 이곳 역시 17년 전 금 모으기 운동이 벌어진 현장이라는 표시도 없고 그것을 아는 사람도 없다. 은행 관계자는 "이곳이 IMF 때 금 모으기 행사가 시작된 곳이라는 것도 모르고, 주택은행 사사社史에도 그런 기록은 없는 것으로 알고 있다"라고 말했다.

사실 금 모으기 운동의 첫 번째 '주역'은 주택은행이라기보다 이 주변 남대문시장 상인들일 것이다. 그들은 새벽부터 밤늦게까지 일하며 모았던 금반지 한 개, 금목걸이 한 개를 기꺼이 달러로 바꾸라고 내놓았다. 그 순진한 애국자들은 지금 이 순간에도 남대문시장을 지키며 관광객을 대상으로 열심히 물건을 팔고 있다.

역사를 보면 위기 때마다 나라를 지킨 것은 민중民草이다. 하지만 나라를 구한 민초는 대접을 받기는커녕 언제나 가장 먼저 고통을 받고 있다.

IMF의 가장 잔혹하고도 집요한 유산은 바로 고용의 유연성, 쉽게 말하면 비정규직 문제다. 여러 경제·사회·노동 전문가는 IMF의 유산으로 구조조정을 쉽게 한 신자유주의 도입을 꼽는다.[95] 2013년 OECD 통계에 따르면, 우리나라 비정규직 근로자 비율은 22.4%로, OECD 평균 11.8%보다 두 배나 높다. 이는 OECD 28개 회원국 중 4위다. 비정규직이 정규직으로 전환되는 비율도 22.4%에 지나지 않아 OECD 평균 53.8%의 절반도 안 된다.

그런데도 최근 정부와 여당은 노동개혁을 통해 고용의 유연성을 더 강화해야 한다고 목소리를 높이고 있다. 이들은 침체된 경제위기의 주범이 장기근속이라고 주장한다. 그렇게 목소리를 높이는 최경환 경제부총리는 바로 18년 전 IMF 사태를 야기한 김인호 청와대 경제수석의 보좌관 출신이다. 청와대 경제수석 보좌관의 책임은 막중하다. 그가 IMF 이후 좌천됐다가 공직을 그만둔 것도 그 때문일 것이다. 그런 국민경제의 '죄인'이 다시 경제정책의 최고 책임자가 되는 현실. 이는 역사를 기억하지 않은 우리 민초의 서러운 죗값인가.

개성공단

남북정상회담의 결실, 보수정권이 폐쇄하다

남과 북의 정치 권력자들은 서로 비난하거나 경쟁했지만, 한편으로는 협상도 했다. 1972년 박정희 대통령은 '괴뢰'로 비난하던 북한에 이후락 중앙정보부장을 보내 김일성 주석과 만나게 했다. 이렇게 만들어낸 7·4남북공동성명은 남북정상회담의 시작이었고, 이때 합의한 '자주·평화·민족대단결'이라는 3원칙은 남북관계의 기본 정석이 됐다.

전두환 정권 시기인 1985년 장세동 안기부장은 김일성 주석을 면담하며 남북정상회담을 추진했지만 성사되지 않았다. 야심차게 북방정책을 추진한 노태우 정권 시기에는 서동권 안기부장이 김정일 국방위원장(당시 조선노동당 총비서)을 면담하는 등 다각도로 남북 접촉이 이뤄졌지만 정상회담은 불발에 그쳤다. 1994년 6월 지미 카터 전 미국 대통령의 중재로 김영삼 대통령과 김일성 주석 간 남북정상회담이 추진됐다. 남북은 부총리급 예비접촉 끝에 1994년 7월 25일에 정상회담을 열기로 극적으로 합의했다. 그러나 7월 8일 김일성 주석이 갑작스럽게 사망하면서 정상회담은 이루어지지 못했다.

결국 첫 남북정상회담은 김대중 대통령 집권 시기에 실현됐다. 임동원 국정원장과 북한 김용순 조선노동당 통일전선사업 담당비서가 한 달간 접촉한 끝에 2000년 6월 13일부터 15일까지 평양에서 남북정상회담을 열기로 합의한 것이다.

6월 13일 오전 서울공항을 떠난 공군 1호기는 1시간여 비행 끝에 10시 30분쯤 평양 순안공항에 착륙했다. 김정일 국방위원장은 활주로 비행기 트랩 아래까지 나와 김대중 대통령과 악수하고 포옹했다. 김대중 대통령은 "남녘동포의 뜻에 따라 민족의 평화협력과 통일에 앞장서고자 평양에 왔습니다……"라는 평양 도착 성명을 읽었다.

김대중 대통령과 김정일 국방위원장은 승용차에 함께 탑승해 평양시민의 환호를 받으며 숙소인 백화원 초대소에 도착, 역사적인 남북정상회담 일정을 시작했다. 6월 14일, 3시간 50분에 걸친 남북정상회담 끝에 나온 결과가 바로 '6·15남북공동선언'(이하 6·15선언)이다.

다섯 개 기본조항으로 이뤄진 6·15선언을 요약하면 다음과 같다. 첫째, 통일문제는 주인인 우리 민족끼리 자주적으로 해결한다. 둘째, 통일은 남측의 연합제 안과 북측의 낮은 단계의 연방제 안에서 공통점을 찾아 지향한다. 셋째, 이산가족과 비전향 장기수 등 인도적 문제를 조속히 해결한다. 넷째, 남북 각 분야 교류 및 경제협력을 통해 민족경제를 균형적으로 발전시킨다. 다섯째, 당국 사이의 대화를 조속히 개최하며 남측은 북측 김정일 국방위원장을 서울에 초청한다.

2000년 6월 13일 평양 순안공항에서 분단 이후 처음으로 남북 정상이 만났다. 두 정상은 회담을 통해 6·15선언을 발표했다.

세계 유일의 분단 지역인 한반도에서 일어난 남북한 정상의 평화 정착 노력에 세계는 뜨거운 관심을 보였다. 빌 클린턴 미국 대통령, 장쩌민 중국 국가주석, 모리 요시로 일본 총리, 블라디미르 푸틴 러시아 총리 등 한반도 주변 국가 정상이 이를 축하했다. 남북정상회담은 2000년 AP 선정 세계 10대 뉴스 중 5위를 차지할 정도로 세계적인 주목을 받았다. 김대중 대통령은 그해 노벨평화상을 수상했다.

이후 남북한 사이에 다양한 분야에서 교류와 협력이 오갔는데, 그중 가장 가시적인 성과물이 바로 개성공단이다. 남북정상회담을 막후에서 성사시킨 주역은 국정원과 현대그룹 정주영 회장이다. 당시 국가정보원 국내담당 2차장을 지낸 김은성 씨는 "2000년 6월 남북정상회담 직후 현대 고위 관계자들이 평양을 방문, 김정일 등 북한 최고위층을 만나 개성공단 건설 프로젝트를 구체적으로 협의했다"라고 밝혔다. 당시 국정원 내에서는 개성공단 건설에 반대했으나, 임동원 국정원장은 "경제적으로 효과가 크고 인건비도 적게 들어가니까 우리 기업에 이득이다. 경협이 잘되면 남북 평화도 빨리 온다"라며 반대 분위기를 무마했다고 한다.[96]

개성공단은 남북정상회담에 기여했던 현대에 대한 일종의 보상 수단이기도 했다. 김 대통령은 퇴임 직전인 2003년 2월 14일 현대 대북 송금 문제를 둘러싼 논란에 대해 이렇게 해명했다.

국민의 정부는 남북정상회담 추진 과정에서 이미 북한 당국과 많은 접촉이 있던 현대 측의 협력을 받았다. 현대는 대북 송금의 대가로 북측으로부터 철도·통신·관광·개성공단 등 7대 사업권을 얻었으며, 정부는 그것이 평화와 국가 이익에 크게 도움이 된다고 판단했기 때문에 실정법상 문제가 있음에도 불구하고 이를 수용했다.[97]

개성공단은 2003년 6월 30일 1단계 개발이 시작돼 2004년 시범단지 생산품이 처음 반출됐으며, 2006년 1차 입주기업의 생산품이 반출됐다. 2004년 발표된 개성공단 세부 조성계획에 따르면 2011년까지 총 2000만 평의 부지에 800만 평의 공단과 1200만 평의 배후도시가 들어서는, 남한의 창원공단을 능가하는 대규모 프로젝트였다. 여기에 2000개 이상의 기업이 70만 명의 북한 근로자를 고용해 500억 달러 이상의 물품을 생산하겠다는 계획을 세웠다. 남측의 자본과 기술, 북측의 토지와 인력이 결합된 명실상부한 민족 공동번영의 '작품'이었다.

2007년 10월에 이뤄진 노무현 대통령과 김정일 국방위원장 사이의 제2차 남북정상회담에는 개성공단 2단계 개발 논의가 포함돼 있었다. 이때 합의된 '남북관계 발전과 평화 번영을 위한 선언(10·4선언)'은 제1차 남북정상회담의 내용을 더욱 구체화하는 것이었다.

남북은 각 부문의 교류·협력 확대와 백두산 관광, 이산가족 상설면회에도 합의했다. 경제적으로는 서해 평화협력 특별지대 조성, 남북 철도와 도로 연결, 조선단지 협력 등도 포함됐다. 정세현 전 통일부 장관은 "10·4 선언은 한마디로 정리해서 남북관계 개선과 교류·협력을 풀어나가는 설명서이자 로드맵"이라고 말했다.

하지만 남한에서 정권이 바뀌면서 개성공단은 시들해졌다. 급기야 이명박 정부는 2010년 3월 26일에 벌어진 천안함 침몰사건과 관련해 대북 신규 투자를 금지하는 이른바 5·24조치를 발표했다. 이후 남북관계는 급속하게 냉각기에 접어들었고, 앞서 합의했던 개성공단 확장 계획은 중단됐다.

참여정부 시절 청와대, 이명박 정부 시절 개성공단에서 관련 실무를 담당했던 김진향 전 카이스트 미래전략대학원 교수는 "이명박 정부가 들어서자마자 우리 김하중 통일부 장관이 '북핵문제 해결 없이 개성공단은 한 발자국도 못 나간다'고 주장하는 등 이미 5·24조치 이전에 대북 신규 투자와 추가 고용이 동결됐다"라고 증언했다. 천안함 침몰 이전부터 대북정책 기조가 완전히 바뀌었다는 것이다.

이후 제3차 남북정상회담은 지금껏 열리지 않고 있다. 사실 이명박 정부도 '은밀히' 남북정상회담을 추진했다. 이 대통령은 자신의 회고록에서 "북한이 천안함 피격 사건에 대해 사과가 아닌 유감을 표명하고 5억 달러 선지원을 요구해서 정상회담을 포기했다"라고 밝혔다.[98] 하지만 이 대통령은 2009년 측근 임태희 대통령 비서실장(당시 노동부 장관)을 싱가포르로 보내 북한 김양건 조선노동당 통일전선부장과 비밀회동을 한 것으로 드러났다. 이는 위키리크스Wikileaks가 미국 국무부 기밀자료를 폭로하는 과정에서 알려졌고, 후에 임태희 실장도 이런 사실을 시인했다.

이 대통령은 또 2011년 5월 김태효 청와대 대외전략기획관을 통해 베이징에서 3차 남북정상회담 추진을 논의했으나 무산되기도 했다. 이 대통령도 처음에는 이전 정부가 추진한 햇볕정책을 거부했지만, 이후 남북관계 개선을 위해 나름 돌파구를 모색했다. 그만큼 남북의 권력자는 '정치적 의도'를 위해 남북정상회담에 집착했다.

이명박 정부가 내린 5·24조치는 여전히 유효하다. 아니 남북 갈등의 벽은 오히려 더 높아지더니 최근에는 돌이킬 수 없는 수준에까지이른 느낌이다. 남북정상회담의 결과물 중 유일하게 남아 있던 개성공단은 박근혜 정부 들어 한 차례 공장 가동이 중단되더니 정부의 전면 중단 선언 이후 급기야 2016년 2월 11일 갑작스럽게 폐쇄됐다.

2013년 가동 중단 당시 입주업체들의 눈물 어린 호소와 관련 시민단체 및 재계의 노력으로 개성공단은 겨우 재가동됐다. 개성공단 정상화 촉구 비상대책위원회(공동위원장 한재권)는 이 공로로 2013년 12월민족화해협력 범국민협의회(홍사덕 대표상임의장)와 경향신문사가 주최하는 '제11회 민족화해상'을 수상하기도 했다. 개성공단 재가동이 남북관계에 얼마나 중요했으면 민족화해상을 줬겠는가.

하지만 북한의 핵실험과 로켓발사를 이유로 우리 정부는 개성공단 중단 조치를 단행했다. '개성공단은 북한 핵개발의 돈줄'이라는것이 우리 정부의 주장이다. 이에 대해 개성공단에서 오래 근무한김진향 전 교수는 "개성공단 북한 근로자 월급이 70달러, 연장·야근,간식비까지 다 합쳐서 평균 150달러 수준"이라면서, "중국 기업에 취업한 북한 근로자는 평균 300달러에서 400달러, 북한 근로자가 많이간 중동에선 1000달러를 받는다"라고 말했다. 개성공단이 북한의 돈줄이라는 주장은 천만의 말씀이라는 것이다.

개성공단이 북한 핵개발의 돈줄이라는 오해는 남측의 보수 정치인과 일부 극우단체의 일방적 주장을 검증 없이 보도하는 언론 때문에 생겨났을 것이다. 김진향 전 교수는 또 "우리가 개성공단에 1년에투자하는 돈이 임금·세금 등 모두 합쳐 1억 달러가 채 안 된다"라면서, "공식적으로 5억 달러의 생산품을 가져오는데, 이것도 주문자상표부착생산OEM 공장도 가격으로, 실제로 환산하면 우리 기업이 15배에서 30배 이득을 보고 있다"라고 말했다.[99] 개성공단으로 큰 이득을 보는 쪽은 북한보다는 오히려 우리 기업, 특히 해외투자를 할 수 없는 우리 영세기업이라는 이야기다.

바로 이 개성공단의 모습이 진짜 '통일대박' 아닐까? 하지만 박근혜 대통령이 말한 '통일대박'은 북한 체제를 무너뜨리고 흡수통일을 하는 방식에 가깝다. 이는 남북 간 교류협력을 통한 점진적 평화통일이라는, 우리가 오랫동안 논의해서 합의한 한민족 통일방안에 비추어 보면 옳지 않다.

박근혜 정부에서 남북정상회담은 분위기상 기대하기 어렵다. 아마 차기 대통령 체제에서나 검토할 수 있을 것이다. 그때까지 개성공단도 재가동되기는 어렵다는 전망이 많다. 오히려 요즘 남북관계를 보면 '통일대박'은커녕, 서로 점령하는 훈련에 열중하는 '타도'의 적개심만 불타고 있다. 왜 이렇게 됐을까? 남북관계를 내부 정치만을 위해 활용했기 때문이 아닐까? 대표적인 것이 선거 때마다 등장하는 이른바 북풍, 즉 북한의 남침 의도를 강조해 보수표를 결집하려는 보수정부의 선거 전략이다.

정세현 전 장관은 2015년 6월 15일 6·15선언 15주년 기념 국회 강연에서 "박근혜 대통령이 통일대박을 얘기했으면 책임져야 한다. 결국 박 대통령도 6·15선언의 길, 10·4선언의 길로 가야 한다"라고 말했다.

4부

—

돌아온 '나쁜 나라'

2002.12.19
/
2014.4.16

세종특별자치시

지방분권의 핵심, 행정복합도시로 '운명' 바뀌다

2002년 12월 19일 제16대 대통령선거는 헌정사에서 의미 있는 결과를 낳았다. 16대 대선은 군인정치 시대를 끝내고, 이어진 3김 시대를 마무리하는 첫 선거였다. 게다가 김영삼 정부의 3당 합당, 김대중 정부의 DJP연대를 넘어 우리 정치사에서 '야합'과 '연대'를 벗어난 단독 세력의 첫 집권이었다. 또한 3김 시대로 일컬어지는 '87년 체제'(87년 체제를 규정·해석하는 데는 다양한 접근과 분석이 있지만)를 마무리한다는 의미도 있다. 노무현 대통령도 87년 체제에서 벗어나길 원했다. 노 대통령이 "구시대를 정리하는 막내가 되고 싶지 않고, 새로운 시대를 여는 맏형이 되고 싶다"라고 말한 배경도 단독으로 집권했다는 자신감에서 비롯된 것이다.

2002년 9월 30일 새천년민주당 노무현 대선 후보는 "수도권 집중 억제와 낙후된 지역경제를 해결하기 위해 청와대와 정부 부처를 충청권으로 옮기겠다"라는 '폭탄' 선거공약을 발표했다. 사실 서울과 수도권으로의 '집중' 현상은 매우 심각했다. 100대 기업 본사의 95%, 20대 대학의 80%, 의료기관의 51%, 정부투자기관의 89%, 예금의 70%가 수도권에 몰려 있었다. '서울 공화국'은 '서울 망국론'으로 인식됐다. 역대 정부도 중앙정부의 지방 이양 정책을 추진했지만, 대통령의 의지 부족과 수도권의 반발 등 현실적인 어려움 때문에 번번이 실패를 반복할 수밖에 없었다.

청와대와 정부 부처를 이전하겠다는 노무현 후보의 공약은 거의 '막장 공약'이나 다름없었다. 노무현 후보가 대통령에 당선된 다음에도 여전히 많은 국민은 '설마 수도를 이전할까' 하고 생각했다. 하지만 노무현 대통령은 당선자 시절 전국을 돌며 지방분권 토론회를 열었다. 그리고 정부 출범 한 달 반 만인 2003년 4월, 신행정수도건설 추진기획단과 지원단을 만들었다. 이 기획단은 3개월 만인 7월에 신행정수도 특별조치법을 만들어 입법예고했다. 그해 12월에는 야당의 찬성 속에 신행정수도 특별조치법이 국회를 통과했다. 매우 빠른 속도로 '공룡 서울' 해체 작업이 추진된 것이다.

그래도 국민 대부분은 '설마'했다. 참여정부는 정부혁신지방분권위원회를 만들어 중앙정부와 지방정부의 업무와 조직, 세제와 예산 등을 전면 재검토했다. 행정수도 이전이 지방화의 하드웨어라면, 정부혁신지방분권위원회는 지방화의 소프트웨어라고 할 수 있었다. 아울러 국가균형발전위원회를 만들어 중앙정부 산하 공공기관을 전국 중소 도시로 이전하는 작업을 추진했다. 수도권에 있는 180개 공공기관을 전국에 나누어 이전하는 작업 또한 만만치 않은 일이었다.

참여정부는 아주 치밀하게, 빠져나올 수 없도록 지방화를 추진했다. 언론은 물론 중앙부처 공무원과 공공기관 직원들이 반발했지만, 대통령의 '고집'을 꺾지는 못했다. 당시 행정수도 이전 실무를 담당한 행정자치부 고위 관계자는 "행정이란 한 번 추진되면 중도에 멈추기 어렵다"라면서, "혹시 여윳돈이 있으면 충청지역에 땅을 사두라"라고 말하기도 했다.

사실 노무현 대통령은 오래전부터 강력한 지역균형 정책, 그중에서도 핵심인 행정수도 이전 계획을 가지고 있었다. 그것은 일종의 '지방' 혹은 '비주류'의 신념과 비슷했다.

> 묵은 과제 중에서 제일 어려운 것이 신행정수도 건설이었다. 나는 원외 정치인 시절 지방자치 실무연구소를 하면서 이 문제를 연구했다. …… 박정희 대통령은 1970년대에 벌써 이런 문제를 인식하고 충청권에 새로운 수도를 건설하는 계획을 세웠다. 국가의 균형발전을 이루고 서울의 도시 경쟁력을 끌어올리기 위해서는 수도의 행정 기능을 분리해 국토의 중심지역으로 옮겨야 한다는 결론을 내렸다.[100]

행정수도 이전 지역 선정과 관련한 작업은 이미 박정희 정부가 만들어놓은 계획이 있어 어렵지 않았다. 2004년 7월 중앙행정기관 18부 4처 3청 73개 기관을 신행정수도로 이전하기로 확정했다. 8월 11일 드디어 연기·공주 지역(충청남도 연기군 남면·금남면·동면, 공주시 장기면 일원) 약 2160만 평을 신행정수도 입지로 확정했다. 행정수도 명칭도 '세종특별자치시(세종시)'로 확정해 법적·행정적 문제까지 해결했다.

그런데 뜻밖의 암초를 만났다. 서울과 수도권, 특히 이명박 당시 서울시장이 행정수도 이전을 극렬히 반대하고 나선 것이다. 서울시로서는 일면 당연한 처사였다. 2004년 7월 서울시 시의원과 공무원들이 헌법재판소에 '행정수도 이전은 헌법 위반'이라는 헌법소원을 청구했다. 이때까지만 해도 행정수도 이전이 위헌으로 결정 날 것이라고 생각한 사람은 별로 없었다.

2004년 10월 21일 헌재는 의외의 결정을 내렸다. '수도는 헌법에 규정해야 할 사항인데, 법률로 정했으니 위헌'이라고 판단한 것이다. 헌재 결정의 파문은 컸다. '사법 쿠데타'라고 주장하는 사람도 있고, 심지어 '헌재 폐지론'까지 나왔다. 결국 수도를 상징하는 청와대와 외교·국방·내무(행정자치)·통일·법무부 등 정부의 기본 부처는 서울에 잔류하는 것으로 수정됐다. 행정수도라는 수식어는 '행정중심복합도시'로 바뀌었다.

여기서 끝이 아니었다. 이명박 시장은 2007년 대통령에 당선되자 "세종시 건설을 전면 재검토하겠다"라고 밝혔다. 이 대통령은 세종시를 행정수도가 아니라 경제·교육도시로 수정하는 법안을 발의했다. 그러나 박근혜 당시 전 한나라당 대표는 '국민과의 약속'이라며 원안대로 추진할 것을 주장하면서 이명박 대통령의 세종시 수정안을 부결시켰다. 이는 이명박과 박근혜 간 갈등의 원인이 됐다.

우여곡절 끝에 2012년 7월 1일 세종시가 정식으로 출범했다. 그해 9월 14일 신축된 정부세종청사로 국무총리실이 이전하면서부터 중앙행정기관이 옮겨가기 시작했다. 현재 대부분의 행정기관이 이전을 완료했고, 정부조직 개편으로 새롭게 만들어진 국민안전처와 인사혁신처가 이전을 끝내 정부 부처의 세종시 이전이 완료됐다. 나머

세종청사는 길게 이어진 건물 형태로 복도 길이가 3.7킬로미터에 달한다.

지 16개 정부출연 연구기관과 경기 성남시에 있는 대통령기록관이 세종시로 옮겨가면 명실상부하게 세종시는 행정도시로 완성된다.

세종청사는 특이하게 벌판에 건물이 길게 나열된 모습을 하고 있다. 산을 뒤로한 사각형의 규격화된 건물로 지어진 우리의 보통 관청과는 모양새가 판이하다. 용의 머리(총리실)에서 용의 꼬리(문화관광체육부)까지 길게 이어지게 설계했다고 한다. 그래서 청사의 복도만 3.7킬로미터에 이르고, 전동카트를 동원해 청소하고 있다. 이 세종청사가 건축미술이라는 관점에서는 '명품'일지 모르지만, 근무하는 공무원의 반응은 시큰둥하다. 이곳에 근무하고 있는 한 공무원은 "사무실이 사각형이 아니라서 활용하는 데 효율적이지 않다"라고 말했다.

세종청사에 근무하는 공무원들이 청와대와 국회가 있는 서울을 오가는 '낭비'를 하게 됐다고 지적하는 사람도 많다. 하지만 노무현 정부가 추진한 지방분권 정책을 평가하기에는 아직 이르다. 노무현 정부에 비판적인 새누리당도 노무현 정부의 지방분권 의지는 높이 평가한다. 새누리당 김무성 대표는 2015년 5월 27일 경상북도 구미에서 열린 국회 지방살리기 포럼에서 "허허벌판에 그런 도시가 만들어진 것은 노무현 전 대통령의 큰 공"이라며, "노 전 대통령은 지방분권을 위해 굉장히 노력했다"라고 말했다.

노무현 정부에서 대통령 비서실장을 지낸 문재인 전 더불어민주당 대표 역시 2015년 5월 19일 전국분권단체 연석회의에서 "지방분권과 국가균형발전은 우리 당의 정신이자 역사"라며, "노무현 대통령은 행정중심복합도시, 혁신도시 등 지방분권과 지역균형발전의 새로운 장을 열었다"라고 자평했다.

세종시 인구는 주민등록 기준으로 2015년 8월 말 19만 4173명이다. 세종시 관계자는 "지금도 한 달에 인구가 5000명씩 늘고 있다"라고 말했다. 세종시는 앞으로 도시 내 50만 명, 주변 30만 명 등 모두 80만 명을 수용하는 도시를 목표로 하고 있다. 현재 6단계 공사 중 2단계 공사가 진행 중이어서 앞으로도 공사를 한참 더 해야 한다.

세종시는 다섯 가지가 없는 '5무無도시'를 목표로 하고 있다. 전봇대와 쓰레기, 담장, 입간판, 점포주택이 없는 쾌적한 도시다. 세종청사가 있는 도심 중심은 어느 정도 정돈된 느낌이지만, 주변에서는 여전히 상가와 아파트를 세우는 공사가 진행 중이다. 지금도 주말이면 아파트와 상가를 분양받기 위해 전국에서 사람들이 몰려온다. 이 때문에 세종시는 주말마다 극심한 교통체중에 시달리곤 한다. 이곳에 사는 한 주민은 "아직 이곳에 종합병원과 영화관 등 문화시설이 없어 불편이 크다"라고 말했다.

세종시에서 아쉬운 것은 사라진 도시의 '역사성'이다. 원래 이 일

대는 고려 말 충신 임난수(1342~1407) 장군이 터를 잡고, 부안 임씨 전
서공파가 집성촌을 이루며 살아온 곳이다. 600여 년 동안 많을 때는
1000가구가 살았으며, 2만여 기의 문중 묘가 보존돼왔다. 하지만 지
금은 아무런 흔적도 남아 있지 않다. 애초 세종시 건설 때 부안 임씨
민속마을을 조성하자는 이야기도 나왔지만 흐지부지됐다.

세종시 관계자는 "현재 임난수 장군의 사당과 비석 등 유적 몇 개
가 있을 뿐 과거 흔적은 거의 없다"라고 말했다. 면사무소가 있던 곳
에는 대형쇼핑몰이 들어와 있다. 이곳이 과거 면사무소가 있던 중심
지역이라는 안내판도 없다. 최소한 당시 면사무소 하나 정도는 보존
했으면 어땠을까 하는 생각이 들었다.

고양 금정굴

쓰라린 역사, 화해를 시도하다

2015년 10월 3일 경기도 고양시 일산서구 탄현동 황룡산 기슭에 있는 금정굴에서 조촐한 합동 위령제가 열렸다. 한국전쟁 통에 억울하게 죽은 민간인 희생자를 추모하는 위령제였다. 이곳 금정굴은 한국전쟁 중 반공단체와 경찰에 의해 153명이 집단으로 학살된 곳이다. 그러나 정작 희생자의 유골은 고양시 벽제에 있는 한 추모공원에 임시로 안치돼 있다. 유골 안치를 1년 단위로 계약하고 있기 때문에 이후에는 다른 곳으로 옮겨야 할지도 모른다.

금정굴인권평화재단 이현옥 사무국장은 "고양시가 안치비용 1000만 원을 1년 단위로 지원하다 보니 지난해에는 다른 추모공원, 올해는 이곳 추모공원 등 유골이 떠돌고 있다"라고 말했다. 평화재단은 이곳 학살 현장을 추모공원으로 만들어 유골을 영구 안장하고 역사 교육의 현장으로 삼아야 한다고 요구하지만, 정부와 자치단체는 난색을 표하고 있다.

이 고양 금정굴 학살 현장은 한국전쟁 전후 전국적으로 자행된 민간인 학살 가운데 한 사례일 뿐이다. 해방 후 1947년부터 1948년까지 한 개 섬을 완전히 초토화시킨 제주 4·3사건으로 희생된 사람은 1만 4028명이다. 하지만 이는 신고된 것만 집계한 것이고, 미신고 또는 미확인 희생자까지 더하면 훨씬 많을 것으로 보고 있다. 한국전쟁 전후 민간인희생자 전국유족회는 "1960년 4·19 직후에 활동한 전국유족회 자체 조사에서 피학살자의 수가 약 114만 명이라고 주장한 바 있다"라며, "민간에서 실태조사 및 자료추적을 통해 추산한 피학살자의 수가 약 100만에 이른다"라고 말했다.

전쟁 전후 희생된 민간인만 있는 것이 아니다. 1973년 남산 중앙정보부 조사실 건물에서 뛰어내려 자살한(중정 발표) 서울대학교 최종길 교수, 박정희 정권과 맞서다 1975년 추락사한 시신으로 발견된 장준하 등 많은 의문사 사건들이 있었다. 학생운동을 하다 군대에 강제 징집돼 사망한 군의문사 사건도 600건이나 됐다.

해방 후 이승만 대통령이 반민특위를 폭력으로 해체하면서 역사 청산, 즉 우리의 역사 바로 세우기는 번번이 좌절됐다. 이승만·박정희·전두환·노태우 정권이 유지되던 기간에 친일·보수세력이 계속 권력을 잡았기 때문이다. 친일·보수세력은 우리 현대사의 '승리자'이자 '가해자'였다. 항일·진보세력은 항상 친일·보수세력에게 패했고 역사의 피해자로 전락했다. 물론 역사가 승자의 기록이라고 하지만, 우리 현대사는 승리자의 손에 각색되고 윤색됐다.

피해자 유족들은 진실을 밝혀달라고 요구하기는커녕 피해 사실을 숨기며 아픔을 삭여왔다. 일부 유족은 진실규명을 요구했지만, 아무도 유족의 절규를 귀담아 듣지 않았다. 유족들은 그렇게 한스러운 수십 년을 보냈다. 국민들은 '역사 바로 세우기'라는 대의에 공감했지만 힘이 없었다.

김영삼 정부인 1995년 '5·18특별법'을 만들어 전두환과 노태우 두 사람을 단죄한 것을 역사 바로 세우기의 시초라고 평가할 수 있다. 5·18특별법은 역사를 바로 세우기 위한 최초의 '소급입법'이다. 하지만 YS의 역사 바로 세우기는 군부 청산에 머물렀다는 한계가 있다. 본격적인 역사 바로 세우기 작업은 '첫 평화적 정권교체'가 이뤄져 김대중 정부가 들어선 이후 2000년에 출범한 의문사 진상규명위원회와 민주화운동 명예회복 및 보상심의위원회가 활동하면서부터라고 할 수 있다.

그러나 DJ의 역사 바로 세우기 역시, DJP연대라는 구세력과의 연합정권이었다는 점에서 한계에 부딪혔다. 앞서 두 기관이 진상규명과 재평가를 할 역사적 시점을 1969년 8월 7일 이후 권위주의 정권으로 규정한 것이다. 1969년 8월 7일은 도대체 무슨 날인가? 이 날은 바로 박정희 장기집권을 위한 3선 개헌을 발의한 날로, 김종필이 권력을 내려놓은 날이다. 이 두 개의 법을 제정할 당시 국무총리였던 JP는 자신이 조사받는 것을 피하기 위해 조사 시한을 이렇게 규정한 것이다. 따라서 JP가 직접 주도한 5·16쿠데타나 1961년 12월 ≪민족일보≫ 사건, 1964년 제1차 인민혁명당 사건, 1967년 동베를린 간첩 조작 사건 등은 진실규명과 보상 대상에서 제외됐다.

진정한 역사 바로 세우기 작업은 노무현 정부 들어 비로소 시작됐다. 노무현 정부는 구세력과 연대하지 않고 독자적으로 정권을 잡은 첫 번째 진보적 정부였기 때문에 이러한 움직임이 가능했다. 노 대통령 본인 가족도 역사의 피해자였다. 노 대통령은 "역사의 진실을 밝히고 역사를 바로 씀으로써 경계와 교훈으로 삼는 것은 수천 년 인류사의 확고한 가치로 자리 잡은 것"이라며, "반민특위 해체 이래로 잘못된 역사가 규명되지 않고 지금까지 지연되고 있으며, 누군가는 이 문제를 해결해야 한다"라고 말했다.

2005년 5월 31일 '진실·화해를 위한 과거사정리 기본법'이 공포됐다. 일제강점기 독립운동과 광복 이후 반민주적 또는 반인권적 인권유린 사건을 재조사해 진실을 밝히고 역사적 화해를 실현함으로써 국민 통합을 이루겠다는 목적이었다. 2005년 12월 1일에는 '진실과 화해를 위한 과거사정리위원회'(이하 '진실화해위원회')가 출범했다. 일제 강점기 이후 가려졌던 현대사의 진실과 아픔을 총체적으로 보듬는 기관이었다.

이 진실화해위원회는 시기별로 세 개의 소위원회를 두었다. 일제강점기는 민족독립규명위원회, 한국전쟁 전후는 집단희생규명위원회, 권위주의 체제는 인권침해규명위원회가 맡았다. 각 소위원회는 신청자들의 접수나 직권결정을 통해 2006년 4월 25일 조사 대상을 확정했다. 집단희생규명위원회의 첫 조사가 바로 고양 금정굴 사건이다. 인권침해규명위원회는 ≪민족일보≫ 조용수 사건, 민족독립규명위원회는 신흥무관학교 출신 독립운동가들의 소련 유형에 관한 진실 규명에 들어갔다. ≪민족일보≫ 조용수 사건은 1961년 12월 진보적 일간신문인 ≪민족일보≫의 발행인 조용수에게 '특수범죄처벌에 관한 특별법'으로 혁명재판소에서 사형을 선고하고 집행한 사건이다.

2007년 6월 진실화해위원회는 금정굴 사건의 진실을 밝혀냈다. 진실화해위원회는 "희생자들은 대부분 농업에 종사하던 지역주민들로서 이 중에는 북한 점령기 인민위원회 활동에 참여하는 등 소극적인 부역행위를 했던 사람도 일부 있으나, 상당수는 도피한 부역혐의자 가족과 이와 무관한 지역주민들"이라며, "경찰이 희생자들을 집단 살해하는 과정에서 어떠한 적법절차도 거치지 않았다"라고 밝혔다.

진실화해위원회는 또 "국가의 공식적 사과, 임시 보관 중인 유해 영구 보관, 평화공원 설립과 위령시설 설치, 전시하 국민의 인권을 침해할 수 있는 국가보안법 등 관련 법률의 정비, 잘못된 기록의 수정 및 진실의 역사 반영, 역사관 건립을 권고한다"라고 결정했다. 진실화해위원회 권고 결정이 내려지고 8년이 지났지만, 평화공원이나 역사관은커녕 가장 기본인 유골 영구 안치조차 이뤄지지 않고 있다.

금정굴인권평화재단 이현옥 사무국장은 "유족 중 33가구만 소송을 통해 국가의 배상금을 받았을 뿐 많은 유족들이 아직 아무런 피해 배상을 받지 못하고 있다"라고 말했다. 유골과 자신의 유전자를 감식해 유족임을 입증해야 하는 등 일일이 증거를 수집해 소송을 해야 하기 때문이다. 비용도 많이 들어가는 데다 이미 노인이 된 유족들로서는 쉽지 않은 일이다.

2008년 1월 24일 노무현 대통령은 "58년 전 국민보도연맹 사건은 현대사의 큰 비극으로 대통령인 본인은 국가를 대표해 국가권력이 저지른 불법행위에 대해 진심으로 사과드립니다"라고 말했다. 항상 국민 위에 군림하던 국가권력이 민간인 학살에 처음으로 고개 숙여

사과한 것이다.

금정굴 희생자 유족들은 이곳을 평화공원으로 만들어 역사교육의 현장으로 만들어야 한다고 요구하지만, 정부와 자치단체는 난색을 표하고 있다. 그나마 사건 발생 66년 만인 2016년, 유족들이 돈을 모아 '평화의 세상에서 편히 잠드소서'라고 새겨진 작은 추모비를 하나 세웠다.

진실화해위원회는 2010년 6월 임무를 종료할 때까지 4년 6개월 동안 1만 1175건의 사건을 처리했으며, 이 중 8450건의 역사적 사건의 진실을 규명했다. 노무현 정부의 역사 바로 세우기 작업은 또한 2004년 '국가정보원 과거사건 진실규명을 통한 발전위원회'를 통해 국가 최고 정보기관인 국가정보원(과거 중앙정보부, 국가안전기획부)이 자행한 과거의 사건을 재조사했다.

아울러 같은 해에 일제강점기하 친일파의 재산을 환수하는 특별법을 제정했고, 이듬해인 2005년에는 친일반민족행위 진상규명위원회를 통해 친일파 1005명의 명단을 발표했다. 이는 오랫동안 논란이 된 친일파 논쟁에 대한 정부 차원의 공식 입장이다.

하지만 이명박 정부 들어 이들 역사 바로 세우기 기관들은 활동을 종료하거나 속속 폐지됐다. 공권력의 가해는 '산업화 과정에서 어쩔 수 없는 행위'로 치부됐다. 이런 틈을 타 이른바 '뉴라이트 사관'을 가진 인사들이 재기용되기 시작했다. 뉴라이트 사관을 가진 인사들이란 일본 식민지가 한국의 근대화에 기여했다는 친일 사관이나 반공적 사관을 가진 이들을 말한다. 이들은 그동안 이뤄졌던 역사 바로 세우기를 부정한다.

금정굴 희생자 유족들은 이곳에 역사교육을 위한 평화공원을 만들자고 요구하고 있다.

고양 금정굴

이에 따라 과거 민주화 관련자로 인정됐던 일들과 비슷한 사안들에 대한 민주화 관련자 인정이 거부됐다. 자연히 행정의 일관성 문제가 제기됐다. 과거에는 법원에서 1심 판결이 나면 국가가 항소를 포기해 신속하게 유족에게 보상했다. 유족들이 대부분 고령인 데다 어렵게 생활했기 때문이다. 그러나 이명박 정부는 항소와 상고를 거듭하며 보상금 지급을 늦췄다.

사법부 판단도 달라졌다. 주민 407명이 군경에게 학살된 울산 국민보도연맹 사건은 1심에서 원고 일부 승소 판결이 났지만 2심에서는 패소했다. 공소시효가 지났다는 것이 이유였다. 심지어 기존 판례를 뒤집는 사례도 생겼다. 2011년 1월 13일 대법원 3부(주심 박시환 대법관)는 '≪민족일보≫ 사건'에 대해 손해배상 위자료 이자 산정 기준을 '불법행위 시점부터'라는 기존 판례를 뒤집고 '채무성립 동시'라고 판결했다. 이는 대법원 판례 변경 사안이어서 전원합의부에서 결정해야 했지만, 세 명이 모인 소부小部에서 결정했다. 대법원 판결이 달라지자 이미 받아 사용한 보상금을 되돌려줘야 하는 사태가 벌어졌다.

박근혜 정부 들어 역사의 진실과 화해는 거꾸로 갈등과 반목으로 치닫는 분위기를 보이고 있다. 뉴라이트 사관을 가진 이들이 아예 역사 교과서를 새로 만든 것이다. 2013년 많은 오류와 왜곡으로 논란을 야기한 교학사 역사 교과서가 바로 그것이다. 전국적으로 교학사 역사 교과서가 외면받자 정부는 아예 '역사 교과서 국정화'를 결정하고 과거로 회귀했다. 우리도 1974년 유신 시절에 국정교과서를 도입했던 적이 있다. 하지만 권위주의 전두환 정권 시절에도 문제가 많아 폐지했던 국정교과서를 이제 와서 부활시키고 있는 것이다.

　게다가 정부가 만들고 있는 국정 역사 교과서는 집필자도 밝히지 않은 채 밀실에서 은밀히 쓰이고 있다. 밀실에서, 정체불명의 학자들에 의해 쓰인 역사 교과서가 역사 선생님들로부터, 국민들로부터, 아니 역사로부터 어떤 평가를 받을지는 자명하다.

여의도 국회의사당

사상 초유의 대통령 탄핵소추, 성난 민심의 역풍을 부르다

여의도는 1975년 9월 22일 제94회 정기국회가 열리면서부터 '대한
민국 정치 1번지'가 되었다. 그 전까지 국회의사당은 광화문 뒤에 있
던 중앙청(일제강점기 조선총독부 건물로 사용되다가 현재는 철거되었다)과 태평로
부민관(지금의 서울시의회 건물)을 전전했다. 전쟁 통에는 대구나 부산의
극장과 심지어 체육관을 국회로 쓰기도 했지만, 태평로 국회의사당
을 쓰던 시절이 가장 길었다.

정부 수립과 한국전쟁, 그리고 장기집권, 군사쿠데타, 3선 개헌 등
파란의 현대사와 함께한 태평로 의사당 시절 25년 동안 국회에서 가
능한 일은 모두 다 벌어졌다. 국회 의정기념관 1층에는 국회 진기록
관이 있다. 여기에 있는 기록을 보면 본회의 최다 발언 의원(3대 국회 박
영종 의원), 발언 속도가 가장 빨랐던 의원(3대, 4대, 5대 김선태 의원) 등이 기
록돼 있다.

여기에는 기록되지 않았지만 최단 시간 법안 통과(1958년 12월 국가보

276

안법 개정안 날치기), 최장 시간 본회의장 농성(1967년 3선 개헌을 위한 6·8총선 부정 항의) 등의 의정 기록도 대부분 태평로 국회에서 세워졌다. 따라서 1975년에 시작된 여의도 국회의사당에서 특이하거나 주목받은 의정 신기록은 없었다.

그런데 2004년 3월 9일 여의도 국회의사당에서는 헌정 사상 전무후무한 표결이 가결됐다. 이날 오전 11시 22분 박관용 국회의장은 경호권을 발동해 농성 중이던 열린우리당 의원들을 강제로 끌어냈다. 경위에게 끌려 나가면서 울부짖는 의원들을 뒤로하고 박 의장은 "개회를 선언합니다, 의사일정 제1항 대통령 탄핵소추안을 상정합니다"라고 선언했다.

이어서 나온 조순형 의원이 "제안 설명은 유인물로 대체합니다"라고 말하자 의장은 "투표를 실시합니다"라고 선언하며 회의는 일사천리로 진행했다. 중간에 의사봉을 두드리는 시간까지 합해 헌정 사상 처음 발의되는 대통령 탄핵소추안 심의는 3분 만에 끝났다. 표결 결과 재적의원 270명 중 열린우리당 의원을 제외한 세 야당(한나라당, 민주당, 자민련)과 무소속 의원 195명이 투표해 찬성 193표, 반대 2표로 탄핵소추안이 가결됐다.

대통령 탄핵소추안 가결로 현직 대통령의 직무는 정지됐다. 이런 대통령 '궐위 사태'는 혁명이나 쿠데타 등이 아니라 정상적인 헌정질서에서는 처음 있는 일이었다. 대통령 공백 기간은 헌법재판소의 탄핵안 기각 결정이 내려진 5월 14일까지 두 달 넘게 이어졌다.

그렇다면 헌정 사상 처음으로 대통령의 탄핵소추안이 가결된 이유는 무엇인가? 새천년민주당 조순형 의원이 제출한 탄핵안 제안 사유를 보면, "노 대통령은 국민을 협박하여 특정 정당 지지를 유도하고 총선 민심에 영향을 미치는 언행을 반복함으로써 국민의 자유선거를 방해하는 행위를 하고 있다"라고 밝히고 있다.

현직 대통령에 대한 탄핵의 직접적 계기가 된 것은 중앙선거관리위원회의 선거법 위반 결정이다. 노 대통령은 2004년 2월 24일 방송기자클럽 초청 대통령 기자회견에서 "국민들이 총선에서 열린우리당을 압도적으로 지지해줄 것을 기대한다"라고 말했다. 이 발언이 공개되자 야당과 보수단체는 대통령이 선거에 개입하고 선거법을 위반했다며 논란을 제기했다. 이에 중앙선거관위는 선거법 위반 결정을 내리고, 3월 3일 대통령에게 '중립 의무를 지켜달라'는 공문을 보냈다.

당시 선관위 결정에 대해 청와대는 "헌법기관의 결정을 존중하지만 납득하기 어렵다"라는 입장을 밝혔다. 나중에 노 대통령은 자서전에 이렇게 적었다.

대통령이 선거를 공정하게 관리해야 한다는 것은 틀림없는 말이다. 예를 들어 여당 후보가 공무원을 동원해 돈봉투를 뿌리거나 군인들이 여당 후보를 찍도록 병영에서 공개투표를 지시해서는 안 되는 것이다. 그러나 정치인인 대통령이 선거와 정치에 대한 의사표현을 하지 못하게 막는 것은 헌법과 법률을 잘못 해석한 것이라고 본다.[101]

사실 대통령의 정치적 발언에 대해 한계를 정하는 것은 판단하기 어려운 문제다. 2015년 7월 25일 박근혜 대통령은 국회에서 송부한 국회법 개정안에 거부권을 행사하면서 "배신의 정치는 결국 패권주의와 줄 세우기 정치를 양산하는 것으로, 반드시 선거에서 국민들께서 심판해주셔야 할 것"이라고 말했다. 대통령이 국무회의라는 공식 석상에서 사실상 '선거에서 여당 유승민 원내총무를 낙선시키라'는 내용의 발언을 한 것이다. 당선의 덕담이 아니라 낙선의 악담이 오히려 더 정치적일 수도 있다. 이 발언도 논란을 일으켰지만 중앙선관위는 이를 문제 삼지 않았다(이후 유승민 의원은 새누리당 공천에서 탈락했지만 무소속으로 국회의원에 당선됐고 새누리당에 복당했다).

국회에 제출된 탄핵소추 의결서에는 '총선 민심에 영향을 미치는 언행' 이외에 '측근과 참모들의 권력형 부정부패'와 '국민경제 파탄으로 IMF 위기 때보다 더 극심한 고통'을 들고 있다. 이에 대해 2013년 노무현재단 측은 "2004년 3월 8일 검찰 중간수사 발표에 따르면 여당의 대선캠프 불법자금은 113억 8700만 원인 데 비해 한나라당이 수수한 불법자금은 823억 원"이라고 밝혔다. 야당이 훨씬 대선 불법자금을 많이 썼다는 것이다.

경제 파탄 주장에 대해서도 노무현재단 측은 "노 대통령 재임 5년간 평균 실질경제성장률은 4.34%였다"면서 "2008년부터 2012년까지 이명박 정부 5년 동안 평균 경제성장률은 2.9%에 불과했다"라고 반박했다. 박근혜 정부의 2015년 경제성장률은 2.8%로 더 떨어졌다. 대통령 탄핵 사유에는 가계부채 439조 원 초과도 있다. 노무현 정부 마지막 해인 2007년 가계부채는 665조 원 수준이었는데, 이명박 정부 5년간 가계부채는 1000조 원에 이르렀다. 박근혜 정부는 2년 만에 1130조 원을 넘어섰다.

결국 야당이 제기한 대통령의 정치 중립 위반, 측근의 부정부패, 경제 파탄 등 세 가지 탄핵 이유는 '허구'였다. 그렇다면 정부 수립 최초의 현직 대통령 탄핵의 진짜 이유는 무엇이었을까? 그것은 '비주류 대통령'에 대한 일종의 '정치적 이지메'였다.

노무현 대통령 자신도 국회 탄핵안이 가결된 직후 "저는 항상 원칙을 지키다가 정치권의 비주류와 소수로 살아왔다"라면서, "정치에서 원칙을 버리고 좋은 게 좋다고 타협하면 결국 국민에게 손해가 되고 정치는 제자리걸음을 하거나 퇴보한다"라고 소회를 밝혔다.[102] 노무현 대통령 스스로 자신을 '원칙을 지키는 비주류'로 평가한 것이다. 한승헌 변호사는 이 사태를 '보수세력의 비주류 대통령 흔들기'라고 규정했다.

여기에 대통령의 발언을 거두절미하고 왜곡한 보수언론이 앞장섰다. 한 보수신문은 2004년 1월 14일 "노 대통령, 측근비리 수사 발표 다음 날 불만 표시 '검찰 두 번은 갈아 마셨겠지만'"이라고 보도했다. 청와대에서 열린 송년 오찬 모임에서 대통령이 이런 발언을 했다는 것이다. 야당은 이런 발언을 통해 노 대통령이 검찰 수사를 간섭·방해했다며 탄핵 사유서에 명시했다. 하지만 해당 언론은 2005년 2월 19일 "확인 결과 노 대통령은 그런 발언을 한 사실이 없는 것으로 밝혀져 바로잡습니다"라고 정정보도문을 실었다.

노 대통령의 탈권위주의적 행보도 대통령을 '우습게' 아는 요소가 됐다. 2003년 3월 9일 평검사와의 대화에서 '판사 출신의 여성'을 법무부장관으로 임명한 데에 '앙심을 품은' 한 검사가 "대통령도 취임전 부산 동부지청장에게 청탁 전화한 적이 있지 않습니까?"라고 말할 수 있던 것도 그런 배경이다. 이때 노 대통령은 "이쯤 되면 막가자는 거지요?"라는 유명한 발언을 했다. 이 발언 역시 '국가원수로서 품위를 스스로 훼손하는 부적절한 발언'으로 지목돼 탄핵 사유에 포함됐다.

국회에서 탄핵안이 가결되면서 대통령 권한은 정지되고 고건 총리가 직무를 대행했다. 하지만 여소야대 국회가 국민이 뽑은 대통령을 탄핵한 상황에 분노해 국민이 들고 일어섰다. 국회 앞에서는 1만 5000여 명의 시민이 모여 '16대 국회 장례식'을 열었다. 그 주 주말인 3월 20일 서울 광화문을 비롯한 전국 40여 개 도시에서 약 30만 명의 시민들이 촛불을 들고 '탄핵 반대' 시위를 벌였다. 탄핵 반대 촛불 시위는 미국과 캐나다, 호주 등 외국으로도 확산됐다.

마침 그해 4월 15일이 제17대 총선 선거일이었다. 국민들은 '여소'였던 열린우리당에 과반수가 넘는 152석을 안겨줬다. 1988년부터 당시까지 역대 총선을 모두 고려했을 때, 여당이 최초로 원내 과반수를 차지한 것이다. '탄핵 5인방'이라 불리며 탄핵을 주도했던 박관용 국회의장, 한나라당 최병렬 대표, 홍사덕 총무, 새천년민주당 조순형 대표와 유용태 원내총무가 모두 낙선하며 정계에서 물러났다. 자민련 김종필 총재도 낙선해 정계를 떠났다. 국민이 대통령 탄핵안 가결을 준엄하게 심판했다는 평가가 나왔다.

대통령 탄핵안은 헌법재판소 심사로 넘어갔다. 헌재는 일곱 번의 변론 끝에 2004년 5월 14일 탄핵안을 기각했다. 헌재는 대통령이 헌법과 법률 일부를 위반했으나 그 위반 정도가 탄핵의 사유가 될 정도로 중대하지는 않다고 판단했다. 노무현 대통령은 다시 현직에 복귀

했고, 이로써 사상 초유의 현직 대통령에 대한 정치적·법적 심판이
끝났다.

현직 대통령에 대한 국회의 탄핵안 가결은 우리 국회의 '무소불위'
능력을 과시한 사례다. 지금도 여의도 국회에 있는 의정기념관 제16
대 국회 섹션에는 '대통령 탄핵소추'가 첫 번째 성과로 장식돼 있다.
한승헌 변호사는 "국민이 직접 선출한 대통령도 헌법재판소가 탄핵
결정을 하면 달리 불복할 길도 없이 바로 파면된다. 탄핵은 참 무서
운 제도"라면서, "정치적으로 악용되거나 오판을 하면 대통령직뿐
아니라 국민주권마저 날려 보내는 흉기가 될 수도 있다"라고 문제를
지적했다.[103]

탄핵안 가결은 역설적으로 우리의 대통령 지위가 제왕적이라는
주장이 허구임을 드러내는 실례라고도 할 수 있다. 사실 내각제 요
소가 결합된 우리나라 대통령의 헌법적 권한은 미국이나 프랑스에
비해 매우 약하다. 우리나라 대통령은 국무총리를 임명하기 위해 국
회의 동의를 얻어야 하고, 대통령이 임명한 국무위원도 국회가 해임
을 결의할 수 있다.

기소를 독점하는 검찰을 대통령의 참모나 비서로 쓰는 비상식의
정치, 국가정보기관을 정치에 활용하려는 비민주적 리더십이 대통
령의 권한을 비정상적으로 키운 것이다. 그러한 비정상적·제왕적 대
통령의 행태를 당연시하다 보니 대통령 제도가 제왕적이라고 오해
하는 것이다.

탄핵안 가결에 앞장선 정치인이 모두 선거에서 낙선해 정계를 떠
나야 했던 상황은 국회가 민심을 읽지 못했음을 방증한다. 민심을

읽지 못하는 정치, 민심과 소통하지 못하는 정치인의 말로가 어떤지 보여주는 사례이기도 하다. 따라서 의정기념관에 설치된 '제16대 국회의 대통령 탄핵안 가결' 표식은 국회의 업적이 아니라 참회록이다.

여의도 국회의사당은 화강암 팔각기둥 24개가 건물을 받치고, 지름 64미터의 원형 돔이 지붕을 덮고 있는 형태다. 이는 24절기(1년) 내내 국민의 다양한 의견을 수렴해 통합의 결론(원형 돔)을 내리는 것을 의미한다고 한다. 국회의원 배지로 사용되는 국회 문장은 '화합과 소통'을 의미한다.

그런데 국회는 지금 국민의 다양한 의견을 수렴하고 있는가? 통합의 결론을 내리고 있는가? 이 질문에 당당하게 '그렇다'고 답할 수 있는 국회의원은 몇이나 될까? 지금도 국회의사당 정문은 경찰이 꼭꼭 둘러싸 경비하고 있다. 정문 모습만 봐도 자유로운 의견 수렴과 다양한 의견의 통합은 난망해 보인다.

쌍용자동차 평택공장

노동투쟁의 모든 것 '쌍차 사태', 해고자 28명이 세상 떠나다

2015년 10월 12일, 갑자기 쌀쌀해진 날씨와 거세게 부는 바람 속에 경기 평택시 쌍용자동차 평택공장 정문 앞 허름한 천막은 요란한 소리를 내며 흔들렸다. 찬바람을 막기 위해 천막 주변을 비닐로 둘러치고, 비닐이 날아가는 것을 막기 위해 군데군데 모래주머니를 놓았지만 아무 소용이 없었다.

이곳에서 금속노조 쌍용차지부 김득중 지부장은 42일째 단식을 계속하고 있었다(그는 2015년 10월 14일 45일간 이어진 단식을 중단했다). 의료진으로부터 간 기능에 이상이 있다는 진단을 받은 그는 이날 탈진해 노조 사무실에 누워 있었다. 그는 필자의 사진촬영 요구에 힘든 몸을 이끌고 공장 정문 앞으로 나왔다. 그는 "단식 40일이 넘으면서 너무 지쳤다"라며, "최근 정부가 노동개혁이라고 내놓은 것을 보면 기대할 것이 없다"라고 허탈해했다.

단식농성장 주변에는 "7년의 해고, 7개월의 교섭, 인내할 만큼 인

284

내했습니다", "피를 토하는 심정으로 무기한 단식에 들어간다", "죽음의 터널을 견뎌왔다. 해고자 복직, 손배 가압류 철회로 답하라" 등의 문구가 실린 플래카드가 걸려 있다. 단식장 옆 천막에는 조그만 제단이 만들어져 있다. 제단에는 "해고로 인한 쌍용차 죽음의 행렬, 얼마나 더 죽어야 합니까"라는 문구와 함께 숨진 26명의 명단이 빼곡히 적혀 있다(2015년 10월 기준으로 사망자는 2명이 더 늘어 28명이다). 제단에는 '해고는 살인이다, 살인을 멈춰라'라는 문구와 함께 허름한 약과 몇 개의 촛대가 설치돼 있었다. 하지만 촛불은 꺼진 상태였고, 제단은 찾는 사람이 별로 없어 썰렁했다.

가끔 시민단체 등에서 응원을 오지만 장장 42일간 계속된 김 지부장의 단식에 관심을 기울이는 언론은 별로 없다. 쌍용차 사태는 이렇게 잊히는 것인가? 이른바 '쌍차 사태'로 불리는 쌍용자동차 집단해고, 강제진압, 복직투쟁은 우리 노동운동사에서 매우 중요한 사건으로 기록될 것이다. 단일 직장 사상 최대 해직, 사상 최악의 농성 진압, 해직 노동자의 사상 최다 죽음, 사상 최장기 동조집회 등 쌍차 사태의 의미는 일일이 열거할 수 없을 정도다. 또한 이 사건은 비정규직 문제라는 2000년대 노동조건의 상징도 내포하고 있다.

쌍차 사태는 이미 서동훈이 쓴 「자발적 연대와 노동운동에 관한 연구: 쌍용자동차 정리해고 투쟁 사례」, 김남근이 쓴 「쌍용자동차 정리해고 사건을 계기로 본 정리해고 제도의 개선방향」 등 학술논문에서 체계적으로 분석되었다. 아직 마무리되지도 않은 노동사건이 이렇게 주목받은 적은 별로 없다. 이는 1970년 11월 13일 전태일 분신 이후 가장 의미 있는 노동운동 사례라고 해도 과언이 아니다.

쌍차 사태는 2009년 4월 8일 사측이 전체 근로자의 36%인 2646명 인력 감축 계획을 발표하면서 시작됐다. 쌍용자동차는 원래 대구 출신 김성곤이 세운 회사다. 김성곤은 박정희 대통령의 형 박상희와 가까워 1960년대 공화당 재정부장을 지내며 쌍용을 국내 10대 재벌로 키웠다.

하지만 1997년 IMF 사태를 겪으며 쌍용자동차의 경영권이 중국 상하이차로 넘어갔다. 상하이차는 쌍용자동차 인수 후 4년간 한 푼의 추가 투자도 하지 않고 기술만 중국 본사로 빼돌리다가 법정관리를 신청했다. 그리고 경영상의 이유로 대량 정리해고를 단행한 것이다. 나중에 드러났지만 상하이차는 회계장부를 조작해 경영위기를 과대 포장했다.

이미 대량해고 방침에 대항해 한상균 당시 쌍용차 노조 지부장(이후 2014년 민주노총 위원장에 당선)을 비롯한 노동자들은 2009년 5월 22일부터 파업에 돌입했다. 사측은 공장을 폐쇄하고 공권력과 '용역'을 동원했다. 물과 음식이 끊긴 상태에서 노동자들의 처절한 공장 점거농성이 지속됐다. 물과 음식마저 봉쇄한 정부의 조치에 민주노총을 비롯한 사회단체는 인권침해라며 반발했다. 7월 31일에는 국제엠네스티가 농성 노동자에게 물과 식량을 줄 것을 촉구하기도 했다.

하지만 경찰과 용역의 무력진압이 점점 다가오고 있었다. 공장을 점거한 노동자들은 쇠파이프와 새총, 화염병으로 무장했다. 드디어 8월 4일 새벽, 경고방송과 함께 경찰 헬기에서 최루액이 발사되면서 경찰의 진압이 시작됐다. 무자비한 경찰의 진압작전은 TV 화면으로 거의 생중계됐다. 컨테이너에 경찰특공대를 태워 크레인으로 공장

경찰특공대가 컨테이너를 동원해 쌍용차 평택공장 옥상에 진입하고 있다.

옥상에 올리는, 바로 그해 초 용산 참사 때 사용된 진압 방식이었다.

일부 공장 옥상을 장악한 경찰은 8월 5일 본격적인 2차 진압작전에 돌입했다. 토끼몰이식으로 노조원을 체포하면서, 도망가는 노조원의 목을 방패로 찍고, 손사래를 치는 노조원들에게 곤봉 세례를 퍼부었다. 노조원들은 볼트 새총과 화염병으로 대항했지만 테이저건으로 무장한 경찰특공대를 막을 수는 없었다. 당시 조현오 경기지방경찰청장은 "정당하게 법 집행을 하는 경찰을 폭행하는 사람을 가만히 두느냐"라고 강변했다.

쫓긴 노조원들은 인화물질이 많은 도장 공장으로 몰렸다. 급기야 대형 참사를 우려한 국가인권위원회가 진압 자제를 요청했다. 결국 공장 점거농성 77일 만에 노조는 해직자의 52%가 희망퇴직하고, 48%는 무급휴직한다는 사측의 안을 수용할 수밖에 없었다. 노조집행부 22명은 구속됐다. 사측은 '공장이 2교대 생산물량을 확보하는 즉시 무급휴직자, 영업점 전직자, 희망퇴직자 순으로 복직을 실시한다'고 약속했다. 이로써 쌍차 사태는 일단락되는가 싶었다.

쌍차는 2011년 인도 마힌드라 그룹으로 경영권이 넘어가면서 나름 정상화되는 듯했다. 하지만 복직은 이뤄지지 않았다. 해직자들은 약속대로 복직을 요구했다. 김득중 지부장(당시 수석부지부장)에 이어 김정우 당시 지부장까지 단식에 돌입했다. 그러니까 김득중 지부장은 이번이 두 번째 단식투쟁이다.

이후 해직 노동자들의 복직투쟁은 열거하기 어려울 정도로 치열했다. 평택공장 앞 희망텐트(2011년 12월), 서울 대한문 앞 천막농성(2012년 4월 5일~2013년 4월 5일), 평택 30미터 송전탑 고공농성(2012년 11월 21일~2013년 5월 9일), 평택공장 70미터 굴뚝농성(2014년 12월 13일~2015년 3월 23일), 인도 본사 원정 시위(2015년 10월) 등 갖가지 장기·고공·해외 농성이 이어졌다.

파업을 응원하는 지지와 성원도 이어졌다. '쌍용자동차 희생자 추모와 해고자 복직을 위한 범국민대책위원회'가 구성됐다. 5대 종단 33인 종교인들은 '죽음의 행렬을 멈추라'며 쌍차 사태의 조속한 해결을 촉구했다. 특히 천주교정의구현사제단은 2009년 7월 24일 평택공장 앞에서 '쌍용차의 평화적 해결을 염원하는 평화미사'를 시작한 이래 대한문 앞에서 진행된 '쌍용차 희생자 추모미사'까지 무려 225일간 미사를 진행했다. 천주교정의구현사제단의 미사는 이후 정동

프란치스코 교육회관을 거쳐 굴뚝농성장 앞(236차)에서 이어졌다.

법정 투쟁도 계속했다. 노동자의 해고무효 소송과 사측의 손해배상 소송이 맞붙었다. 해고무효 확인 소송은 1심에서 원고 패소했으나, 고법에서 '회사의 회계조작을 통한 경영위기 과장'을 이유로 해고 노동자가 승소했다. 그러나 지난해 11월 13일 대법원은 다시 회사 측 손을 들어줬다.

이에 맞서 한상균 위원장의 171일에 걸친 송전탑 고공농성, 종교계의 지지 미사, 마힌드라 본사가 위치한 인도에 해고자들이 방문하는 원정투쟁이 있었다. 심지어 김득중 지부장이 '진보단일 노동자 후보'라는 명함을 들고 국회의원에 출마하는 정치투쟁까지 시도했다.

결국 쌍차 사태는 정신적·신체적·법적·정치적·종교적 노동운동의 모든 것이 망라된 노동투쟁의 종합판이라고 해도 과언이 아니다. 이러한 가운데 해고자와 그 가족 28명이 자살하거나 지병으로 숨지는 등 세상을 떠났다. 남아 있는 해고자들도 심각한 정신적·신체적 질병에 시달렸다.

이러한 상황에도 정부는 꿈쩍하지 않았다. 박근혜 대통령은 2012년 대선을 앞두고 쌍용자동차 국정조사를 약속했지만, 2016년 현재까지 일언반구 언급이 없다. 오히려 정부는 쌍차 사태 해결을 촉구하는 집회에서 해산시키는 경찰관에게 항의하고(특수공무집행방해치상) 차량 통행을 막았다(일반교통방해)는 이유로 민변 변호사들을 대거 기소했다. 그나마 법원이 변호사들에 대한 구속영장을 기각하고 재판에서도 그들의 손을 들어줬다.

또 회사는 노동자들에게 수십억 원의 손해배상 책임을 지우고 노동자들의 재산을 가압류했다. 해고무효 소송을 진행하고 본인이 직접 기소됐던 권영국 변호사(당시 민변 노동위원장)는 "사법부가 정말 국민의 기본권과 민주주의를 지키기 위해 믿을 만한 존재인가에 대해서 대단히 회의적"이라고 말했다.

2015년 굴뚝농성을 계기로 회사 측과의 협상이 시작됐다. 단식 중이던 김 지부장은 "논의는 조금씩 좁혀가고 있다. 타결을 염두에 두고 있다"라며 일말의 희망을 걸어보는 눈치였다.

김정운 수석부지부장은 "65개월 만에 공식으로 만나 해고자 복직, 희생자 유족 지원, 쌍차 정상화 방안 마련, 손배 가압류 철회 등 4대 의제에 합의했다"라면서, "쌍차 문제가 정리해고, 갈등, 죽음 이미지에서 탈피해야 한다"라고 주장했다. 김정운 수석부지부장은 또 "그것은 해고자들이 복직함으로써 해결된다"라면서, "조합원만 3400여 명, 사무직까지 합해 5000명 규모의 회사로서 187명 복직은 많은 인원이 아니다"라고 강조했다.

쌍용차 범국민대책위원회는 2015년 10월 3일 민주노총과 시민사회단체, 야당, 종교계, 세월호 참사 유족 등 1000여 명이 참여한 '쌍용차 투쟁 승리를 위한 범국민대회'에서 "박근혜 대통령이 나서야 한다"라고 촉구했다.

다행스러운 점은 2015년 연말, 쌍용차 회사와 노조, 해고자 등을 단계적으로 복직시키는 것에 합의했다는 점이다. 이 합의에 따르면 2017년 상반기까지 해고자 170여 명을 단계적으로 복직시키기 위해 노력하고, 직원을 늘릴 때 '해고자 3, 희망퇴직자 3, 신규채용 4'의 비율로 충원한다는 것이다. 이 합의에 따라 해고 및 희망퇴직자 24명이 회사에 복직했다.

쌍용자동차 사태는 노동운동사에 숱한 기록을 남기고 조금씩 상처가 아물어가고 있다. 하지만 정부의 쉬운 해고 도입, 비정규직 기간 연장 등 사용자 편의 노동정책이 계속되는 한, 제2의 쌍차 사태는 언제라도 재연될 것이 분명하다.

쌍차 사태를 통해 한상균 위원장이 노동계에 혜성처럼 등장했다. 그는 쌍차 사태로 징역 3년을 선고받고 2012년에 만기 출소했다. 출소 직후 송전탑 고공농성에 나서는 등 헌신적으로 투쟁했던 그는 2014년 민주노총 위원장에 당선되어 '첫 조합원 직선 투표 선출 위원장'이 됐다. 하지만 그는 정부의 쉬운 해고 방침에 항의해 2015년 11월 14일 민중총궐기 대회를 주도한 혐의로 구속됐다. 그의 구속에 대한 국제인권·노동 기구, 유엔의 비판과 탄원에도 불구하고 우리 사법부(1심)는 그에게 징역 5년의 중형을 선고했다.

청계광장과 광화문광장

촛불이 모여 거센 횃불이 되다

복잡한 도심 속에 넓게 개방된 장소가 광장이다. 고대부터 광장은 종교, 정치, 사법의 중심지이자 시민의식의 발원지였다. 그래서 광장은 개방과 소통의 장소이자 집단 의사표시의 장소로 활용됐다. 5·16쿠데타 군인들이 시청 앞에서 '시위'한 것이나 6·10항쟁 때 시청 앞에서 노제를 벌인 것, 2002 한일 월드컵 시청 앞 응원 등이 그 사례다.

권위주의 시절 위정자들은 광장을 두려워했다. 그래서 시청 앞에 일부러 차도와 분수대를 만들어 광장의 기능을 축소시켰던 것이다. 하지만 2000년대 탈권위주의 시대를 거치며 서울 도심에 크고 작은 광장이 들어섰다. 서울광장은 2004년 5월 기존 시청 앞 분수를 없애고 차선을 폐지해 만들었다. 면적은 1만 3200제곱미터나 된다. 청계광장은 2005년 3월 청계천을 인공으로 복원하면서 만든 폭 22미터, 길이 77미터 정도의 조그만 광장이다. 광화문 광장은 2009년 8월 광화문에서 세종대로 사거리까지 왕복 16차선을 10차선으로 줄이고 조성한 폭 34미터, 길이 557미터의 도심 중앙광장이다.

서울 도심에 만들어진 광장 중에서도 특히 청계광장은 의미가 크다. 청계광장을 만든 사람은 이명박(이하 'MB') 당시 서울시장이다. MB는 청계천 복원(사실은 인공조성)이라는 대규모 토목공사를 통해 지명도를 높이고 이것을 바탕으로 대통령에 당선됐다. MB가 세운 장학재단에 '청계재단'이라고 이름 붙일 정도로 청계천과 MB는 떼려야 뗄수 없는 관계다. 그렇게 만든 청계광장이 MB 자신을 옥죈 '현장'이된 것도 아이러니다.

2008년 2월 25일 MB 정부가 출범했다. 큰 득표 차이로 정권교체에 성공한 MB 정부는 자신감이 넘쳤다. 취임하자마자 곧장 미국의부시 대통령과의 정상회담을 추진했다. 정상회담 전날인 4월 18일 MB는 미국과의 쇠고기 협상 타결을 발표했다. MB는 "도시 근로자들이 질 좋은 고기를 싼값에 먹게 됐다"라고 말했다.

CEO 리더십을 통해 '모두 잘살게 해주겠다'는 어젠다로 대통령에 당선된 MB는 취임 초부터 한반도 대운하, 영어 몰입교육, 의료민영화 등 극도의 신자유주의 경제정책을 쏟아냈다. 질주하는 MB의 정책에 반신반의하던 사람들이 '검역을 포기한 미국산 수입소'에서 폭발했다. MBC는 4월 29일 광우병 '다우너 소(쓰러지는 소)'의 진상을 추적한 〈미국산 쇠고기, 과연 광우병에서 안전한가〉를 방송했다.

국민들은 검역 주권을 포기한 MB 정부에 분노했다. MB 정책에 의문을 가진 '안티 이명박' 카페 회원들이 5월 2일 서울 청계광장에 모이기로 했다. 이들은 과거 매번 시위를 주도했던 정당이나 시민사회 단체도 아니었다. 이름도 '촛불문화제'여서 경찰도 300명 정도 모이는 소규모 집회일 거라고 예상했다.

하지만 촛불문화제에는 예상 밖으로 1만 5000명이나 모였다. 과거 2002년 미군 장갑차에 치여 숨진 효순·미선 양 추모와 2004년 노무현 탄핵 반대시위에 등장했던 촛불이지만 주도하는 정당이나 시민사회단체 없이 이처럼 촛불이 많이 등장한 것은 전례가 없는 사건이었다. 시위 참여자는 좁은 청계광장을 넘어 청계천로 양측을 메우고, 무교동 모전교를 넘어 멀리 을지로 광통교까지 이어졌다.

이날 시위는 인터넷 온라인상에서 활동하던 카페가 오프라인에서 위력을 보인 일대 '사건'이었다. 이날 참석자의 절반가량은 중·고등학생들로, 이들은 SNS를 통해 정보를 교환하고 방과 후 교복을 입고 참석했다. 이들은 당당하게 "아직 나이도 어린데 꿈도 못 이루고 광우병으로 죽는 게 억울하다"라고 주장했다. 청계광장에서 시작된 이날 촛불문화제는 촛불시위, 즉 야간시위로 이어졌지만 평화적으로 끝났다.

오프라인 광장에만 시민이 모인 것은 아니었다. 온라인 포털 다음 아고라(고대 그리스의 광장)에 개설된 이슈 청원 코너의 '미 쇠고기 졸속협상 무효화 특별법 제정 촉구' 청원에는 17만 명이 넘게 참여했다. 이들의 요구는 점차 정치성을 띠더니 'MB OUT' 구호로 이어졌고, MB 탄핵 청원 서명으로 이어졌다. 여기에 서명한 사람은 100만 명이 넘었다.

미국산 쇠고기 수입 반대에서 시작된 촛불시위는 점차 MB 정부 반대로 이어졌다. 정부는 일몰 후에는 시위를 할 수 없게 되어 있는

'집회 및 시위에 관한 법률'(이하 '집시법') 제10조 규정을 적용해 촛불시위자를 사법처리하겠다고 나섰다. 서울시교육청은 현장지도를 통해 중·고등학생들의 촛불시위 참여를 막으려 했지만 막지 못했다. 정부는 "광우병 운운은 근거 없는 괴담"이라며 "재협상은 없다"라고 강변했다.

하지만 촛불시위는 이제 시작이었다. 청계광장에서 시작된 촛불시위는 전국적으로 확산됐다. 온라인과 오프라인을 망라해 '광장'은 대통령 탄핵을 요구하는 정치의 장이 됐다. 5월 6일에는 1000여 개 인터넷 카페, 정당·시민사회단체가 참여해 '광우병 위험 미국산 쇠고기 전면 수입을 반대하는 국민대책위원회'를 구성했다. 이들은 더 조직적으로 "쇠고기 협상의 진실을 밝히고 재협상을 하라"라고 요구했다.

자신감 넘치던 막 출범한 MB 정부는 당황했다. 결국 5월 22일 MB는 국민께 드리는 담화문을 통해 "무엇보다 제가 심혈을 기울여 복원한 바로 그 청계광장에서 어린 학생들까지 나와 촛불집회에 참여하는 것을 보고는 가슴이 아팠다"라면서, "정부가 충분한 이해를 구하고 의견을 수렴하는 노력이 부족했고, 국민 마음을 헤아리는 데 소홀했다는 지적도 겸허히 받아들인다"라고 사과했다.

하지만 촛불 민심은 MB의 사과를 받아들이지 않았다. 5월 24일 청계광장에서 촛불집회는 청와대 쪽으로 향했다. 경찰은 처음으로 살수차를 동원해 시위를 진압하고 촛불시위자들을 연행했다. 하지만 일부 촛불시위자들은 경찰의 연행을 '닭장 투어'라고 조롱했다. 시위는 밤새 이어지고 흥분한 촛불시위자들은 '쇠고기 재협상' 요구

2008년 5월, 이명박 정부가 추진한 미국산 쇠고기 수입에 반대하는 촛불시위가 벌어진 청계광장. 이 광장은 이명박 서울시장 재임 시기에 조성되었다.

대신 정권 퇴진을 주장했다.

드디어 6월 10일 오후 7시 '6·10항쟁 21주년'을 맞아 전국에서 대규모 촛불시위가 벌어졌다. 촛불시위대와 경찰 사이에는 긴장감이 감돌았다. 급기야 경찰은 세종로 사거리와 안국로 등 청와대로 향하는 길목에 모두 60여 대의 컨테이너를 2층으로 쌓아 바리케이드를 쳤다. 이것이 바로 '명박산성'이다. 특이한 모습의 명박산성은 ≪파이낸셜타임스≫, ≪뉴욕타임스≫ 등 외국 언론을 통해서도 소개되면서 세계적으로 조롱받았다. 명박산성은 개방과 소통의 SNS를 통해 자발적으로 시위에 참여한 촛불시위자에게 맞선 MB 정부의 '불통'을 상징하는 것으로 오래 기억됐다.

'6·10 백만 대행진'에는 서울에서만 50만 명, 전국적으로 100만 명이 넘는 촛불시위자가 참여했다. 결국 한승수 국무총리를 비롯한 MB 내각이 이날 쇠고기 파문에 대한 책임을 지고 일괄 사퇴했다. 6월 19일 MB는 다시 '청와대 뒷산에 올라 이어진 촛불을 바라봤다. 뼈저린 반성을 하고 있다'라고 국민에게 사과했다.

'명박산성'은 나중에 헌법재판소로부터 '헌법에 보장된 행동자유권 침해'라는 이유로 위헌 결정을 받았다. 그리고 헌재는 2014년 3월 27일에는 해가 진 이후 야간집회를 금지한 집시법 제10조에 대해 '집회의 자유를 보장한 헌법에 어긋난다'고 판단했다. 촛불시위를 막았던 MB 정부의 공권력인 집시법과 명박산성의 정당성이 모두 무너진 것이다.

촛불시위자들은 시위 65일째인 7월 5일 전국에서 53만 명(경찰 추산 6만 8000명)이 참여해 '7·5 국민승리선언 범국민 촛불 대행진'을 열고 스스로 촛불시위를 마무리했다.

2008년 촛불시위에 대한 평가는 다양하다. 고려대학교 최장집 교수는 "촛불집회는 민주주의 제도들이 작동하지 않고, 정당이 제 기능을 못할 정도로 허약할 때 그 자리를 대신할 일종의 구원투수 같은 역할을 수행했다"라고 평가했다. 이남주 성공회대학교 교수는 "촛불집회는 대의제 민주주의의 위기가 뚜렷해지는 상황에서 새로운 민주주의 모델 모색에 중요한 의미를 갖고 있다"라고 평가했다.[104]

하지만 '뼈저린 반성을 하고 있다'던 MB 정부는 결국 미국산 쇠고기 수입을 강행했다. '국민의 의견을 소중히 듣겠다'던 MB 정부는 촛불시위에 대한 대대적인 '보복'을 가했다. 광우병 문제를 보도한 언론사 기자와 PD 상당수가 해직됐다. 미국산 쇠고기 수입을 찬성하는 보수언론에 대한 광고주 압박운동을 벌이던 네티즌은 사법처리 대상이 됐다. 위헌 판정을 받은 명박산성은 경찰버스로 진화했다.

그렇다면 시민의 자발적인 소통으로 타올랐던 2008년 촛불시위는 실패한 것인가? 청계광장에서는 지금도 촛불이 켜지고 있다. 2015년 10월 초부터 청계광장 초입 파이낸스빌딩 앞에서는 매일 저녁 7시 어둠을 밝히는 촛불이 켜졌다. 이번에는 '노동개악 저지 촛불집회'다. 박근혜 정부의 노동정책에 대한 항의집회다. 최근에는 여기에 하나의 이슈가 더해졌다. 바로 '한국사 교과서 국정화 중단 촉구 촛불집회'가 그것이다.

촛불집회를 막기 위해 둘러싼 명박산성이 있던 광화문 광장에는 "아직은 세월호 속에 가족이 남아 있습니다"라는 플래카드와 함께 '0416 전시관', '광화문 분향소' 등이 들어서 있다. 시민사회단체는 이곳을 아예 '세월호 광장'으로 이름을 바꿔 부른다. 이곳에서는 세월호 희생자를 기억하자는 천주교정의구현사제단의 미사가 오래 이어졌다.

2008년 전국을 뒤흔들었던 촛불시위가 지금도 계속되고 있는 현실은 불행이자, 또 역설적으로 '반가움'이다. '불행'은 MB정권의 오만과 불통이 박근혜 정부에서도 계속되고 있다는 점이다. '반가움'은 어두운 상황에서도 빛을 밝히려는 시도가 계속되고 있다는 것이다. 그런 면에서 촛불시위의 성패를 결론 내리기는 아직 이르다.

4대강 강천보

과학을 정치로 오염시킨 애물덩어리 건조물

강원 태백시 대덕산 검룡소에서 시작된 남한강은 강원 정선에서 송천과 합류하고, 영월에서 평창강을 만나며, 충북 단양에서 도담삼봉을 이루다 충주에서 달천을 만나 강폭을 키운다. 남한강은 횡성댐, 충주댐, 괴산댐을 지나지만 북한강에 비해 평지가 많아 비교적 '편안한' 여행을 했다.

남한강은 경기 양수리에서 북한강과 만나 한강을 이루며 드디어 수도 서울 한복판을 유유히 관통한다. 한강은 막바지에 동북쪽에서 내려오는 임진강과 만나 서해로 흘러가면서 소멸된다. 그동안 강 주변 마을과 서울시민에게 먹을 물을 주고, 농작물을 자라게 하고, 물자를 수송하던 강의 역할이 비로소 끝나는 것이다.

그런데 '편안'했던 남한강물 여정의 막바지에 의외의 장벽이 생겨났다. 여주에만 강천보, 여주보, 이포보 등 '정체 모를' 보가 세 개나 연달아 생긴 것이다.

2015년 11월 중순, 조용하던 여주 신륵사 옆 남한강가에 세워진 강천보에서 발전기 소리가 요란하게 울린다. 수력발전소가 전기를 생산하고 있는 것이다. 그동안 워낙 가물었지만 한 이틀 비가 내린 덕에 물이 보를 넘치고 있다. 이곳 강천보 수력발전소에서는 연평균 약 29GWh의 전력이 생산되고 있다. 이곳 발전소 설명으로는 30평 대 아파트 약 6200가구에 전력을 공급할 수 있는 적지 않은 양이다.

우리가 알기에 홍수에 대비해 용수를 저장하고 수력발전 기능을 갖춘 하천 구조물을 '다목적댐'이라고 부른다. 이런 기준에서 보면 강천보는 다목적댐이다. 한국수자원공사도 4대강 공사를 '중소규모 다목적댐 건설'이라고 분명히 명시하고 있다. 실제 국제댐협회ICOLD 기준으로도 강천보는 댐으로 분류된다.

그런데도 이명박 정부는 '댐이 아니라 보'라고 강변했다. 4대강 본류에 댐을 건설한다는 국민적 거부감을 회피하기 위한 '꼼수'였던 것이다. 서울시장 시절, 청계천 개발을 통해 유명세를 얻은 이명박 대통령은 유독 대규모 토목공사에 집착했다. 그것은 권력자들이 흔히 빠지기 쉬운 유혹이기도 했다. 2008년 2월 MB 정부 대통령직 인수위는 국정과제의 하나로 한반도 대운하 사업을 선정했다. 그러나 전문가들과 시민단체로부터 한반도 대운하 사업이 환경을 파괴하는 것은 물론, 사업적 타당성이 없다는 지적이 나오자 정부는 이를 '4대강 살리기 사업'으로 이름을 바꾸어 추진했다.

4대강 살리기 사업은 총사업비 22조 원을 들여 4대강(한강, 낙동강, 금강, 영산강)과 섬진강 지류에 보 16개와 중소 규모 다목적댐 5개를 만드는 사업이다. MB가 회고록에서 "4대강 살리기 사업은 단일 공사로는 건국 이래 최대의 역사"라고 할 만큼 공사 규모가 컸다. 4대강 살리기 사업은 부족한 수자원을 확보하고, 홍수를 예방하며, 수질을 개선하고, 강 주변에 복합문화공간을 만들어 지역발전을 꾀하기 위한 목적으로 추진됐다. 2008년에 닥친 세계 경제위기를 탈피하기 위한 경기부양과 일자리 확충도 이 사업을 추진하는 이유였다.

그러나 야당과 시민단체, 많은 하천·환경 전문가들은 환경 파괴와 예산 낭비를 이유로 4대강 살리기 사업에 반대하고 나섰다. 심지어 여당 내에서도 반대 목소리가 많았다. 여당 소속인 한나라당 이한구 의원조차 "토목사업 경기부양은 효과가 일시적이고, 좋은 일자리는 잘 만들어지지 않는다"라고 지적했다.[105]

하지만 MB 정부는 이런 지적을 모두 일축했다. 그 이유에 대해 MB는 회고록에서 "금융위기로 경제 살리기가 시급한 상황에서 계획을 세우느라 시간을 허비할 여력이 없었다"라고 기록했다.[106] 경제위기를 탈피하기 위해서 주변의 지적을 무시할 수밖에 없었다는 주장이다.

MB 정부는 2009년 2월 '4대강 살리기 기획단'을 설립한 후 6월에 프로젝트 마스터플랜을 확정하고 7월에 본격 착공해 9월 사업자 선정을 거쳐 본격적으로 사업을 진행했다. 이후 2013년 초에 4대강 공사는 완료됐다. 22조 원이라는 거액이 투입된 공사가 불과 4년 만에 완료된 것이다. 임기 중에 공사를 완료해야 한다는 이유로 예비 타당성조사, 환경영향평가 등 대규모 사업 추진을 위한 행정절차를 모두 생략했고, 공사 입찰 및 감리 절차도 대충 넘어갔다.

드디어 2011년 10월 22일 성대한 4대강 완공식이 열렸다. MB가 참석하고 연예인이 대거 동원된 완공식은 KBS가 생중계했다. 완공식에만 수십억 원의 예산이 사용됐다. 그리고 4대강 사업 유공자 수십 명에게 훈장을 주고, 한강 강천보 옆에는 공원을 만들어 관련자 이름을 새긴 기념비까지 세웠다. 또 전국에 4대강 사업을 홍보하는 거대한 문화관을 짓고, 대구 칠곡보와 강정 고령보 사이에 4대강의 모든 것을 담은 '디아크'라는 건축물을 세웠다. '디아크'는 웅장한 파노라마 아이맥스 영상과 최첨단 전시실을 갖춘 강을 주제로 한 종합예술 공간이다.

강천보 옆에 들어선 한강문화관만 해도 첨단 멀티스크린과 다양한 체험시설이 들어서 있다. 10명가량의 직원이 근무하는 작지 않은 문화관이지만 방문객은 많지 않다. 이곳 관계자는 "하루 300명에서 400명이 문화관을 방문한다"라고 말했다. 이곳 한강문화관에는 평판 디스플레이에 손을 대면 많은 물이 번져나가는 '소통의 강'이 전시돼 있다. 숱한 조언과 경고를 무시하고 강행한 4대강 사업과 전혀 어울리지 않는다는 생각이 들었다.

강변에는 자전거 도로를 시원스럽게 뚫어놨다. 강천보 옆 여강길은 서울에서 경기와 충청을 지나 저 멀리 낙동강까지 이어지는 전국일주 자전거길이다. 한강문화관의 방문객은 대부분 이 길을 따라 자전거를 타고 여행하는 사람들이다. 보 중간에 생태수변공원과 오토캠핑장, 각종 스포츠 공원이 들어서 있다. 겉으로 보기에는 강 주변이 깔끔하게 정돈됐다는 느낌을 준다.

그러나 MB 정부 말기인 2013년 1월 감사원이 전격적으로 펴낸 「4대강 사업 주요 시설물 품질과 수질 관리 실태」라는 감사 결과 보고서를 보면 사정이 달라진다. 내막을 보니 이 4대강 사업은 총체적 부실덩어리였던 것이다. 감사원은 앞서 2011년 초 4대강에 대한 1차 감사에서 "공사비 낭비와 무리한 공기단축 외에 전반적으로는 홍수 예방과 가뭄 극복 등에 4대강 사업이 도움이 될 것"이라는 긍정적인 평가를 내렸다. 그러나 2년 만에 다시 내놓은 감사 보고서는 완전히 딴판이었다. 여론은 '감사원이 4대강 사업에 대한 책임을 면하기 위해 내놓은 감사 보고서'라고 평가하지만, 그래도 헌법기관이 작성한 것이라는 점에서 믿을 수밖에 없다.

감사원은 이 감사 보고서에서 설계 부실 때문에 생긴 보의 내구성 부족, 불합리한 수질 관리로 일어난 수질 악화, 비효율적인 준설 계획으로 나타난 과다한 유지·관리 비용, 공사 입찰 과정에서의 건설사의 담합 등을 지적했다. 아울러 보강공사와 수질 개선 대책 및 합리적 준설 방안이 앞으로 필요하다고 지적했다. 4대강 사업이 총체적으로 부실했다는 것이다. 하지만 국토해양부와 한국수자원공사 등은 이 감사 보고서 내용을 반박하면서 인정하지 않았다.

우려했던 4대강의 '재앙'은 우리 앞에 현실로 다가왔다. 유속이 느려진 강은 수질이 악화돼 외래종 큰빗이끼벌레가 창궐했고, 여름철이면 녹조가 번창해 '녹조라떼'라는 오명을 얻었다. 농로로 이어지는 수로가 없어서 가뭄이 지속되어도 물을 사용할 수 없는 '그림 속의 호수'임이 드러났다.

강천보를 관리하는 한강 통합물관리센터 관계자는 "이번 가뭄에 강이 모두 말랐지만 그나마 이 보에 가둬놓은 물을 인근 천수답에 지원해 해갈에 도움을 줬다"라고 말했다. 하지만 이것은 보에 있는 물을 양수기로 퍼 물차에 싣고 말라버린 저수지로 날랐다는 말이다. 정말 한심한 물 관리 대책이 아닐 수 없다.

최근 한 여론조사를 보면 대부분의 국민들은 4대강 사업에 부정적인 것으로 드러났다. 한국갤럽이 2015년 11월 3일에서 5일까지 전국 성인 남녀 1004명을 상대로 한 4대강 사업에 대한 설문조사(95% 신뢰수준에 표본오차 ±3.1%포인트) 결과를 발표했다. 이에 따르면 응답자의 68%가 4대강 사업을 '잘못한 일'로 평가했고, 17%만이 '잘한 일'이라고 응답했다(15%는 의견 유보). 새누리당 지지층에서도 '잘못한 일'이라는 응답이 46%로 나타나 '잘한 일'이라는 응답(33%)보다 많았다. 말 그대로 국민 여론이 4대강 사업에 대해 비판적인 것이다.

한강 강천보 앞에는 경고판이 세워져 있다. 낚시 금지, 야영 금지, 수상레저 금지 경고판이다. 한강을 그냥 쳐다만 보라는 이야기다. 4대강 사업의 핵심 모토였던 '물·자연·사람'에서 사람은 빠진 것이다. 사실 사람만 빠진 것이 아니라 보에 고인 물은 썩고, 자연은 파괴됐다. 그러니까 4대강 사업의 핵심 모토였던 세 가지, 물·자연·사람은 모두 사라지고 대형 콘크리트 구조물만 남은 것이다.

그뿐 아니라 이 대형 콘크리트 구조물을 유지하기 위해 엄청난 예산을 계속 투입해야 한다. 국토연구원의 '국가하천 유지·관리방안' 연구용역 보고서를 보면 4대강 유지를 위해 매년 약 1600억 원이 필요한 것으로 평가됐다. 건국 이래 최대 토목사업이 수질오염과 환경 파괴를 일으킬 뿐 아니라 엄청난 유지비용까지 들어가는 애물덩어리로 전락한 것이다. 이 때문에 일부 전문가 중에는 아예 보를 폭파시키는 것이 경제적일 것이라는 극단적인 주장을 하는 사람도 있다.

토목사업은 과학이고, 또 철저히 과학적이어야 한다. 그런데 MB 정부의 4대강 사업은 정치논리가 끼어들어 과학을 오염시킨 것이다. 과학이 정치논리에 철저하게 유린된 대표적 사건이다. 노무현 정부 때 황우석 사건이 '중도 미수'에 그친 것에 비하면, 이는 완성된 범죄였던 셈이다. 그 범죄의 후유증으로 환경은 파괴되었고, 후손들은 경제적 부담을 떠안았다.

그렇다면 누가 과학을 정치논리로 오염시켰는가? 흔히 4대강 건설의 4적(혹은 5적)이 거론된다. 물론 가장 핵심 인물은 이명박 대통령이다. 다음으로 권도엽·정종환 당시 국토해양부 장관, 그리고 심명필 4대강살리기추진본부장 등이 거론된다. 하지만 그들만의 책임일까? 댐을 보라고 우긴 토목학자, 환경 파괴가 벌어질 줄 알면서도 묵인한 환경학자와 국토교통부·환경부 공무원, 사업적 타당성이 없다는 것을 알면서도 그럴 듯한 용역 보고서를 수용한 한국수자원공사 간부들 모두 책임을 피할 수 없다.

한강 강천보 옆에는 4대강 공원이 있다. 이곳에는 검은 옥돌에 '한강 새물결'이라고 새겨진 기념비가 서 있다. 이 기념비에는 이명박 대통령과 앞서 거론한 '4대강 4적'을 비롯해 당시 관련 부처 고위 공무원, 학자, 건설기획자 등 3600명의 이름이 빼곡히 새겨져 있다. 바로 이 사람들이다. 이 사람들이 정치로 과학을 오염시킨 장본인이다. 이제 이 기념비 이름을 '정치로 과학을 오염시켜 국고를 낭비한 인물들'로 고쳐 달아야 하지 않을까?

봉하마을 부엉이바위

부정과 불의의 구체제에 스스로 몸을 내던지다

2015년 11월 17일 오후, 늦가을 가랑비가 추적추적 내렸다. 평일인 데도 사람이 많았다. 관광버스도 몇 대 들어왔다. 사람들은 뒷짐을 지고 말없이 묘역을 이리저리 걸었다. 1960년대에 베스트셀러였던 『하늘을 보고 땅을 보고』라는 책이 생각났다. ≪민족일보≫ 사건으로 구속된 양수정 편집국장은 서대문형무소 사형집행장으로 가는 조용수 사장을 비롯한 사형수의 마지막 모습을 관찰했다. 삶의 마지막 순간을 앞둔 인간의 참담한 심경, 뭐라 형언할 수 없는 순간에 인간은 하늘과 땅을 번갈아 쳐다보는 행태를 보인다는 것이다.

바로 그런 모습이었다. 간혹 '쯧쯧쯧……' 하고 혀를 차는 사람이 있긴 했지만, 사람들은 대부분 멍하니 하늘이나 뒷산 바위를 쳐다보다 천천히 땅에 박힌 박돌에 쓰인 글을 읽었다. 땅에 박힌 박돌에는 "당신이 그립습니다", "당신을 알게 돼 행복했습니다", 아니면 그냥 "고맙습니다" 등 이런저런 글귀가 새겨져 있었다.

경상남도 진양 봉하마을. 앞의 초가집은 고 노무현 대통령의 생가고, 바로 뒤 양옥집은
퇴임 후 살던 사저다. 그 뒤로 멀리 그가 투신한 부엉이바위가 보인다.

야트막한 뒷산 봉화산 언저리 바위까지 오르는 데 채 30분이 걸리
지 않았다. 흐린 날씨 탓에 시야는 좋지 않았지만 생가 자리, 친환경
농법을 위해 오리를 풀어놓던 논도 보였다. 쓰레기를 치우러 자주
갔던 화포천에는 여전히 개울물이 흘렀다. 짐작컨대 이 모습은 2009
년 5월 23일 오전 6시 40분 새벽안개가 끼었던 그때와 비슷하지 않
았을까 싶다.

2009년 5월 23일, 노무현 전 대통령이 이곳 경상남도 진영 봉하마
을 봉화산 언저리에 있는 부엉이바위에서 몸을 던졌다. 대통령직에
서 물러난 지 고작 1년 3개월 만이다. 물론 파란의 우리 현대사에서
'전직 대통령'의 운명은 순탄치 않았다. 우리의 전직 대통령은 쫓기

듯 해외 망명길에 오르거나, 최측근의 총격에 의해 죽거나, 깊은 산사에 유폐되고 교도소에 수감됐다. 한 나라의 정치 발전 수준을 다양한 척도로 평가하지만, '전직 대통령의 정상적인 활동' 역시 중요한 척도다. 나름 정상적으로 활동하는 전직 대통령도 문민정부 이후에나 볼 수 있었다.

하지만 전직 대통령이 투신자살한 사례는 그때가 처음이었다. 그는 밝게 웃는 모습으로 청와대를 나왔다. 그리고 낙향해 봉하마을의 '촌부'로 아름다운 전직 대통령의 모습을 우리에게 보여줬다. 자전거 뒤에 손녀를 태우고 달리는 모습, 친환경 오리 농법으로 농사를 짓는 모습, 찾아온 사람들에게 웃으며 이야기하는 모습 등 이따금 봉하마을에서 들려오는 소식은 아름다웠다.

그러나 얼마 지나지 않아 그는 "자신을 잊어달라"라는 처절한 절규를 하다가 끝내 뒷산 부엉이바위에서 몸을 던졌다. 도대체 그에게 무슨 일이 벌어졌기에 그런 극단적인 선택을 할 수밖에 없었을까? 그를 자살로 내몬 사람들은 누구인가? 그들은 지금 반성하고 있는가? 그리고 그의 자살은 옳았는가?

2008년 8월 노무현 전 대통령이 청와대를 나온 지 6개월도 안 되어 그의 '정치후원자'였던 박연차의 정·관계 로비 의혹이 제기되기 시작했다. 검찰이 그의 주변을 털기 시작한 것이다. 결국 12월 4일 친형 노건평이 세종증권 매각 과정에서 인수 청탁과 함께 29억여 원을 받은 혐의로 구속됐다. 언론은 노무현에게 사과할 것을 요구했지만 그는, "사과하면 형님의 죄를 인정하는 것"이라며 대국민 사과를 거부했다.

검찰은 더욱 노골적으로 노무현 '털기'를 계속했다. 2009년 3월 26일 한 신문은 이호철 전 민정수석과 정윤재 전 비서관이 금품을 수수했다며 '노무현 게이트'라고 명명했다. 이호철과 정윤재는 해당 신문을 고소했고, 결국 이 보도는 오보로 드러났다.

그러나 검찰의 노무현 털기는 전방위적으로 집요하게 전개됐다. 검찰은 정상문 전 총무비서관이 박연차로부터 돈을 받았고, 이 가운데 일부가 노무현의 부인인 권양숙 여사에게 흘러든 정황을 포착했다. 돈을 '빌린 것'이라는 주장과 '받은 것'이라는 주장이 맞섰다. 돈의 일부가 딸에게 송금됐는데 이 과정에서 불법 혐의가 드러났다.

결국 4월 7일 노무현은 자신의 홈페이지를 통해 사과했다. 그는 "송구스럽기 짝이 없습니다. 더욱이 지금껏 저를 신뢰하고 지지를 표해주신 분들께는 더욱 면목이 없습니다"라고 글을 올렸다. 그다운 솔직한 사과였다(정상문 전 총무비서관이 해운회사 세무조사 무마와 관련해 돈을 받은 혐의는 이후 재판에서 무죄로 드러났다).

4월 12일 부인 권 여사와 아들 노건호가 검찰에 소환됐다. 검찰과 언론은 노 전 대통령에게 '포괄적 뇌물수수죄의 공범' 혐의를 적용할 수 있다고 주장했고, 언론은 이를 대서특필했다. 미국에서 공부하는 자식을 위해 부인 권 여사가 오랜 후원자로부터 돈을 '빌리고' '받고' 하는 과정에서 법을 일부 어기고 송금한 것이었다.

언론은 더 집요했다. 언론은 봉하마을 그의 집 주변에 고성능 카메라를 설치하고 거의 24시간 가족의 일거수일투족을 보도했다. 노무현은 4월 21일 "저의 집 안뜰을 돌려주세요"라며, 언론에 '사정'했다. 그는 "한 사람의 인간으로서 간곡히 호소한다"라며, "먼 산이라도 바라볼 수 있는 자유, 최소한의 사생활이라도 돌려달라"라고 호소했다. 하지만 언론은 그의 애절한 호소를 외면했다. 4월 22일 그는 '사람세상' 홈페이지에 다음과 같은 마지막 글을 올렸다.

처음 형님 이야기가 나올 때에는 '설마' 했습니다. …… 그러나 500만 불, 100만 불, 이야기가 나왔을 때는 저는 아무 말도 할 수 없는 처지가 됐습니다. …… '아내가 한 일이다, 나는 몰랐다' 이 말은 저를 더욱 초라하게 만들 뿐입니다. 이상 더 노무현은 여러분이 추구하는 가치의 상징이 될 수가 없습니다. 자격을 상실한 것입니다. 저는 이미 헤어날 수 없는 수렁에 빠져 있습니다. 여러분은 이 수렁에 함께 빠져서는 안 됩니다. 여러분은 저를 버리셔야 합니다.

이것이 국민을 향한 그의 마지막 말이다. 4월 30일 그는 '포괄적 뇌물수수죄' 피의자로 검찰청으로 향했다. 언론은 그가 봉하마을에서 검찰까지 가는 길을 헬기까지 동원해 생중계했다. 그리고 그는 검찰청사 앞에서 사진기자들의 포토라인에 서는 '수모'를 당했다.

검찰 소환 후 잠시 잠잠하던 노무현은 5월 23일 오전 6시 40분쯤 수행 경호원과 함께 사저 뒷산인 봉화산을 올랐다. 늘 가던 산책길이었다. 노무현은 봉화산 중턱에 있는 부엉이바위에 이르러 경호원을 바로 옆에 있는 정토사에 심부름 보냈다. 그리고 부엉이바위에서 몸을 던졌다.

부엉이바위는 그리 높지 않은 산 중턱에 있는 나지막한 바위다. 그래서 뛰어내려 자살하기에 너무 낮다는 지적이 있을 정도다. 하지만 부엉이바위는 날카롭고 아래쪽까지 이어져 있다. 아마 노무현은 이곳에서 몸을 허공에 날린 것이 아니라, 바위를 향해 자신의 몸을 던졌을 것이다. 그것은 마지막 순간까지 자신을 내던지는 '처절한 시도'였을 것이다.

경호원이 그를 찾아 병원에 옮겼지만 이미 숨진 상태였다. 그러니까 그의 마지막 모습을 본 사람은 없다. 하지만 그는 투신 1시간 19분 전인 5시 21분경 유서를 남긴 것으로 드러났다. 그의 유서는 간명하면서도 솔직했다.

너무 많은 사람들에게 신세를 졌다.

나로 말미암아 여러 사람이 받은 고통이 너무 크다.

앞으로 받을 고통도 헤아릴 수가 없다.

여생도 남에게 짐이 될 일밖에 없다.

건강이 좋지 않아서 아무것도 할 수가 없다.

책을 읽을 수도 글을 쓸 수도 없다.

너무 슬퍼하지 마라.

삶과 죽음이 모두 자연의 한 조각 아니겠는가?

미안해하지 마라.

누구도 원망하지 마라.

운명이다.

화장해라.

그리고 집 가까운 곳에 아주 작은 비석 하나만 남겨라.

오래된 생각이다.

그의 죽음은 국민에게 큰 충격을 줬다. 장례위원회 추산 500만 명이 넘는 인파가 전국에 마련된 분향소에 조문했다. 집요하게 그를 추적하던 방송도 오락 프로그램을 방영하지 않았다. 5월 29일 시청 앞에서 열린 노제에는 서울광장과 대한문 앞, 남대문까지 인파로 가득 찼다. 하지만 이 모두 덧없는 일이었다. 그는 경기도 수원의 한 화장장에서 화장돼 고향 봉화산 정토원에 머물렀다가 그 아래 조성된 묘역에 안장됐다.

누가 노무현을 죽였는가? 법무부 장관을 지낸 천정배 의원은 "권력기관의 사유화와 보수언론의 탐욕이 만들어낸 재앙이다"라고 말했다. 한 언론은 여론조사에서 응답자들이 그의 자살을 책임져야 할 세력으로 "56.3%는 검찰, 49.1%는 언론을 꼽았다"라고 보도했다. 수사에 대한 책임을 지고 검찰 수뇌부가 사퇴했지만 무슨 의미가 있을까? 검찰도 자신들만의 판단으로 전직 대통령 털기에 나섰을까?

그를 죽음으로 내몬 언론은 서로 책임을 미루느라 바빴다. 진보신문은 "비판 대신 증오, 죽은 권력 물어뜯기"라며 보수언론에 책임을 돌렸다. 보수언론은 "진보언론 역시 노무현을 희화화했고, 사망 후 다른 보도행태를 보였다"라고 주장했다. 그랬다. 정도의 차이만 있을 뿐 보수언론이나 진보언론이나 마찬가지였다.

나중에 드러났지만 그가 회갑선물로 받은 시계를 처리한 일도 국가정보원이 왜곡해 언론에 흘린 이야기로 드러났다. 게다가 당시 경찰청장이라는 사람은 노 대통령이 '자살한 이유는 전날 거액의 차명계좌가 발견됐기 때문'이라는 취지의 발언을 했다(이는 이후 허위로 밝혀졌으며 발언을 한 전 경찰청장은 징역 10개월을 선고받고 법정 구속됐다). 이런 정황은 노무현 '털기'에 검찰과 경찰, 국정원 등 사정기관이 총동원됐다는 증거라고 할 수 있다.

노무현이 세상을 떠난 지 몇 년이 지났지만 묘소에는 꾸준히 사람들이 찾는다. 주말에 60명 예약을 받았다는 인근 식당 주인은 "찾아온 그들은 '가슴이 허해서 왔다'고 한다"라고 전했다. 이곳을 경비하는 한 전경은 "묘 앞에서 엉엉 우는 사람도 꽤 있다"라고 말했다. 사람들은 무엇이 '허'하기에 이곳을 찾고, 무엇이 억울하기에 묘 앞에서 통곡을 하는가?

전라남도 고흥에서 묘소를 찾았다는 박채주 씨(77세)는 '평소 노무현을 좋아했느냐'는 질문에 "그렇죠. 민주주의를 갈망했던 우리에게 권위를 버린 진정한 민주주의 모습을 보여준 분이지요"라고 말했다. 박 씨는 자신이 4·19학생혁명에 가담했다고 소개했다. 박 씨는 묘역을 나서며 "여기에 안 오는 것이 나았다"라며, "안 왔으면 이렇게 가슴이 아프지는 않았을 것"이라고 침통해했다.

노무현은 대통령은 가진 절대적인 권위를 스스로 허물었다. 연줄과 '빽'으로 자리를 나눠먹던 관행에 익숙한 사람들, 정치자금과 특혜를 나눠 갖던 기업가, 공론을 조성하기보다 특정한 집단의 이득을 추구하는 언론, 남북 긴장으로 이득을 보던 군인이나 군수업자들에게 그는 분명 '별종'이자 위협적 존재였다.

수백·수십 년간 우리 정치·경제·사회 체제를 장악했던 이런 구체제가 합세해 노무현을 죽음으로 몰았다. 그는 이 구체제와 싸우고 또 싸우다가 마지막 순간, 그 체제에 남은 몸뚱이를 내던지며 항거한 것이다.

하지만 아무리 그래도 많은 사람을 가슴 아프게 한 그의 마지막 선택은 분명 잘못이었다.

평택 서해수호관

무능한 정권이 만든 안보 교재이자 안보 프레임, 천안함 침몰

초계함은 배수량 1000톤 내외의 군함으로 정(500톤급)보다 크고, 구축함(3500톤급 이상)보다 작다. 초계함은 연안에서 경비 임무를 맡지만 기관포와 함포, 대함 미사일까지 탑재해 공격 능력도 뛰어난 전함이다. 음파탐지기가 있어 대잠수함 능력도 갖추고 있다. 1998년부터 3000톤이 넘는 한국형 구축함이 배치되기는 했지만 여전히 초계함은 우리나라 해군의 주력 전함이다.

그런데 해군 초계함 PCC-772함은 서해 작전해역을 떠나 육지에 올라와 있다. 그 배는 바로 천안함이다. 천안함은 평택 2함대 사령부 '서해수호관'에 참혹한 모습으로 전시돼 있다. 배 가운데가 절단돼 두 동강이 났고, 배의 가장 중요한 부분인 마스터와 가스 터빈실은 따로 널브러져 있다. 배의 척추에 해당하는 굵은 강철 용골은 끊어지거나 엿가락처럼 휘어 있고, 철판은 종잇장처럼 찢어져 있다. 절단된 배의 단면에는 전선 케이블이 주렁주렁 매달려 있다. 아마 찾

지 못한 해군 장병의 피와 살은 비틀어져 있는 이 철골과 튕겨 나온 가스터빈 어디엔가 묻어 있을 것이다.

천안함은 이런 처참한 몰골로 우리 해군이 서해 북방한계선NLL을 수호한 안보 교재로 활용되고 있다. 평택 해군 2함대 사령부 안에 있는 서해수호관은 그동안 서해에서 벌어진 1·2차 연평해전과 대청해전, 연평도 포격도발 등을 설명하는 안보교육 시설이다. 이곳 서해수호관에는 개인 및 단체 방문객이 이어지고 있다.

2015년 11월 말, 처참한 모습의 천안함을 둘러보는 70대 중·후반의 노인들은 혀를 차며 "저런데도 아직 내부 폭발이니, 좌침이니 하는 X들이 있단 말이야"라고 말했다. 그 노인은 '대한민국 무공수훈자회'라는 모자를 쓰고 웃옷에 여러 훈장을 탔음을 입증하는 약장을 즐비하게 달고 있었다. 이들은 충남에서 전세버스를 타고 안보 견학을 왔다고 했다.

안내 사병은 1·2차 연평해전, 대청해전에서 우리 해군이 완벽하게 대처했으나, 단지 '햇볕정책' 때문에 대응이 좀 늦었다고 말했다.

천안함이 침몰한 백령도는 인천에서 북서쪽으로 191킬로미터 거리에 있으나, 북한 장산곶에서는 15킬로미터밖에 떨어져 있지 않은

316

섬이다. 백령도를 비롯한 서해 5도(백령도, 대청도, 소청도, 연평도, 우도) 일대
는 정전협정에 분명히 명시되지 않았지만 조용한 바다였다. 남한에
적용된 NLL이 있었지만 지금처럼 민감하지 않았다.

우리 군은 "북방한계선은 1953년 7월 설정된 이후 우리 군이 피로
써 지켜온 실질적인 해상경계선"이라고 주장하고 있다.[107] 하지만
"1996년 이전에 NLL의 확고한 수호를 촉구하는 국방장관이나 합참
의장, 해군참모총장의 성명이나 지휘서신, 훈시 내용이 단 한 건도
발견되지 않는다"라고 반박하는 주장도 있다.[108]

실제 남북 어민은 적당히 NLL을 넘나들며 조업해왔다. 1996년 국
회에서 매년 수백 척의 북한 배가 NLL을 넘어 조업하는 문제에 대해
당시 이양호 국방부 장관은 "NLL 월선이 정전협정 위반은 아니기 때
문에 넘어와도 괜찮다"라고 답변할 정도였다.[109] 그런데 1999년 6월
15일 이른바 제1연평해전, 2002년 6월 29일 제2연평해전이 일어나
면서 서해는 위기감이 감도는 '긴장의 바다'로 돌변한 것이다.

2010년 3월 26일 밤, 천안함은 백령도 서남쪽 해역에서 시속 2노
트로 천천히 움직이고 있었다. 승조원들은 각자 휴식이나 운동을 하
던 중이었다. 밤 9시 22분 두 차례 폭발음이 나고 배가 크게 흔들리
면서 기울어졌다. 9시 28분 포술장은 평택 2함대 상황 반장에게 "천
안인데 침몰됐다. 좌초다"라고 처음으로 보고했다. 9시 30분 함장과
포술장이 갑판으로 나왔을 때 천안함은 오른쪽으로 거의 90도 기울
어 있었다. 그런데 배의 중간 이후 부분이 사라지고 없었다. 사라진
배 후미와 함께 장병 46명도 사라졌다.

정부는 미국, 스웨덴, 영국 등 5개국 전문가 24명으로 민간·군인

합동조사단(이하 '합조단')을 구성해 침몰 원인을 조사했다. 5월 20일에 합조단은 북한의 130톤 연어급 잠수정이 발사한 1.7톤급 중어뢰가 천안함 밑에서 터지면서 강력한 충격파와 버블제트로 천안함이 두 동강 났다고 발표했다. 합조단은 그 증거로 해역에서 발견된 어뢰 프로펠러와 추진모터 등을 공개했다. 특히 이 어뢰추진부 뒤 안쪽에 있는 '1번'이라는 표기가 결정적 증거라고 합조단은 강조했다.

하지만 합조단의 발표는 갖가지 의혹을 불러일으켰다. 게다가 6월 2일 전국지방선거를 앞두고 천안함 침몰을 정치적으로 이용한다는 야당과 시민단체의 주장이 제기되면서 천안함 참사는 '진실공방'으로 이어졌다. 연어급 잠수정에 중어뢰를 탑재할 수 없다는 주장부터 폭발에도 형광등이 멀쩡한 이유, 희생자들 가운데 고막이 파열되거나 중상을 입은 사람이 없고 모두 익사한 이유 등에 대한 의문이 제기됐다.

무엇보다 사고 당일 불과 120킬로미터 떨어진 곳에서 잠수함 탐지 능력이 뛰어난 대함초계기P3C와 링스 헬기, 주한미군의 최첨단 U-2 정찰기가 대잠수함 훈련을 하고 있었다. 합조단 발표대로라면 낡고 작은 북한 잠수정이 무거운 중어뢰를 싣고 한미연합전력의 최첨단 경계망을 피해서 침투해 한 방의 어뢰로 천안함을 침몰시키고 북으로 사라졌다는 것이 된다.

특히 미국 버지니아대학교 물리학과 이승헌 교수와 미국 존스홉킨스대학교 서재정 교수, 미국 브루킹스연구소 박선원 연구원 등이 "250킬로그램의 화약이 폭발할 때 섭씨 300도에서 1000도에 가까운 열이 발생한다"라며, "끓는점이 150도 정도인 잉크로 쓴 '1번' 표기는 당연히 탔을 것"이라고 의문을 제기했다. 어뢰 파편과 선체의 알루미늄 흡착물질의 성분을 놓고도 치열하게 전문적인 논쟁을 벌였다.

천안함 침몰에 대한 의혹이 꼬리를 물고 계속되자 국회는 5월 24일 '천안함 침몰사건 진상조사 특별위원회'를 구성했다. 하지만 특위 구성부터 여야의 정략적 싸움이 이어져 진상규명은커녕 조사다운 조사 한 번 하지 못하고 위원회는 끝이 났다. 정부는 빗발치는 천안함 침몰 의혹을 모두 오보이며 왜곡보도라고 일축했다. 정부는 "대언론 공보는 초기 상황에서 정보 부재에 따른 언론과의 갈등관계가 지속된 가운데 오보, 왜곡보도가 증가되면서 군에 대한 불신을 초래했다"라고 기록했다.[110]

하지만 합조단의 발표도 서툰 점이 많았다. 증거물로 제시한 북한 어뢰 설계도는 실제와 달라 수정해서 발표하는 촌극을 빚었다. 논란이 계속되자 한국기자협회, 한국프로듀서연합회, 전국언론노동조합 등 3개 언론 유관 단체는 '천안함 조사결과 언론보도검증위원회'를 구성했다. 특정 사건과 관련해 언론 유관 기관이 합동 검증위원회를 구성한 것은 우리 언론사에서 유일한 사례다.

하지만 국회 특위도 밝히지 못한 진실을 강제력 없는 언론 검증위가 규명할 수는 없었다. 언론 검증위는 6월 4일 해군전술지휘 통제 시스템 기록과 교신 기록이 공개되지 않은 점, 증거의 보고인 가스터빈실이 정부 발표에 포함되지 않은 점, 버블제트에 의한 물기둥 발생 시뮬레이션을 미완성 상태로 발표한 점 등을 들어 "정부와 군의 조사 결과 수준은 우리 국민과 국제사회를 설득시키기에 턱없이 부족하다"라고 주장했다. 그리고 민간 중심의 객관적 검증기구와 국회 국정조사를 통해 진실을 재규명할 것을 요구했다.

하지만 정부는 이를 받아들이지 않았다. 오히려 의혹을 제기하는 사람에게 사법조치로 대응했다. 김용옥 고려대학교 명예교수는 한 보수단체로부터, 이정희 전 통합진보당 대표는 한 해군 대령으로부터 고소당했다. 천안함 민간조사위원으로 '좌초설'을 주장한 신상철 서프라이즈 대표는 국방부 장관과 해군참모총장이 직접 고소했다. 국방부는 허위사실 유포로 명예가 훼손됐다고 주장했다.

이 중 신상철 대표의 재판은 5년 넘게 이어졌다. 법정에서 여러 새로운 사실이 드러나기도 했다. 서울중앙지법 형사합의36부(재판장 이흥권 부장판사)는 2016년 1월 25일 천안함 좌초설을 주장했던 신상철 씨에게 유죄를 선고했다. 그러나 그의 유죄 이유는 그가 쓴 34건의 글 중, 좌초설을 주장했다는 32건이 아니라 "침몰 원인을 조작할 시간을 벌기 위해 구조를 일부러 늦추고 있다"와 "국방부 장관이 증거를 인멸하려 했다"라는 대목에서 명예를 훼손했다고 판단한 것이다(재판부는 천안함 침몰이 북한 어뢰에 의한 것이라는 국방부의 주장은 거의 그대로 받아들였다).

천안함 침몰이 북한 소행이라 하더라도 경계를 소홀히 해 46명의 부하를 잃은 천안함 함장은 엄중히 처벌해야 한다. 나중에 드러난 것이지만 정부의 대응도 형편없었다. 천안함이 침몰하는 순간, 우리 군 최고 지휘부인 국방부 장관과 합참의장이 무려 49분간 공백이었던 것으로 드러났다.[111] 그런 점에서 천안함은 우리 군의 나태와 무능을 상징한다.

그러나 천안함은 이런 문제를 숨긴 채 안보 교재로 등장했다. 적반하장 격이다. 심지어 안보 잣대까지 돼버렸다. '천안함 침몰은 누구의 소행인가'라는 질문은 대한민국 국민임을 검증하는 기준이 됐다. 명쾌하게 '북한 소행이다'라고 답변하지 않으면 사상을 의심받고 심지어 종북으로 매도된다.

헌법에 규정된 양심의 자유도 무시된다. 2011년 6월 28일 헌법재판관 인사청문회에서 "천안함은 북한의 소행인가"라는 질문에 조용환 후보자는 "우리 정부에서 그렇게 발표했고 나도 그럴 거라고 생각하고 있다"라고 답변했다. 하지만 조 후보자는 북한의 소행이라고 '확신하지 않았다'는 이유로 헌재 재판관 인준이 부결됐다.

이런 상황에서 어설픈 야당은 노련한 여당의 안보 프레임에 갇혔다. 문재인 전 더불어민주당 대표는 '다른 증거가 나오지 않는 한 정부 발표를 존중하겠다'는 취지에서 '북한의 소행'이라는 입장으로 돌아섰다. 박원순 서울시장도 비슷한 검증 과정을 거쳤다. 군의 나태와 정부의 무능함의 증거였던 천안함은 보수의 훌륭한 사상검증 도구로 변신한 것이다.

천안함의 진실은 아직도 명백히 밝혀지지 않았다. 영원히 드러나지 않을 수도 있고, 정부 발표대로 북한의 소행일 수 있다. 하지만 천안함의 진실이 무엇이든 간에 과학적으로 명쾌히 밝혀질 사안이 이렇게까지 진실 논란에 휩싸인 것 자체가 문제다. 합리적 추론과 의심은 문제가 아니다. 그것은 4대강 사업 등을 통해 과학을 정략적으로 이용했던 이명박 정부의 업보가 아닐까? 천안함은 국민으로부터 신뢰를 잃은 정부가 얼마나 혹독한 대가를 치러야 하는지를 보여주는 생생한 사례다.

처참한 모습의 천안함을 둘러보던 한 노인이 "그런데 왜 잠수함을 못 본 거야? 고기잡이배도 물속에 있는 고기를 볼 수 있거든"이라고 해군 병사에게 질문했다. 옆에 있던 한 노인이 "이 사람은 어선협회 장이라 배에 대해 잘 안다"라고 거들었다. 또 다른 사람이 "음파탐지기(소나)도 있잖아, 저 배 밑에 볼록 나온 것"이라고 손짓했다.

설명하던 해군 병사는 약간 당황한 표정을 지으며 "음파탐지기가 성능이 나빠서요……"라고 얼버무렸다. '대한민국 무공수훈자회'의 70대 노인도 이렇게 상식적이며 예리한 질문을 던진다.

역삼동 오피스텔 607호

국정원 대선 개입 '역사 퇴행의 현장'

2015년 12월의 서울 강남대로는 번득이는 전광판 조명과 가로등에 설치된 크리스마스트리로 흥청거렸다. 하지만 이면도로를 끼고 바로 한 블록 들어간 곳에 위치한 성우 스타우드 오피스텔은 조용하고 차분했다. 아마 오피스텔 바로 앞에 초등학교가 있어서 호텔이나 유흥주점 같은 시설이 허가가 나지 않기 때문일 것이다. 즉, 이곳은 조용하게 일을 처리하기에는 적격인 장소였다. 더구나 이곳은 강남대로와 양재역을 지나 국가정보원이 있는 내곡동까지 얼마 떨어지지 않은 곳이다.

18대 대통령선거 투표일 8일 전인 2012년 12월 11일 저녁 7시 5분, 야당인 민주통합당 김현 의원과 당 관계자, 선거관리위원회 직원, 서초경찰서 경찰관들이 이 오피스텔 607호를 급습했다. 그러나 집 안에 있던 20대 여성은 문을 안으로 걸어 잠그고 저항했다. 경찰과 선관위 직원, 민주당 소속 변호사가 "국정원 직원이냐"라고 물었을 때 이 20대 여성은 "아니다"라고 부인했다. 20대 여성과 그의 가족은 오히려 '야간 가택침입'이라고 항의했고, 국정원도 '흑색 정치선전'이라고 강변했다.

사실 야당은 국정원 내부로부터 결정적인 제보를 받은 상황이었다. 대선 1년 전인 2011년 11월부터 국정원 3차장 산하 심리전 부서를 심리정보국으로 격상시키고 3개 팀 총 70여 명의 직원이 인터넷 포털 및 주요 게시판에 야당 후보에게 불리한 댓글을 달고 있다는 내용이었다. 이들이 오전에 국정원에 출근해 작업 내용을 보고하고 새로운 지시를 받은 후 다시 외부에서 작업을 벌인다는 구체적인 근무 체계까지 담겨 있었다. 그 외부 현장이 바로 이 오피스텔 607호였다.

그러나 서초경찰서는 607호 주인의 신원을 파악하는 대신 민주통합당에 제보한 사람에게 신고 경위를 진술해달라고 요구했다. 부정선거를 자행하는 현행범의 신원 파악과 검거보다 신고자의 신고 경위 조사가 우선이었던 것이다. 하지만 집주인 김하영의 신원이 국정원 직원임이 곧 드러났다. 그런데도 김하영은 다시 오피스텔 문을 걸어 잠그고 증거를 파기했다. 현행범을 체포해야 할 경찰과 선관위는 40시간 넘게 오피스텔 밖에서 대기했다. 야당은 경찰과 선관위의 태도에 항의하며 파기되는 증거를 복구하기 위해 IT 전문가를 대동하고 현장을 지켰다. 그 현장에 수서경찰서 권은희 수사과장(현재 국회의원)이 있었다.

2012년 12월 16일 중앙선거관리위원회 주최로 열린 대선 3차 TV 토론에서 박근혜 후보는 "증거도 없이 2박 3일 동안 여직원을 밖에 나오지 못하게 하고 부모도 못 만나게 한 게 인권침해 아니냐"라고 주장했다. 이에 문재인 후보는 "그 여자는 범죄 혐의가 있는 피의자다"라고 말했다. 김하영이 감금된 피해자인지, 아니면 불법 선거운동을 하던 피의자인지는 검찰 수사로 밝혀졌다. 김하영은 산악·해양훈련은 물론 공수훈련까지 받은 국정원 정예요원이었던 것이다.

김하영을 비롯한 국정원 심리정보국 요원이 수행했던 댓글공작이란 무엇일까? 김 씨와 함께 활동했던 '좌익효수'라는 닉네임을 가진 직원이 했던 작업을 보면 이들 공작의 실체와 수준을 알 수 있다. 좌익효수는 주요 포털과 인터넷에 5·18광주항쟁을 "아따 전 장군(전두환)께서 확 밀어버리셨어야 하는디", "홍어 종자 절라디언들은 죽여버려야 한다"와 같은, 정상적 상식을 가진(공무원 신분은 차치하고) 인물이 쓴 것이라고 믿기 어려운 댓글을 달았다. 그는 또 "개대중(김대중) 뇌물현(노무현) 때문에 우리나라에 좌빨들이 우글대고……"라는 댓글공작을 폈다.

국정원은 이 좌익효수가 자신들 직원이 아니라고 주장했지만, 결국 검찰 수사 결과 국정원 직원인 것으로 드러났다. 야당과 5·18 관련 단체는 좌익효수를 명예훼손과 모욕죄로 고발했지만, 검찰은 아무런 조치를 취하지 않았다. 좌익효수는 잠깐 대기발령을 받고 다시 국정원에서 근무하다 2015년 언론에 그가 계속 근무한다는 사실이 알려지고 나서야 검찰에 의해 불구속 기소되었을 뿐이다.

이 사건은 국가 최고 정보기관이 다시 정치, 특히 대통령선거에 개입한 반역사적이며 퇴행적인 사건이다. 1961년 중앙정보부에서 시작해 국가안전기획부, 국가정보원으로 이어지는 50여 년의 역사를 가진 대한민국 최고 정보기관은 숱한 정치적·사회적 파란을 겪었다.

특히 박정희 정권 18년은 '중앙정보부 시대'라 해도 과언이 아니었다. "박정희 시대는 중앙정보부가 열었다. 3선 개헌, 유신 개헌의 견인차도 정보부였다. 그리고 마침내 10·26암살로 그 시대를 닫아버린 것도 정보부였다. 안보 파수꾼, 외교 주역에서 정치공작, 선거조작, 이권 배분, …… 심지어 여색관리, 밀수, 암살에 이르기까지 그야말로 올마이티의 권력 중추였다."112

실제로 2007년 국가정보원 과거사진실위원회가 밝힌 과거 중정과 안기부의 실상은 일반인의 상상을 초월한다. 특히 박정희 정권 18년 동안 거의 대부분 선거를 중정이 주도한 것으로 드러났다. 박정희 시대 중정은 전두환 시대 안기부로 이어졌다.

"1987년 대선은 안기부 특보인 박철언을 통해 '상록사업'이라는 이름으로 개입한 것으로 드러났다. …… 김영삼 정권 시절에 이르러서는 안기부가 노골적으로 선거 총괄은 하지 않았더라도 여당의 입장과 이익을 위해 선거업무에 관여했던 것으로 보인다."113

김대중 정부에서 국정원은 정치정보 수집과 도청의 잔재를 완전히 없애지는 못했지만, 민주주의의 가장 기초라고 할 수 있는 선거 개입은 하지 않았다. 이런 기조는 노무현 정부 때도 이어졌다. 노무현 정부에서는 중정·안기부·국정원의 방대한 자기고백서를 만들었다. 그동안 정보기관의 탈법·불법 사례의 진실과 잘못을 여섯 권의 책에 고백한 것이다. 당시 김만복 국정원장은 "우리가 만들어낸 잘못된 과거에 대한 쓰라린 성찰 없이는 국가를 위해 존재하는 국정원, 국민을 위해 일하는 국정원으로 발전할 수 없다는 사실을 깨달았다"면서, "새롭게 거듭날 수 있는 마지막 기회"라고 말했다.

국정원이 참담한 자기고백서를 낸 이후 정치 개입, 특히 선거 개입이라는 말은 사라졌다. 국가와 국민을 위한 최고 정보기관이라는 본연의 역할로 되돌아간 것이다. 정권이 바뀌고 이명박 정부 초기에도 노골적인 정치 개입이나 선거 개입 의혹은 없었다. 그러나 이명박 정부 말기 18대 대통령선거를 앞두고 그 '저주스러운' 정보기관의 선거 개입 망령이 되살아난 것이다. 그 '망령'을 다시 불러낸 것은 다름 아닌 임기 말 이명박 정부였다. 표창원 전 경찰대학교 교수(현재 국회의원)는 자신의 블로그에 "국정원 직원이 여론조작에 개입했다면 미국 워터게이트보다 더 불법적인 사건"이라고 말했다.

국정원 댓글사건을 딛고 2013년 출범한 박근혜 정부는 출범 직전인 2월 16일부터 시민사회단체의 항의시위에 맞닥뜨렸다. 이후 학생·시민의 규탄시위, 교수·종교인·언론인의 시국선언, 정치권의 국정조사 등 진상규명 및 항의시위가 1년 넘게 전국적으로 벌어졌다.

2013년 7월 10일 한국민주청년단체협의회 홍만희 회장은 "부정선거의 원흉 이명박, 원세훈, 김용판, 김무성 등을 구속 처벌하라!"라는 성명을 외치고 스스로 목숨을 끊었다. 12월 31일에는 서울역 고가차도에서 이남종 씨가 '박근혜 사퇴'를 외치며 분신자살하는 사태까지 벌어졌다. 권위주의 시절 일어났던 집회·시위·시국선언·기도회·분신에 이르기까지 거의 모든 형태의 국민적 저항이 재연됐다. 겉으로 드러난 것만 이 정도였다.

여기에 대한민국 권력기관이 총망라된 '거대한' 부정이 개입됐다. 사건을 수사하던 서초경찰서에 대한 윗선(서울경찰청)의 수사 축소 외압이 폭로됐다. 어렵게 이뤄진 '특검'(팀장 윤석열 서울중앙지검 특수1부장)은 서울중앙지검장을 비롯한 검찰 수뇌부와 법무부(당시 법무부 장관은 황교안 현 국무총리다)의 집요한 방해에 부딪혔다.

결국 '보이지 않는 세력'은 윤석열 특별검사의 후원자인 채동욱 검찰총장을 낙마시켰다. 현직 검찰총장의 사생활을 한 언론이 폭로하면서 권력기관 사이의 힘겨루기는 결국 '검찰총장 사퇴, 윤 특검 해체'라는 수순을 밟았다. 이로써 국정원 대선 개입 사건은 '유야무야' 됐다. 오히려 경찰의 축소수사를 폭로한 서초경찰서 권은희 수사과장이 거짓 증언 혐의로 기소됐다.

권력기관이 선거에 개입하는 과정 자체도 '구태'였지만, 그 마무리는 거의 '야만적'이었다. 실행 당사자인 국정원, 1차 부실수사 논란에 휩싸인 서울경찰청, 특검에 외압을 가한 법무부와 청와대 등 대한민국 최고 권력기관이 얽히고설켰다.

또 1심 법원은 원세훈 국정원장에게 무죄를 선고하고, 동료 판사가 이 판결을 공개적으로 비난하는 등 사법부까지 논란에 가세했다. 심지어 특정 언론은 검찰총장의 사생활 폭로전으로 이 사건에 가담했다. 결국 이 사건은 내로라하는 권력이 총동원돼 대한민국의 난맥을 적나라하게 드러낸 한 편의 '막장 드라마'였다.

1심에서 무죄가 선고된 원세훈 전 국정원장은 2심에서 유죄가 선고돼 법정 구속됐다. 대법원은 일부 증거를 파기 환송했지만 국정원의 대선 개입, 즉 국정원이 국정원법을 위반한 것은 분명하다고 판결했다. 그러나 이는 표면적으로 드러난 사실이고, 실체로서의 진실은 아직 밝혀지지 않았다.

국정원 댓글이 박근혜 후보의 당선에 얼마나 기여했는지를 명확하게 따질 수는 없다. 그러나 국가 최고 정보기관이 선거에 개입했다는 그 한 가지 사실만으로도 대한민국 민주주의 역사는 크게 퇴행한 것이다. 2007년 '다시는 안 하겠다'며 방대한 자기고백서까지 쓴 국정원의 입장에서는 더욱 그렇다. 게다가 이 사건의 수습 과정을 보면 국가권력은 거의 '막가파식' 난맥을 드러냈다.

따라서 역삼동 성우 스타우스 오피스텔 607호에서 발각된 이 사건은 결코 작은 사건이 아니다. 이 사건은 '시대를 역행한 구태의 재연'이라는 매우 불행한 꼬리표를 달고 역사에 기록될 것이다. 하지만 이것은 시대를 역행한 구태 재연의 시작일 뿐이었다. 구태의 역사는 국정교과서, 학생과 시민의 시위를 무차별 진압하는 백골단의 부활로 이어지고 있기 때문이다. 이는 역사적 퇴행을 잉태하고 태어난 정부의 한계에서 비롯된 것인가, 아니면 그 구태가 정전停戰의 본질인가?

헌법재판소

통합진보당 해산, 케케묵은 칼로 '민주주의의 목'을 베다

민주사회를 위한 변호사모임(이하 '민변')은 매년 11월 말을 기준으로 '디딤돌 판결'(최고의 판결)과 '걸림돌 판결'(최악의 판결)을 선정한다. 민변이 2015년 올해의 걸림돌 판결로 헌법재판소의 통합진보당 해산 결정을 선정했다. 민변은 "민주주의를 뒷받침하는 정치적 자유와 다원성에 대한 우리 사회의 '어두운 민낯'을 공개한 것"이라고 선정 이유를 밝혔다.

헌재의 결정이 최악의 판결로 혹평받은 것은 1988년 9월 1일 헌재 창립 이래 처음일 것이다. 1987년 6·10시민항쟁의 결과물인 제6공화국 헌법으로 탄생한 헌재는 '유신헌법 긴급조치 위헌', '법률안 날치기 통과 위헌', '동성동본 혼인금지 위헌' 등 기본권 보장과 민주주의 신장에 기여했다는 평가를 받았다. 그러나 헌재는 최근 소장의 특정업무경비 횡령 등으로 물의를 빚더니 급기야 최악의 판결을 내린 당사자로 지목됐다.

통합진보당 해산 결정은 헌재가 최근 언론으로부터 가장 많은 관심을 받은 사건이다. 이는 2015년 고려대학교 정보문화연구소 김성태 미디어학부 교수가 빅데이터 업체에 의뢰해 헌재 설립 이후 언론 보도와 트위터 등 1억 건의 데이터를 분석한 결과로 입증된다(2위 노무현 전 대통령 탄핵소추 사건, 3위 간통죄 폐지 결정). 안타깝게도 헌재 창립 이래 가장 많은 언론의 주목을 받았던 결정은 '최악의 판결'로 꼽혔다.

헌재는 2014년 12월 19일 통합진보당에 대해 "헌법상 민주적 기본질서에 위배된다"라며 해산시켰다. 정당해산은 우리 헌정사에서 1958년 2월 25일 이승만 정권이 '평화통일론은 북괴의 남침 구호'라는 이유로 진보당을 해산하고 정적 조봉암을 사형에 처한 이후 처음 이루어진 일이다(이 사건은 2011년 누명으로 인한 법살이 인정되어 유족에 대한 국가 배상이 확정되었다).

통합진보당 해산 사건을 이해하기 위해서는 앞선 맥락부터 파악해야 한다. 국정원은 2013년 4월 30일 이른바 '국정원 댓글 사건'으로 서울중앙지검 특별수사팀(윤석열 팀장)으로부터 압수수색을 당하고 원세훈 전 국정원장이 국정원법과 공직선거법 위반 혐의로 기소됐다. 8월 22일 국정원이 수사한 서울시 공무원 간첩사건이 조작으로 드러나 피의자에게 무죄가 선고됐다. 특히 이 사건에서 외교문서를 조작하고 남매의 정까지 악용한 것으로 드러난 국정원은 절체절명의 위기에 몰렸다.

8월 5일, 공안검사 출신으로 유신헌법의 기초를 마련하는 데 참여한 김기춘이 대통령 비서실장으로 임명됐다. 그리고 그로부터 20여 일이 지난 8월 28일 새벽 6시 30분, 국정원은 진보당 전·현직 당직자에 대해 전격 압수수색을 시작했다. 이튿날 한 언론은 진보당 일부 당원이 지하 혁명조직 RO를 만들어 경찰서, 통신·유류시설을 파괴하기로 모의했다는 녹취파일을 공개했다. 이른바 '이석기 의원 내란음모 사건'이다.

대부분 언론은 이를 검증 없이 확대 보도하면서 사태는 눈덩이처럼 커졌다. 온 나라가 내란음모 위기로 들썩거렸다. 위기에 몰렸던 국정원은 완전히 되살아났다. 국정원은 수사에 착수할 때부터 헌법과 형사소송법 절차를 지키지 않았다. "허위로 영장을 고지하는가 하면 영장을 제시하더라도 자세한 설명이 따르지 않았다. …… 이는 압수수색이라기보다 주거침입 성격이 짙다."[114]

11월 5일에 정부는 통합진보당 해산을 헌재에 제소했다. 정부는 통합진보당 해산 신청에 대해 독일에서 정당을 해산한 전례가 있다는 점을 근거로 들었다. 그런데 독일 정부가 독일공산당 해산을 신청한 것은 냉전 시기인 1951년이다. 게다가 당시에 독일 헌재는 이 사안을 5년 동안 심리하다가 1956년에야 해산을 결정했다. 최근 유럽인권재판소 판례에 비추어볼 때, 지금 같은 사안을 놓고 다시 판단한다면 다른 결정이 내려질 가능성이 크다.[115]

정부는 국제적으로 거의 사문화되고 우리도 55년 전에 단 한 번, 그것도 재심을 통해 정치 탄압으로 판명 난 사례를 들어 정당해산의 칼을 뽑은 것이다. 게다가 헌재는 많은 '이례적' 기록을 세우면서, 1년 만에 초급속으로 일을 진행했다. 헌재는 민사재판을 준용, 신속히 심리에 착수했다.

한편 헌재 결정의 기준인 이석기 내란음모 재판의 유일한 증거인

녹취록은 '전면전은 안 된다'는 대목이 '전면전이야, 전면전'으로, '통일적 대응'이라는 대목이 '폭력적 대응'으로 (그 외에도 무려 450개 이상이) '의도적'으로 조작된 사실이 드러났다.

법원은 1심에서 내란음모 사실을 인정했지만, 2심에서는 RO의 실체가 없다는 이유로 내란음모죄 혐의에 대해 무죄를 선고했다. 대신에 문제의 강연이 '내란선동'이라고 판단했다. 많은 법조인은 '급박하고 실제적 위험'이 없는데도 내란선동 혐의를 적용한 것에 문제를 제기했다. 시민사회단체도 비상원탁회의를 구성해 항의했다. 하지만 대법원은 2심 판결을 확정했다.

정당해산의 이유였던 '내란음모'가 없다는 2심 판단이 나왔지만, 헌재는 9명의 헌법재판소 심판관 중 8명이 통합진보당 해산 결정을 내렸다. 이재화 변호사는 "항소심에서 RO의 존재가 부정되자 정부는 RO에서 '민혁당 잔존세력'으로 바꾸었고, 헌재는 '주도세력'이라는 정체불명의 개념을 내세워 통합진보당을 해산했다"라고 말했다. 이 변호사는 "정당해산 여부를 좌우하는 이석기 의원 등의 이른바 내란음모 사건이 대법원에 계류 중인데, 최종 판결 결과를 보지 않고 해산을 결정한다는 것은 상상하기 어려운 일"이라고 평가했다.

헌재는 또 2012년 통합진보당 비례대표 부정경선 문제도 정당해산 이유로 들었다. 하지만 대검 공안부 수사 결과 문제의 이석기·김재연 의원의 경선부정과 관련해 혐의점을 찾지 못했다.[116] 2013년 4월 2일 채동욱 검찰총장 후보자도 인사청문회에서 "이석기·김재연 의원에 대한 혐의점을 찾지 못했고, 개별적으로 부정투표를 하였지만 주모자가 없었다"라고 증언했다.[117]

17만 5000쪽의 재판 기록을 다 봤는지도 의문이었다. 헌재 재판연구원을 지낸 정태호 경희대학교 법학전문대학원 교수는 "증거들을 시간에 쫓겨서 대충대충 훑고 지나가면서 그것을 대충 인정해버리고 숨은 목적을 인정해버리는 것, 이게 과연 법치주의적인 입증이라고 볼 수 있는지 개탄스러운 결정"이라고 말했다.[118]

박한철 헌재 소장이 진보당 해산을 결정하자 현장에 있던 권영국 변호사는 "민주주의를 살해한 날이다, 역사의 심판을 받을 것이다"라고 외치다 경비원들에게 입이 틀어 막혀 끌려 나갔다. 천주교 제주교구장인 강우일 주교는 "유태인들을 집단수용소에 감금하고 처형까지 할 수 있었던 배경은 최고 재판관들이 히틀러의 비상조치법에 동의했기 때문"이라며 헌재를 나치 독일의 최고 재판관에 비유했다.

헌재 결정에 대해 참여연대는 "헌법재판소 결정에 동의할 수 없으며 한국 민주주의 발전에 치명상을 입힌 데 대해 규탄한다"라면서, "헌법재판소가 사회적 다양성과 상대적 세계관을 인정하고 다양한 이념을 주장할 수 있어야 한다는 기존 입장을 정면으로 부정했다"라고 비난했다. 이 밖에 '국민주권과 정치적 자유를 유린한 사법쿠데타'(민주노총), '대한민국 정당민주주의에 대한 사법살인'(민변) 등 많은 시민사회단체들이 헌재를 비판했다.

세계 언론도 대부분 이 상황을 '우려'하는 논조로 보도했다. AP는 "한때 군부독재를 겪은 한국에서 또다시 표현의 자유를 제한하려는 움직임이 나온다"라고 보도했다. ≪뉴욕타임스≫는 "어떤 것이 내란음모를 구성하는지에 대한 의문을 일으켰다"라고 보도했고, BBC는 "표현과 결사의 자유를 지킬 의지가 있는지 심각한 의문이 든다"라고 전했다.

소수의견으로 유일하게 통합진보당 해산에 반대한 김이수 재판관은 "근자에 이르러 민주주의의 후퇴라고 일컬어질 수 있는 몇 가지 징표들이 나타나는 상황"이라며, "꾸준히 진전된 민주주의를 퇴보시키고 우리 사회의 균형을 위한 합리적인 진보의 흐름까지 위축시키는 하나의 계기가 되는 것은 아닌지 우려를 금할 수 없다"라고 말했다. 탁월한 혜안이고, 대단한 용기다.

헌재의 통합진보당 해산 결정이 내려진 지 1년도 지나지 않아 헌재 결정의 부당성을 지적하는 움직임이 커졌다. 국제엠네스티는 2015년 2월 「2014·2015 연례인권보고서」에서 이석기 전 의원의 실명을 명기하고, 내란선동 유죄 판결을 표현의 자유를 위협한 대표적인 사건으로 규정하면서 "대한민국에서의 인권의 후퇴를 심각하게 우려"했다. 또 미 국무부는 「2014년 연례 인권보고서」에서 이석기 의원 내란음모사건에 대해 '자의적 구금'이라고 비판했다.

2015년 12월 10일 세계 인권선언의 날을 맞아 '이석기 의원 내란음모사건피해자 한국구명위원회'(이하 '이석기 구명위')는 유엔 자유권위원회에 자유권 규약 제19조(표현의 자유) 위반으로 진정을 제기했다. 이석기 구명위에는 함세웅 신부, 김상근 목사, 유시경 대한성공회 교무원장, 정진우 한국기독교교회협의회 인권센터소장, 실천불교전국승가회 퇴휴 스님, 조순덕 민주화실천가족운동협의회(민가협) 회장, 박래군 인권재단 사람 소장, 정동익 사월혁명회 상임의장 등 여러 종교단체, 시민단체가 참여하고 있다.

새로운 사법적 판결도 속속 나오고 있다. 2015년 11월 25일 전주

지방법원은 헌재 결정에 따라 통합진보당 도의원의 직위를 박탈한 처분을 취소하라는 판결을 내렸다. 이재화 변호사는 "헌재 결정에 따라 타의로 당적을 이탈한 비례대표 의원에게 공직선거법 제192조 제4항의 당연 퇴직 사유를 적용할 수 없다는 판결"이라고 말했다. 비슷한 사유로 의원직을 잃은 광주(광역의원), 여수·순천·해남(이상 기초의원) 의원들도 의정활동에 복귀하고 있다.

헌재가 들어선 서울 재동은 구한말 우의정으로 개화를 주창한 박규수 선생의 자택과 선교의사 알렌이 세운 우리나라 최초의 서양식 종합병원인 광혜원(제중원)이 있던 곳이다. 또한 경기여고, 창덕여고 등에서 여성에게 신학문을 가르치던 곳이다. 바로 그 자리에 수령 600년이 넘는 천연기념물 제8호 재동백송이 서 있다. 재동백송은 바로 조선의 개화와 해방, 민주화, 기본권 수호 등을 말없이 지켜봤을 것이다.

통합진보당 소송대리인단 김선수 대표변호사는 2014년 헌재가 진보당 해산 결정을 내릴 때 "헌재 대심판정 입구에 있는 수령 600년 백송은 지금까지 그래왔듯이 오늘 이 재판의 결과를 후세에 길이 전할 것이다"라고 변론했다. 그리고 진보당 해산 결정이 내려진 후 그는 "헌재의 백송은 후세에 매카시즘의 광기 어린 판결이 대한민국 민주주의를 크게 후퇴시켰다고 전할 것이다"라고 일갈했다.[119]

팽목항

졸속과 망각에 불신을 더한 '대한민국의 민낯'

분향소에는 촛불만 껌벅거릴 뿐 아무도 없었다. 잠시 후 나이 지긋한 여성이 조용히 신발을 벗고 들어와 무릎을 꿇고 성호를 그었다. 일어서는 그의 얼굴에는 눈물이 맺히다 못해 주르륵 흘렀다. 그는 "세월호 참사가 벌써 없던 일처럼 된 것이 가슴 아프다. 우리나라 사람은 너무 빨리 잊는 것 같다"라고 말하며 흐느꼈다. 나이가 예순여덟이고 손주가 고등학생이라는 그는 전라남도 나주에서 등산을 왔다가 이곳에 들렀다고 한다. 그는 방명록에 "벌써 잊혀지고 있다니 서럽습니다"라고 적고 조용히 분향소를 나갔다.

이곳은 진도 팽목항에 있는 세월호 희생자 분향소다. 팽목항 한쪽 주차장에 컨테이너로 만든 분향소에는 희생된 학생들의 영정과 꽃, 그들에게 보내는 각종 편지가 쌓여 있다. 분향소 주변에 세워진 시민사회단체 컨테이너는 대부분 문이 잠겨 있고, 노란 추모리본은 비바람에 낡았다. 12월 중순임에도 비교적 따뜻한 날씨 덕에 이곳을

4·16세월호참사 희생자 진도 팽목항 분향소. 팽목항 한쪽 주차장에 컨테이너로 만든
분향소에는 희생된 학생들의 영정과 꽃, 그들에게 보내는 각종 편지가 쌓여 있다.

찾는 사람들의 행렬이 이어졌다. 관광버스도 두 대나 있다. 인근에
서 등산을 마치고 겸사겸사 온 시골 노인들도 있고, 군 입대를 앞둔
아들과 함께 이곳을 찾은 중년 부부도 있다.

진도 팽목항이라는 단어는 이제 꺼내기 고통스럽다 못해 저주스
럽기까지 하다. 세월호와 청해진해운, 해경 123정, 진도 VTS, 유민
이 아빠 등 연관 단어 역시 그렇다. 그런데 팽목항 방파제 난간에 줄
지어 매어놓은 플래카드와 노란 리본에는 '기억하겠다', '잊지 않겠
다'는 다짐이 많다. 방파제 끝 빨간색 등대에도 '리멤버 14.04.16'이

라고 써놓았다. 다시 들먹이는 것조차 고통스러운 단어를 서로 '잊지 말자'고 다짐해야 하는 기막힌 역설을 경험하며 우리는 지금을 살고 있는 것이다.

실제 우리 국민은 세월호를 잊지 않았다. 비록 추모 열기, 애통함, 공분 등은 사고 직후보다 많이 수그러들었지만, 여전히 국민들은 세월호를 기억하고 있다. 한 빅데이터 업체가 2015년 인터넷과 사회관계망서비스SNS에서 언급된 키워드 31억 6000만 여 건을 분석한 결과 1위가 약 489만 회 언급된 '세월호'였다(2위는 '메르스', 3위는 '교과서 국정화', 4위는 '국정원 휴대폰 해킹', 5위는 '이슬람국가IS'였다).[120]

기억하기 저주스럽지만 잊지 않기 위해 세월호 참사를 간단히 복기해보자. 세월호 참사는 청해진해운이 폐기를 앞둔 18년 된 배를 일본에서 수입하면서 시작됐다. 마침 정부는 연안여객선 운항 시한을 20년에서 30년으로 늘려줬다. 청해진해운은 낡은 배에 화물을 더 싣기 위해 배를 개조했고, 안전을 책임져야 할 기관은 이 배를 '문제없다'고 판정했다.

4월 15일 세월호는 인천항에서 안산 단원고등학교 수학여행단 2학년 학생 325명, 교사 14명, 일반인 104명, 선원 33명을 태우고 제주항으로 향했다. 청해진해운은 차량 180대, 화물 1157톤을 싣고도 차량 150대, 화물 675톤밖에 싣지 않았다고 거짓으로 보고했다. 해운회사가 탈세를 위해 흔히 쓰는 수법이었다. 화물을 더 많이 싣기 위해 안전에 필수적인 평형수는 빼버렸다. 화물을 고정시키는 작업도 대충했다.

4월 16일 오전 8시 30분, 세월호는 전라남도 진도군 조도면 맹골

도와 서거차도 사이에 들어섰다. 이곳은 조류가 센 곳이다. 그런데도 선장은 조타를 초보자에게 맡기고 딴 일을 봤다. 세월호 선장을 포함한 항해사, 조타수 등 선원 대부분은 계약직이었다. 증축한 데다 평형수까지 빼 불안정한 세월호는 이곳에서 지그재그로 운항하다 화물이 한쪽으로 밀리면서 그대로 뒤집어졌다. 세월호는 서서히 침몰했으나 선장과 선원들은 학생들에게 "그대로 있어라"라는 방송을 한 후 자기들끼리만 빠져나왔다. 출동한 해경은 배 밖에서 몇몇 선원만 구조했을 뿐이다.

전국에서 구조단이 달려왔으나, 해경은 '계약'을 이유로 특정 회사를 기다리며 골든타임을 놓쳤다. 이 현장은 TV로 중계됐고, 국민들은 침몰하는 세월호 안에서 죽어가는 아들딸을 멍하니 바라만 볼 수밖에 없었다. 정부도, 특히 대통령은 그 중요한 7시간 동안 어디서 무엇을 했는지 알 수 없었다. 결국 304명이 사망했다. 아직 9명의 시신은 찾지 못하고 있다.

'역사에는 가정이 없다'는 말을 자주한다. 2년도 채 지나지 않았지만 세월호 참사에서 '가정이 있다면'(이것도 안타까움의 발로지만) 어땠을까? 폐기를 앞둔 낡은 배를 도입하지 않았더라면…… 과적만 안 했더라면…… 화물만 제대로 묶었더라면…… 대피 방송만 했더라면…… 등등의 가정법을 나열하고, 이 가운데 단 한 가지 잘못만이라도 '제동'이 걸렸다면 이런 대규모 참사는 발생하지 않았을 것이다.

실제 재난에서 보안(안전)은 인위적인 것은 물론 자연적으로 발생할 수 있는 모든 가능성을 검토해 확인돼야 한다. 파란색 신호등이 켜지기 위해선 '배의 안전에 문제가 없나, 항로는 제대로 잡혀 있나,

통신은 확보돼 있나, 선장의 심신 상태는 정상인가' 등등 모든 가능성에 '오케이 사인'이 나야 한다. 그러나 우리는 '설마'라는 안전 불감증에 그 모든 가능성을 '대충 대충' 졸속으로 넘겼다.

미국은 9·11테러가 나고 국토안보부를 만드는 데 1년이 넘게 걸렸다. 재난·테러·건축·행정 분야의 전문가들이 충분히 검토해 정부 조직을 개편했다. 그러나 우리는 세월호 참사 이후 국민안전처를 만드는 결정을 고작 13일 만에 내렸다. 그것도 사고 원인 규명이나 전문가의 충분한 토론 없이 대통령의 '하명' 한마디로 만들어졌다. 평상시에도 졸속, 사고 직후 대응도 졸속이었지만, 수습 역시 졸속이었던 것이다.

그런 면에서 세월호 참사는 대한민국의 솔직한 민낯이다. 탐욕스럽게 이윤만 추구하는 기업, 각종 불법과 탈법을 대충 눈감아준 감독기관, 위험이 닥치면 먼저 달아나는 고위층, 몸보신에 익숙한 구조기관, 냄비 근성의 언론, 부패 구조에 한통속으로 엮여 있는 행정부처, 여론만 살피다 시간이 지나면 대충 마무리하는 정부 등 우리 사회의 부패와 졸속이 점철된 총체적 결과물이다.

우리는 이런 대한민국의 민낯을 몰랐을까? 아니 알았을 것이다. 이미 처절하게 체험했지만 곧 잊어버렸을 뿐이다. 연안여객선의 안전 불감증은 1993년 292명의 생명을 잃은 서해 훼리호를 꼭 닮았다. 해양구조의 난맥은 사건이 발생하기 불과 4년 전인 2010년 천안함 침몰사건에서 반복된 그대로다. 기업의 탐욕과 행정기관의 야합은 501명이 죽고 6명이 실종된 1995년 삼풍백화점 붕괴 사고 그대로다. 사고 원인을 과학적으로 검증하지 않은 것은 2003년 192명이 사망한 대구지하철 화재사고를 빼닮았다. 결국 우리는 비슷한 사고를 망각하고 있었던 것이다. 망각의 대가로 또다시 304명의 소중한 생명을 잃은 것이다.

결국 세월호 참사는 졸속과 망각의 산물이다. '기억하겠다', '잊지 말자'는 다짐도 그런 맥락이다. 유족들은 '기억하라'를 외치며 진도 팽목항에서 서울까지 걷기도 하고, 안산에서 서울까지 시위도 했다. 국회와 광화문광장에서 단식투쟁을 하기도 했다. 오죽했으면 안산 단원고 희생 학생 교실을 '기억교실'이라고 이름 붙였을까.

그런데 정부는 거꾸로 '그만해라', '잊어라'라고 강요하고 있다. 어렵게 4·16세월호참사특별조사위원회(이하 '세월호 특위')가 만들어졌지만, 정부는 예산·인원 배정을 거부했다. 여당 추천 위원은 공공연히 해체를 주장했다. 힘겹게 청문회를 열었지만, 공중파 방송은 이를 거의 외면했다. 졸속으로 일관한 정부가 망각을 강요하는 사태가 벌어지는 것이다. 결국 2016년 7월에 이르러 세월호 특위는 정부 방침에 의해 '강제해산'에 가까운 처지에 내몰리게 됐다.

그러다 보니 많은 사람은 밝혀진 것보다 더 많은 진실이 숨겨져 있을 것으로 의심하고 있다. 그래서 졸속과 망각의 대형 재난 사건에 세월호 참사에서는 한 가지가 더 추가됐다. 바로 불신이다. 정부의 공식 발표, 청문회의 증언, 형사재판에서 여러 증거가 드러나고 있지만, 유족과 세월호 특위는 여전히 '진실'에 목말라하고 있다.

사고 이후 줄곧 팽목항 컨테이너에서 살고 있는 권 모 씨는 아직 동생과 조카의 시신을 찾지 못하고 있다. 아직 배에 시신이 있을 것이라고 생각하느냐고 물었을 때, 그는 "회수된 학생 스마트폰과 배의 폐쇄회로 CCTV를 보니 유리창이 깨지면서 다시 배안으로 쓸려 들어갔다"라고 단호하게 말하면서, "잠수사들은 위험한 곳에는 들어가지도 않았다"라며 정부 발표를 믿지 않았다. 권 씨는 "2016년 7월 배가 인양되면 모든 진실이 밝혀질 것"이라고 말했다.

부인, 아들과 함께 팽목항을 찾은 김 모 씨는 "우리는 바다에서 살아서 안다. 조그만 배라면 모르지만 이렇게 큰 배가 뒤집어질 수는 없다"라면서, "정부 발표를 속 시원히 믿을 수 없다"라고 말했다. 그는 "지금 바다 밑에서 벌어지는 인양작업도 의심이 간다"라고 강하게 의문을 제기했다.

이러한 극도의 불신은 정부가 합리적 추론도 봉쇄하고 사실을 은폐하거나 조작했기 때문에 생겨났다. 해경은 통신 기록을 조작하고, 청와대는 지금도 기밀이라며 대통령의 사고 당일 일정을 공개하지 않고 있다. 정부기관이 이번에만 진실을 은폐·조작한 것은 아니다. 국가정보원 댓글 사건 및 간첩조작 사건, 천안함 침몰 등 일련의 사건에서 정부기관의 은폐와 조작이 일상화돼왔다. 그래서 여러 가설과 논란과 억측이 난무한다. 암초 충돌설, 변침설, 내부 폭발설, 잠수함 충돌설……. 진짜 세월호의 진짜 소유자가 누군지를 놓고도 논란이 있다.

국민은 신뢰를 잃은 정부를 가혹하게 비판한다. 세월호 참사를 잊지 말자며 시민기록위원회가 만들어지고 다큐멘터리 영화까지 만들었다. 영화의 제목은 〈나쁜 나라〉다. '나쁜 나라'라는 단어에 세월호 참사에 대처한 정부의 태도가 한마디로 집약돼 있다.

그러나 망각과 졸속으로 일관한 것도 모자라 신뢰까지 잃은 정부

팽목항 방파제 끝에 서 있는 작은 등대에 누군가 노란색 스프레이로 써놓은 글씨. '망각하지 않겠다', '기억하겠다'는 우리 모두의 다짐이다.

는 성심으로 신뢰를 회복하는 것이 아니라 세월호를 정치화했다. 적반하장이다. 세월호 참사의 '망각과 졸속'을 지적하는 사람을 '반정부' 세력으로 몰아버린 것이다. 지금 세월호의 진실을 찾고, 노란 리본을 다는 행위는 '반정부' 활동으로 인식된다.

심지어 합리적 의심조차 '종북'으로 매도된다. 극우단체들은 '국론분열을 조장하는 좌익 정치집단 세월호 특위를 해체하라'고 공공연히 주장한다. 심지어 세월호 유족을 '떼쓰는 사람'에 비유하고, 야당 대표를 '공산주의자'라고 서슴없이 말하는 극우 인사를 세월호 특위

위원으로 임명했다.

이명박 정부가 '4대강 사업으로 과학을 정략화'했다면, 박근혜 정부는 '세월호의 비극'을 정략화한 것이다. 참사로 자식을 잃은 비극까지 정략화한 것은 대단한 정치공학이자 정치기술이 아닐 수 없다. 하지만 진실은 억지로 잊게 하거나 감출 수 있는 것이 아니다.

1 박명림, 「4월 혁명과 5·16군사쿠데타에서 미국의 역할」, ≪역사비평≫, 제113
   호, 342~369쪽(2015).

2 김삼웅, 『서대문형무소 근현대사: 일제 강점기편』(나남, 2000).

3 임경석, 『잊을 수 없는 혁명가들에 대한 기록』(역사비평사, 2008).

4 이 내용은 정병준 교수의 『한국전쟁: 38선 충돌과 전쟁의 형성』에 자세히 언급
   돼 있다.

5 이시우, 『UNC 유엔군 사령부』(들녘, 2013).

6 통일부, "비무장지대, 세계 평화 염원을 담다", http://blog.unikorea.go.kr/34
   93.

7 제주 4·3사건 진상규명 및 희생자 명예회복위원회, 『제주4·3사건진상조사보
   고서』(2003), 535쪽.

8 같은 책, 536쪽.

9 부산일보사편집부, 『비화 임시수도 천일(상·하)』(부산일보사, 1985).

10 "진보당사건, 최종언도공판", ≪경향신문≫, 1959년 2월 27일 자. 인용하면서
   필자가 문장을 현재 어법으로 정리했다.

11 김선수 외, 『통합진보당 해산결정 무엇이 문제인가』, 정태호 엮음(도서출판
   말, 2015).

12 지현모, 『마산의 혼』(엠씨와이, 1994).

13 "총은 쏘라는 것", ≪동아일보≫, 1960년 3월 20일 자.

14 "김창용 소장 육군특무부대장 피살", ≪경향신문≫, 1956년 1월 31일 자. 인용
   하면서 필자가 문장을 현재 어법으로 정리했다.

15 강준만, 『한국현대사 산책: 1950년대편 3』(인물과사상사, 2004).

16 박상하, 『한국기업성장 100년사』(경영자료사, 2013).

17 이한구, 『한국 재벌사』(대명출판사, 2010).

18 이동연, 『우리는 왜 재벌을 위해 희생을 감수하는가』(북오션, 2014).

19 김종인, 『지금 왜 경제민주화인가: 한국 경제의 미래를 위하여』(동화출판사, 2012).

20 서중석, 『서중석의 현대사 이야기 5』(오월의봄, 2016).

21 강준만, 『한국현대사 산책: 1960년대편 1』(인물과사상사, 2004).

22 "김종필 증언록: 소이부답", ≪중앙일보≫, 2015년 3월 23일 자.

23 같은 글.

24 "김종필 증언록: 소이부답", ≪중앙일보≫, 2015년 3월 9일 자.

25 "밝혀진 5·16혁명 경위: 작년 3월부터 계획", ≪경향신문≫, 1961년 6월 5일 자.

26 장면, 『한알의 밀이 죽지 않고는』(가톨릭출판사, 1999).

27 "김종필 증언록: 소이부답", ≪중앙일보≫, 2015년 4월 3일 자.

28 강준만, 『한국현대사 산책: 1960년대편 2』(인물과사상사, 2004).

29 같은 책.

30 김충식, 『남산의 부장들: 정치 파워엘리트 인맥사전 친박 충성 VS 핏빛 과거사 해부』(폴리티쿠스, 2012).

31 국가정보원 과거사건진실규명을통한발전위원회, 『과거와 대화 미래의 성찰 (전 6권)』(국가정보원, 2007).

32 신동호, 『오늘의 한국정치와 6·3세대』(예문, 1996).

33 "민족적민주주의 장례식을 강행 군정의 기만정치 규탄", ≪경향신문≫, 1964년 5월 20일 자.

34 "김종필 증언록: 소이부답", ≪중앙일보≫, 2015년 4월 29일 자.

35 강준만, 『한국현대사 산책: 1960년대편 2』.

36 국가기록원, 「박정희 정부 정상외교」(2006).

37 KBS1TV, 〈역사스페셜: 월남파병, 박정희의 승부수였다〉, 2003년 5월 24일 자 방송.

38 "청와대와 백악관의 밀월…… 그들은 피와 돈을 바꿨다", ≪프레시안≫, 2014년 12월 27일 자.

39 같은 글.

40 "죽음 넘나드는 전선에서 번 그 돈은 다 어디로 갔나?", ≪한겨레신문≫, 2015

년 4월 17일 자.

41   ≪프레시안≫, 2014년 12월 27일 자.

42   "김종필 증언록: 소이부답", ≪중앙일보≫, 2015년 4월 3일 자.

43   김종필, 『김종필 증언록: JP가 말하는 대한민국 현대사』, 중앙일보 김종필 증
     언록 팀 편집(와이즈베리, 2016).

44   김정원, 『한국분단사』(동녘, 1985).

45   "밝은 정치를 위해…… (6) 유진오 신민당수에게 듣는다", ≪동아일보≫, 1968
     년 1월 11일 자.

46   ≪경향신문≫, 1969년 10월 7일 자.

47   이명박, 『신화는 없다』(김영사, 2005).

48   "다큐멘터리 재계 50년 (17) 경부고속도로 건설", ≪매일경제≫, 1995년 6월
     14일 자.

49   김명수, 『안병무: 시대와 민중의 증언자』(살림, 2006).

50   "골방서 하루16시간 노동", ≪경향신문≫, 1970년 10월 7일 자.

51   "빗속 무법 6시간", ≪경향신문≫, 1971년 8월 11일 자.

52   MBC, 〈이제는 말할 수 있다: 재개발의 그늘, 폭력철거〉, 2002년 3월 24일 자
     방송.

53   ≪경향신문≫, 1971년 8월 11일 자.

54   송건호, 『송건호 전집 1』(한길사, 2002).

55   임미리, 「1971년 광주대단지 사건의 재해석: 투쟁 주체와 결과를 중심으로」,
     민주화운동기념사업회, ≪기억과 전망≫, 통권 26호(2012년 여름호).

56   김충식, 『남산의 부장들』.

57   최상천, 『알몸 박정희』(인물과사상사, 2007).

58   문교부, 『승공 통일의 길 3』(1976).

59   강준만, 『한국현대사 산책: 1970년대편 1』(인물과사상사, 2002).

60   "장충체육관개관을 축하한다", ≪동아일보≫, 1963년 2월 1일 자.

61   "장명석 특파원과 긴급 전화 행방불명 김형욱 씨 미스터리 예금 찾으러 취리히
     행 가능성", ≪경향신문≫, 1979년 10월 17일 자.

62   국가정보원 과거사건진실규명을통한발전위원회, 『과거와 대화 미래의 성찰』.

63   김충식, 『남산의 부장들』.

64   전인권, 『박정희 평전』(이학사, 2006).

65 한홍구, 『유신: 오직 한 사람을 위한 시대』(한겨레출판, 2014).

66 "[창간 69주년 특집 도민의식조사] 주민 37.7% "나는 보수" …… 3명 중 1명 "지지 정당 없다", ≪강원일보≫, 2014년 10월 24일 자.

67 원주교구 원동 본당 100년사 편찬위원회, 『원동 백년사』(천주교 원주교구 원동교회, 1999).

68 김재홍, 『정치장교와 폭탄주』(동아일보사, 1994).

69 김충식, 『남산의 부장들』.

70 한국일보정치부, 『(청와대) 빼앗긴 서울의 봄』(한국문원, 1994).

71 노태우, 『노태우 회고록 상: 국가 민주화 나의 운명』(조선뉴스프레스, 2011).

72 강준만, 『한국현대사 산책: 1980년대편 2』(인물과사상사, 2003).

73 같은 책.

74 한국방송70년사 편찬위원회, 『한국방송 70년사』(한국방송협회, 1997).

75 황지우, 『겨울-나무로부터 봄-나무에로』(민음사, 1985).

76 방송문화진흥회, 『방송 대사전』(나남, 1990).

77 최상천, 『알몸 박정희』.

78 "경찰에서 조사받던 대학생 쇼크사", ≪중앙일보≫, 1987년 1월 15일 자.

79 송기역, 『유월의 아버지: 박종철이 남긴 질문, 박정기가 답한 인생』(후마니타스, 2015).

80 이애주, 『한판춤 그림책』(1988).

81 강준만, 『한국현대사 산책: 1980년대편 3』.

82 "잠실에 10만 수용 운동장", ≪경향신문≫, 1976년 9월 23일 자.

83 "박 대통령, 서울 잠실체육관 개관 테이프 끊어", ≪동아일보≫, 1979년 4월 18일 자.

84 김종서, 「현행 지방자치관계법의 비판적 검토」, ≪인권과 정의≫, 3월호(1992).

85 서중석, 『한국 현대사』(웅진지식하우스, 2005).

86 김대중, 『김대중 자서전 1』(삼인, 2010).

87 이상환, 『지방자치법 이렇게 만들어졌다』(대륙, 1995).

88 김호진, 『한국의 대통령과 리더십』(청림출판, 2008).

89 "'경제 신탁통치' 12월 3일을 잊지 맙시다", ≪경향신문≫, 1997년 12월 4일 자.

90 "외채 1530억 달러 단기 52.4%", ≪한겨레신문≫, 1997년 12월 31일 자.

91 "시일야방성대곡", ≪황성신문≫, 1905년 11월 20일 자.

92   김택근, 『새벽: 김대중 평전』(사계절, 2012).

93   "[남기고] 고건의 공인 50년 〈 99 〉 금 모으기 운동", 《중앙일보》, 2013년 7
     월 8일 자.

94   백은진, 「금모으기 운동에 나타난 민족주의와 행위자의 이해관계」, 연세대학
     교 석사 학위 논문(2005).

95   정덕구, 『외환위기 징비록: 역사는 반복되는가』(삼성경제연구소, 2008).

96   "[뉴스추적] 개성공단 추진 비화: 국정원 반대에도 임동원 씨와 현대가 밀어붙
     여", 《월간조선》, 5월호(2008).

97   임동원, 『피스메이커: 임동원 회고록, 남북관계와 북핵문제 20년』(중앙북스,
     2008).

98   이명박, 『대통령의 시간: 2008~2013』(알에이치코리아, 2015).

99   국민TV, 〈김종대·정욱식의 진짜안보〉, 2015년 7월 7일 자 방송.

100 노무현, 『운명이다: 노무현 자서전』. 유시민 엮음(돌베게, 2010).

101 같은 책.

102 같은 책.

103 "[의혹과 진실 ─ 한승헌의 재판으로 본 현대사](43) 노무현 대통령 탄핵심판
     사건(上)", 《경향신문》, 2015년 8월 2일 자.

104 이남주, "긴급 시국 대토론회: 촛불집회와 한국 민주주의", 경향신문·참여사회
     연구소 공동주최(2008.6.16).

105 "이한구 '4대강 과속에 외상공사 결국 나라빚만 늘릴 것'", 《경향신문》, 2009
     년 12월 11일 자.

106 이명박, 『대통령의 시간: 2008~2013』.

107 대한민국 정부, 『천안함 피격사건 백서』(2011).

108 김종대, 『시크릿 파일 서해전쟁: 장성 35명의 증언으로 재구성하다』(메디치미
     디어, 2013).

109 1996년 7월 16일 자 국회 본회의 회의록(국회사무처).

110 대한민국 정부, 『천안함 피격사건 백서』.

111 김종대, 『시크릿 파일 서해전쟁』.

112 김충식, 『남산의 부장들』.

113 국가정보원 과거사건진실규명을통한발전위원회, 『과거와 대화 미래의 성찰』.

114 소위 '내란음모 사건' 피해자 인권침해 보고회 준비팀, "아무도 우리 목소리를

듣지 않았다" 보고회 자료집(2014.2.12).

115 아데나워재단, 고려대 법학전문대학원 공동주최, "정당민주주의와 정당해산 국제학술회의" 자료집(2014.10.28).

116 검찰, 「통합진보당 비례대표 경선 부정사건 수사 보도자료」(2012.11.15).

117 2013년 4월 2일 자 법제사법위원회 회의록(국회사무처).

118 김선수 외, 『통합진보당 해산결정 무엇이 문제인가』.

119 같은 책.

120 "메르스·세월호·국정화······ 올해 온라인 뒤흔든 키워드", ≪한국일보≫, 2015년 12월 13일 자.

원희복

경향신문 선임기자다. 경향신문 전국부장, 주간경향 편집장, 스포츠경향 종합뉴스부장을 역임했다. 지은 책으로 『민족일보 사장 조용수 평전』(1994), 『국가가 알려주지 않는 공무원 승진의 비밀』(2011), 『한국인 안전사전』(2013), 『보물선 돈스코이호 쫓는 권력 재벌 탐사가』(2015), 『한·중 항일혁명가 부부 김찬·도개손 평전: 사랑할 때와 죽을 때』(2015) 등이 있다.

르포히스토리아
서대문형무소에서 팽목항까지

ⓒ 원희복, 2016
지은이 **원희복** | 펴낸이 **김종수** | 펴낸곳 **한울엠플러스(주)**
편집책임 **최규선** | 편집 **김태현·하명성**

초판 1쇄 인쇄 **2016년 8월 1일** | 초판 1쇄 발행 **2016년 8월 15일**

주소 **10881 경기도 파주시 광인사길 153 한울시소빌딩 3층**
전화 **031-955-0655** | 팩스 **031-955-0656** | 홈페이지 **www.hanulmplus.kr**
등록번호 **제406-2015-000143호**

Printed in Korea.
ISBN 978-89-460-6197-2 03910

* 책값은 겉표지에 표시되어 있습니다.